KB022026

조순 문집〈別集〉
中·長期 開發戰略에 관한 研究

조순 문집 〈別集〉

中·長期 開發戰略에 관한 硏究

趙 淳 著

比峰出版社

發 刊 辭

　이 文集은 우리의 恩師이신 趙淳先生이 주로 2002년 정치활동을 청산하신 이후에 쓰신 글, 말씀하신 語錄 등을 모은 것이다. 「이 時代의 希望과 現實」이라는 제목으로 4권으로 이루어진 이 문집은 선생께서 정치활동을 그만두신 2002년 이후 지금까지 주로 다양한 매체에 기고하신 寄稿文, 연구모임 등에서 발표하신 論文, 祝辭, 追悼辭 및 書評, 錄取 등을 類別로 나눈 것이다. 대부분 우리가 사는 시대의 국내의 경제, 사회, 정치의 현실, 그리고 미래에 거는 期待 등이 그 내용이기 때문에 이 문집의 제목을 일괄하여 『이 時代의 希望과 現實』이라 하였다.

　우리는 원래 이 문집을 선생께서 八旬이 된 작년에 奉呈하기로 하고 준비해 왔다. 그러나 원고 및 자료의 수집과 편집 작업이 지연되어 이제 겨우 작업이 완성되었다. 선생께는 매우 죄송하게 되었지만, 선생께서는 원래 回甲, 古稀, 喜壽, 八旬, 米壽 등에 거의 아무런 의미를 두지 않는 분이시기 때문에 이번 일의 지연에 대해서도 양해해 주실 것으로 믿는다.

　돌이켜보면, 趙淳선생과 우리 제자들과의 因緣은 선생께서 1967년 9월 학기 초, 母校의 經濟學 교수로 부임해 오심으로써 시작되었다. 당시 선생께선 우리 나이로 40세, 이미 人生觀, 世界觀, 價値觀 등에 있어 不惑의 境地에 이르신 것으로 보이지만, 우리 제자들은 겨우 志學을 지나 成年에 이른 철부지들이었다.

　先生께서는 부임 후 첫 강의 때부터 정해진 시간에서 단 1분도 일찍 끝내시는 일이 없었고, 제자들에게 조금이라도 더 가르쳐주기 위해 혼신의 힘을 다 쏟으셨다. 선생의 그 모습은 바라보는 것만으로도 제자들의 넋을 흔들기에 충분하였다. 강의의 내용은 물론 충실하였지만, 당시 우리로서는 그것은 부차적인 문제였다.

우리들은 先生으로부터 여러 가지 講義와 公私間의 對話를 통해 학문으로서의 經濟學의 意義를 절감하게 되었고, 경제학을 더욱 폭넓고 깊게 배워 보려는 뜻을 세우게 되었다. 졸업 후 많은 제자들이 미국 留學을 떠나게 된 것도 그 동기는 대부분 선생에 의해 觸發되었다. 미국 유학이 아니더라도 선생과 우리 사이의 돈독한 師弟關係는 졸업 후 社會에 나온 다음에도 계속되어 지금에 이르고 있다.

관악산, 북한산, 화악산, 설악산의 만개한 봄 꽃, 여름의 짙은 녹음, 가을의 화려한 단풍 밑에서 둘러앉아 소주를 마시면서 들었던 선생의 講論은 우리에게는 一種의 山上垂訓이었다. 때로는 선생의 自宅에서 벌어진 바둑 시합에서도 제자들은 둘러앉아 선생의 강의를 들었다. 때와 장소를 가리지 않고 우리는 수시로 배우고 수시로 익힐 수 있었으니, 말하자면 時學과 時習을 실천하는 幸運을 누리면서 40년을 살아온 셈이다.

趙淳선생이 우리에게 가르쳐 주신 것은 경제이론과 한국 및 세계 경제에 관한 것으로 국한되지 않았다. 수시로 베풀어진 선생의 講義主題는 그 범위가 넓고 깊었다. 선생은 동서양의 歷史에 두루 밝고, 동서양의 학문과 사상, 특히 이채롭게도 東洋의 思想에 밝은 학자이시다. 다양한 분야에서의 높은 成就가 평소의 엄정한 修身, 치열한 內的 省察과 調和를 이룬 분이었다. 선생이 항상 강조하시는 知行合一의 생활신조는 부총리 겸 경제기획원장관, 한국은행총재, 서울市長 등의 관직과 변화무쌍한 정계에서의 활동에서도 그대로 실천되었다. 이런 활동이 거의 마감된 오늘에 있어서도 선생의 일상생활에는 이러한 다양한 素養이 적절히 渾融되어 있는 것을 엿볼 수 있다.

이 文集에 실린 선생의 말씀과 글들을 읽어보면 알 수 있듯이, 선생의 사상과 실천은 中庸, 나아가 時中을 얻은 경지에 이르러 있다. 선생은 맹자의 "깊이 道에 들어가서 스스로 얻는(深造之以道, 自得之)" 境地에 도달하신 것으로 우리는 본다. 선생의 時文과 言行은 "어떤 주제, 어떤 문제에 관해서건 그 本質과 根源에 닿고 있음(取之左右逢其源)"을 누구나 느낄 수 있다.

우리 제자들은 回甲의 나이가 지난 지금까지도 여전히 제자로서 선생의 말씀을 듣는 것을 큰 기쁨으로 여기고 있다. 선생의 글과 말씀은 우리뿐 아니라 사회에 대해서도 좋은 참고가 될 것으로 보고, 그 著述과 言行의 하나라도 散失되지 않고 사회의 많은 분들에게 전해질 수 있도록 하기 위하여 가능한 최대의 노력을 기울여 왔다. 그러나 선생은 八旬이 넘은 지금도 寸陰을 아끼면서 왕성하게 讀書와 思索, 강연과 집필활동을 계속하고 계시므로, 앞으로 나올 글들도 계속 책으로 發刊할 계획을 가지고 있다.

이 文集은 네 권과 別集으로 이루어져 있다. 제1권은 2003년 이후 최근에 이르는 기간 동안 다양한 매체에 기고하신 글과 여러 기관에서 초청되어 강연하신 말씀의 요지와 같은 短文들을 모은 것이다. 제2권은 책으로 출간되지 않은 선생의 硏究論文들을 모은 것이고, 제3권은 선생께서 그동안 행하신 祝辭와 追悼辭, 碑文, 그리고 漢文 및 英文으로 쓰신 글들로 이루어져 있으며, 여기에는 2002년 이전에 쓰신 글들도 일부 수록되었다. 제4권은 2002~2009년 동안 인간개발경영자연구회에서 각 주제 발표자들의 발표에 대해 선생께서 즉석에서 綜合, 整理, 論評하신 것의 錄取 및 인터뷰의 抄錄을 모은 것이다. 마지막으로 別集에 수록된 것은 선생께서 1979년에 故 朴正熙 대통령에게 보고하기 위하여 작성하신 『中·長期 開發戰略에 관한 硏究』라는 연구 보고서인데, 故박대통령의 逝去로 보고되지 아니한 귀중한 자료이다.

선생은 평소 "사람이 쓰는 글에 '雜文'이라는 것은 있을 수 없다. 옛날의 문집에는 '雜著' 부분이 가장 중요한 부분이었다"고 말씀하셨다. 글과 말은 곧 사람이라는 선생의 知性的, 人本的 태도가 이 문집에 나타나 있다고 생각된다.

이 문집 이외에도 선생이 지난 26년간 쓰신 漢詩集 『奉天昏曉三十年: 趙淳漢詩集』 두 권과 선생이 그 동안 쓰신 붓글씨를 모은 『奉天學人翰墨集』을 간행한다. 여기에도 선생의 면모와 뜻이 담겨 있다고 생각하기 때문이다. 앞에서도 말한 바와 같이, 이 文集은 주로 선생의 정치활동 마감 이후의 말씀과 글들을 모은 것이므로, 그 이전의 著述로서 이미 책으로 출간된 것, 그리고 外國機關에 제출되어 그 기관에서 책자로 만들어진 報告書 등은 補遺를 위한 경우를 제외하고는 모두 이 文集에서 제외되었다. 우리는 이 정도의 작은 成果나마 이루어냄으로써 그간 스승으로부터 받은 큰 恩惠에 작으나마 報答할 수 있게 된 것 같아 多幸으로 생각하고 있다.

우리는 우리의 모든 정성을 담아 선생의 康健과 長壽를 祈願해 마지않는다. 또 이 文集을 발간하는 데 財政的으로 후원해 주신 여러분, 그간 귀중한 資料를 제공해 주신 여러분, 出版을 맡아서 많은 어려움을 감수하신 여러분들에게 깊은 感謝를 드린다.

2010年 5月

趙淳先生 八旬紀念文集刊行委員會 委員長
韓國外國語大學校 敎授 金勝鎭

〈目 次〉

中 . 長期 開發戰略에 관한 研究*

---

* 1979년 12월 경제과학심의회의에 제출한 보고서임. 본 연구는 원래 박정희 대통령에게 보고할 계획으로 집필되었으나, 박대통령의 서거로 보고되지 못하였음. 본 연구의 책임자는 조순 교수로서 본 보고서를 직접 집필하셨으며, 본 연구의 연구원으로 참가한 교수는 다음과 같음. 홍원탁, 송병락, 정기준, 정운찬, 이규동, 박우희, 배무기, 박재윤, 김세원, 안승철, 박영철, 김완순, 조성환, 김병주, 김덕중, 반성환, 황일청, 나웅배, 박진근, 박성용 등임.

〈요약〉

1. 한국경제는 지금 일대 전환기에 처해 있다. 1960년대에 있어서는 유휴노동력(遊休勞動力)이 풍부하였으므로 외자도입을 하여 생산시설을 건설함으로써 고용을 증대하고 수출신장에 주력함으로써 외연적 성장(extensive growth)을 이룩할 수 있었다. 그러나 이제는 외연적 성장의 시대는 지났고, 유휴생산요소(遊休生産要素)의 동원을 통해서가 아니라 노동과 자본의 생산성의 향상을 통한 내연적 성장(intensive growth)을 해야 할 단계에 도달하였다.

2. 그런데 이 내연적 성장을 이룩할 수 있는 요인이 잘 구비되지 못하고 있다. 계속되는 인플레, 불합리한 정책, 그리고 경직적인 제도로 말미암아 국민의 "경제하려는 의욕"은 순탄하게 발휘되지 못하고 있다. 각종 교육에 대한 투자의 부족과 교육내용의 불합리, 교육운영의 비효율 등으로 말미암아 인적자원이 충분히 개발되지 못하여 생산성의 향상이 상대적으로 정체되고 있다. 가계부문의 저축성향은 매우 낮고 기업의 투자효율도 낮다. 기업은 크게 성장하였으나 아직도 그 행태와 관행은 근대적인 수준에 미달하고 있는 점이 두드러진다.

3. 그럼에도 불구하고 정부의 경제정책의 기조는 오늘에 이르기까지 외연적 성장시대에 알맞았던 실적주의·목표달성주의에 입각한 행정적 통제를 강화함으로써 내연적성장의 요인을 마련하는데 오히려 방해가 되어 왔다. 따라서 앞날의 경제정책은 우선 정부의 역할부터 전환하여야 한다. 지금까지의 직접적 통제를 통한 실적주의·목표달

성주의를 지양하고 기업이나 일반국민이 합리적이고 효율적으로 의사
결정을 하고 경제생활을 할 수 있도록 '경기규칙(rule of the game)'을
마련함으로써 간접적 유도를 하는 데에 정책의 주안을 두어야 한다.

4. 앞으로의 정책의 주안은 내연적 성장의 달성에 두어야 한다. 경
제체질의 취약점을 보강하기 위하여 3~5년 동안의 조정기간이 필요
하다. 이 조정기간 동안에 경제체질의 취약점을 고치기 위한 여러 가
지 조치를 취하여야 할 것이다.

5. 내연적 성장을 위하여 가장 절실히 요망되는 것은 기술과 지식
의 증진이므로 교육과 인적자본의 개발을 위한 투자를 늘려야 한다.
또 저축성향을 증가시킬 수 있도록 하여야 하며, 기업의 본연의 임무
인 '이노베이션'이 활발히 이루어질 수 있도록 경제제도와 운영방법
을 고쳐야 한다.

6. 인플레의 수속(收束)을 위하여 합리적으로 긴축정책을 집행하여
야 한다. 긴축은 모든 부문에 골고루 이루어져야 하지만, 특히 중요
한 것이 정부재정의 팽창 억제와 정책금융의 축소이다.

7. 물가에 대한 무분별한 통제는 일부 독과점품목에 대한 것을 제
외하고는 이를 폐지하여야 한다.

8. 지금까지의 不均衡成長을 均衡成長으로 고쳐야 한다. 농업에
대한 보호는 합리적인 선에서 계속되는 것이 바람직하다. 농산물에
대한 수입자유화는 신중히 추진하여야 한다.

9. 공업의 육성에 있어서는 어디까지나 기업의 주도권이 강조되어야 하며, 정부의 무분별한 간여와 개입을 없애야 한다. 중화학공업의 성급한 수출산업화 정책을 중지하고 과감한 투자의 재조정이 있어야 한다.

10. 소득분배의 형평은 근래 매우 중요한 정책상의 문제로 되고 있다. 경제성장은 자연히 소득분배의 형평화를 가지고 온다고 생각해서는 안 되며, 소득의 형평적 분배를 위하여 적극적으로 노력하여야 한다. 인플레의 수속(收束), 은행의 편중대출의 지양, 적절한 이자율정책 등은 모두 소득분배의 형평을 도울 것이다. 조세제도의 역진적 측면을 고쳐야 하며, 정부지출도 저소득층에게 유리하게 이루어지도록 개선하여야 한다.

11. 금융산업의 본질을 강화하기 위해서는 경제정책 · 산업정책이 전반적으로 전환되어야 한다. 정책금융의 폭이 단계적으로 축소되어야 한다. 금융정책의 수행에 있어 중앙은행의 독립성이 보장되어야 하고, 민간은행의 자율성이 부여되어야 하며, 궁극적으로는 민영화되어야 한다.

12. 수출의 중요성은 앞으로도 계속 강조되어야 하지만, 수출목표 달성위주의 정책은 앞으로는 유익하지 못하다. 앞으로는 수출이 성장에 선행하는 것이 아니라 성장과 더불어 수출이 이루어진다고 생각해야 한다. 수입자유화보다 오히려 수출자유화가 바람직하다.

13. 外資의 한계효율은 근래 점차 떨어지고 있다. 내연적 성장을 이룩하는 데 있어 외자가 할 수 있는 역할은 제한되어 있으며, 외자를 활용하기 위해서는 수용태세가 정비되어 있어야 한다.

14. 복지증진에 대한 정책의 기본구상을 정립하여야 한다. 서구의 복지정책을 무분별하게 하나씩 도입하는 방향으로 복지정책이 추진되어서는 안 된다. 80년대 초반에 있어서의 우리나라의 복지정책의 기본방향은 전략적, 合目的的, 예방적 성격을 띠어야 한다. 내연적 성장을 이룩할 수 있도록 인적자본의 육성을 위한 투자를 증가시키고 저축성향을 높이며, 사회심리의 조화 및 경제의 균형적 발전을 가지고 올 수 있도록 소득분배의 형평, 근로자의 권익 보장, 공해의 방지, 환경의 보존, 주택공급의 확대 등을 위한 시책을 펴는 것이 곧 복지정책의 기본방향이 되어야 한다.

15. 경제의 장기적 발전은 결국 경제주체의 정신적 바탕의 건전 여부에 달려 있다. 우리나라에 있어서는 가계 · 기업 · 정부의 3대 경제주체의 사고와 관행이 아직 근대적 수준에 미달하고 있다. 특히 중요한 것이 건전한 倫理觀이라 할 수 있다. 정부는 건전한 윤리관에 입각한 정책을 펴야 하고, 기업도 건전한 윤리관에 입각한 기업활동을 전개하여야 한다.

앞으로의 경제정책은 단순한 몇 개의 정책변수, 이를테면 통화량, 수출액, 조세 부담률 등의 조작에 매달려서는 안 되며, 건전한 양식과 사회의 앞날에 대한 통찰력에 입각하여 국민을 설득, 계도하는 차원 높은 것이 되어야 할 것이다.

제1장 한국경제의 성장과 그 요인

1. 보고서의 목적과 범위

이 보고서의 목적은 1980년대 초반에 있어서의 우리나라 경제정책의 기본방향을 제시하는 데 있다.

지난 20년 동안 우리나라는 유사 이래 처음 보는 경제발전을 이룩하였다. 이것은 결코 우연히 이루어진 것이 아니고 우리나라의 개발전략의 방향과 그 전략을 실현하기 위하여 채택된 수단이 당시의 국내외 여건에 비추어 기본적으로 타당하였기 때문이었다.

선진국들이 1세기라는 긴 세월에 걸쳐 이룩한 근대적 경제발전을 어려운 환경 속에서 불과 20년 동안에 이 땅에 압축 실현하려는 초인적 노력은 누구나 다 인정하는 훌륭한 업적을 남기었다.

그 반면, 경제가 발전됨에 따라 만들어진 양지(陽地)의 이면에는 예상치 못했던 많은 음지(陰地)가 조성된 것도 부인할 수가 없다. 질량(質量) 양면으로 20년 전과는 판이하게 변모한 경제에는 허다한 구조적 불균형이 조출(造出)되었고 산업화에 수반하여 전혀 새로운 문제들이 속출되었다.

경제구조의 확대와 구조의 복잡화는 경제발전의 요인을 지난날의 그것과는 판이하게 만들었다. 지난날의 성장요인은 점차 성장애로로 변모하고, 앞으로 경제가 계속 성장하기 위해서는 새로운 성장의 요인이 갖추어져야 될 때가 온 것이다. 이렇게 달라진 여건 하에서는 경제정책의 구상과 방향 역시 달라져야 함은 새삼 강조할 나위가 없다.

현하(現下) 우리나라의 경제는 구각(舊殼)을 탈피한 새로운 정책방향의 채택을 절실히 요망하고 있다. 지난날에 우리 경제의 성장을 뒷받침한 성장요인의 과도한 마모를 방지하고 앞으로 갖추어야 할 새로운 성장요인을 육성하며, 경제의 구석구석에 조성된 구조적 불균형을 제거하여야 할 필요성이 절실하게 된 것이다. 이 보고서에서 제시된 정책방향은 바로 이러한 체질적 취약점을 제거하여 우리 경제로 하여금 80년대를 통하여 탄력성 있는 자생적 성장을 지속시키기 위한 것이다.

만약 새로운 정책방향의 채택이 이루어지지 않는다면 우리 경제는 현재 경험하고 있는 바와 같은 구조적 불균형의 심화를 방지할 길이 없을 것이며, 설사 외형적 성장이 어느 정도 지속된다고 하더라도 파행적 성장의 양상을 면치 못할 것이다.

이 보고서는 80년대 초반 그리고 나아가서는 그 후반을 겨냥한 경제정책의 대경대강(大經大綱)을 그 내용으로 하고 있으며, 사소한 정책수단이나 정책목표의 검토에 역점을 두지는 않았다. 이 보고서의 내용은 일반적으로 우리나라에서 경제전망이나 경제분석으로 통용되고 있는 것과는 그 체제와 시각을 달리한다.

첫째, 이 보고서에는 우리 경제와 사회의 현상과 장래에 있어서의 그 바람직한 상을 그리는 데 있어 미약하나마 일종의 사회심리적 내지 철학적 관점을 이탈하지 않고 있다.

둘째, 이 보고서에는 흔히 볼 수 있는 계량분석은 행하여져 있지 않은 바, 이는 계량적 분석이 나타내는 정치(精緻)함이 적어도 이런 종류의 연구에 있어서는 극히 피상적인 것으로 될 수 있다는 필자의 견해를 간접적으로 나타내는 것이라 하겠다. 우리 경제의 현황에 비추어 볼 때, 앞으로 바람직한 사회상에 대한 가치판단이 결여된 오직 경제변수의 조작에 시종하는 정책방향의 제시는 그것이 아무리 수치적으로 화려한 목표를 나열한 것이라 할지라도 결국 공허한 것이 될 수밖에 없다고 생각된다. 그러나 여기에서 개진되고 있는 가치관은 극히 상식적이고 현실적인 것이며, 아무런 기발한 착상은 없다. 또 그것은 오히려 당연한 일이다. 건전한 정책방향은 어디까지나 평범한 상식에 입각하여야 할 것이기 때문이다.

이 보고서는 연구책임자의 책임 하에 작성된 것이므로 여기에서 제시되고 있는 분석과 주장은 주로 연구책임자의 주관을 반영하는 것이다. 그러나 이 보고서의 토대가 된 것은 주로 경제학 경영학 분야에 걸쳐 약 20명으로 구성된 우리나라 저명교수와 전문가들의 각 영역에 걸친 전문적 분석이었다. 이 보고서의 작성 과정에서 연구자들이 가진 여러 번의 발표회를 통하여 연구자들은 모두 각자의 의견을 피력하였고, 동료의 의견에 대하여 솔직한 비판을 가했으며, 또 각자가 이들 비판을 참작하여 자기의 의견을 서면으로 요약하여 연구책임자에게 제시하였다.

이들 발표회를 통하여 연구자들이 제시한 의견은 이들의 평소의 학적온축(學的蘊蓄)을 반영하는 깊이 있는 것이었다. 한 가지 주의할만한 사실은 이 연구에 참여한 경제학자들 사이에 우리경제의 앞으로의 진로에 관한 광범위한 의견의 합치가 있었다는 사실이다. 흔히 경제학자가 경제정책방향에 관하여 논의할 때에는 의견의 합치보다는 이견의 노출이 있는 것이 상례임에도 불구하고 앞으로의 정책방향에 관하여 원칙적인 면에 있어서는 많은 합치점이 발견되었다는 사실은 우리경제가 지니는 문제점이 적어도 전문가들 사이에는 매우 예각적(銳

角的)으로 인식되고 있다는 것을 웅변(雄辯)으로 반영하는 것이다. 연구책임자인 필자는 이들 동료들의 귀중한 의견을 가급적 존중하여 의견의 합치점은 이 보고서에서 망라(網羅)하려고 노력하였다. 다만, 여러 학자들의 의견을 그대로 하나의 보고서에 재현시킨다는 것은 불가능한 일이므로, 이 보고서를 최종적으로 집필하는 과정에서 필자 나름대로 본 보고서의 전편을 관류(貫流)하는 체계를 세우지 않을 수 없었으며, 그러다 보니 자연 필자의 주관적인 의견이 보고서의 골격이 되지 않을 수 없었다.

따라서 이 보고서는 최종적으로는 연구책임자인 필자의 책임하에 작성된 것이며 이 보고서가 가지는 허다한 하자에 대하여는 이 연구에 참가한 동료들에 그 책임을 지울 수 없다. 이 보고서에 제시되어 있는 의견은 대부분 필자 자신의 것이며, 전부 동료들의 합의를 반영하는 것이 아니라는 것을 강조하고자 한다.

2. 경제성장의 원인과 그 변천

우리 경제가 오늘날 어떤 면모를 지니고 있으며 앞으로 어떤 방향으로 나가야 되는가, 그리고 현시점에서 신경제정책을 갈망하게 되었는가를 이해하기 위해서는 우선 지난날에 있어서의 한국경제의 발전상과 그 발전의 요인에 대한 정확한 분석이 있어야 한다. 본 절에서는 우선 한국경제의 1950년대에 있어서의 침체상과 그 요인 및 1960~70년대에 있어서의 고도성장과 그 요인에 관하여 고찰하고자 한다. 이에 대한 상세한 검토를 가한다는 것은 그 자체가 하나의 방대한 사업이 될 것이므로 이에 대한 시도는 본 보고서의 영역 밖의 일이 된다. 따라서 이 보고서에 있어서는 한국경제의 금일의 면모를 지니게 된 연유를 설명하는 데 필요한 정도로 그 논의를 국한하고자 한다.

1) 1950년대 후반의 경제침체와 그 요인

6·25동란으로 말미암아 철저하게 파괴된 가난한 우리나라의 경제는 미국 원조에 힘입어 1950년대 초반까지 비교적 순조로이 전재(戰災)로부터 복구할 수 있었다. 계속되는 원조물자의 도래(到來)와 강력한 재정안정계획의 집행으로 1950년대 후반기에 들어서서는 인플레의 수속(收束)에도 일단의 성공을 거두어, 다난하던 경제는 소강상태를 얻을 수 있었다. 그러나 50년대 후반의 경제는 새로운 성장의 계기를 찾지 못한 채 계속 침체에서 저미(低迷)하면서 60년대를 맞이하게 되었다.

그 당시의 우리나라의 경제와 사회는 한마디로 말해서 현대적 경제성장 이전의 상태에 있었다고 볼 수 있다.

우선 경제면으로 보자면, 1인당 소득은 약 100달러 정도로 세계에서도 가장 낮은 저소득국에 속하고 있었다. 경제구조로 보아도 전통적 농업이 국민경제의 대종(大宗)을 차지하여 농업이 GNP에서 차지하는 비중이 약 45%에 달하였다. 인구의 약 70%가 농업에 종사하고 있었으며 도시화의 정도도 매우 낮았다.

당시의 공업은 질량 양면으로 매우 미약하여 생필품을 포함하는 일부 경공업, 이를테면 섬유공업, 식품공업 등에 국한되어 있었고, 그 원료는 주로 미국으로부터 도입되는 원면, 원당, 원모, 원맥 등의 무상원조물자에 의존하는 실정이었다.

도시와 농촌의 이중구조의 양상은 매우 현저하였다. 일인당 소득이 매우 낮았으므로, 그 소득의 대부분이 소비에 충당되어야 하였으며, 따라서 저축성향은 극히 낮았다. 도시에 있어서나 농촌에 있어서나 실업자 또는 잠재적 실업자가 범람하고 있었다.

대외거래는 극히 미약하여 연간 수출은 약 3,000만 달러에 불과하였고 대부분의 수출은 일차산품이었으며, 수입은 수출의 약 10배에 달하고 있었는데 그 입초(入超)는 대부분 미국에 의한 원조에 의하여 보전되고 있었다. 한 마디로 말해서 그 당시의 한국경제는 거의 전적으로 미국원조에 의존하는 경제였으며, 이 의존의 굴레를 벗을 날은 꿈에도 실현되기 어려운 아득한 미래의 일처럼 보였다.

1960년대에 접어들 무렵부터 국민경제에서 경제발전에 대한 은연중(隱然中)의 요구가 국민심리 속에 일기 시작하였다.

그러나 그 당시에는 전재(戰災)와 궁핍(窮乏)에서 시달린 국민의 생활환경은 침체와 무기력에서 벗어날 도리가 없었다. 경제하려는 의지를 발휘할 수 있는 최소한의 물질적 조건도 갖추지 못한 마당에서 근검과 절약의 기풍이 진작될 수가 없었다. 새로운 기회를 능동적으로 찾는 진취성도 없고 전통적인 구습 속에서 고식적인 생활이 되풀이되는 환경에서 국민은 헤어나기 어려웠던 것이다. 그 당시의 기업도 또한 대부분이 상업자본으로 시작된 것으로서 그들의 사고나 행동도 상업적 시야를 벗어나지 못한 것이었다.

그 당시의 정치인들은 대부분 독립지사형(獨立志士型)의 구세대에 속하는 인사들로서 경제에 대한 안식(眼識)이 처음부터 불충분하였는데다가 미숙한 서구 민주주의의 바탕 위에서 정치를 하다 보니 정치인들을 비롯한 사회지도 계층의 시선이 경제에 돌려질 여유(餘裕)가 없었다.

1953년 동란이 종식된 후 경제건설에 대한 국민의 관심이 고조되

고 있었음에도 불구하고 위정자들의 시국관은 여전히 시대의 풍향에
는 둔감하여 경제정책은 울연(蔚然)히 고조되고 있는 국민의 기대에
부응할 겨를도 없이 호도적(糊塗的)으로 수행(遂行)되고 있었다.

그 당시의 경제지도자들의 장래에 대한 비전은 제시된 바 전연 없
지는 않았으나 모두 실현에 옮겨지지 못한 채, 경제정책의 기조는 오
직 미국원조의 확보에 시종하였다.

물론 그 당시에도 국민경제의 장기적 발전을 위한 지도층의 노력이
전연 없었다는 것은 아니다. 전후의 복구와 우리나라의 공업화를 위
한 구상은 1954년의 한국산업은행의 설립에서 보듯이 오히려 매우 의
욕적인 점이 있었던 것도 사실이다. 그러나 공업화를 하기 위한 구체
적인 정책은 대부분 미국원조에 의존하는 것 아니면 인플레적인 방법
의 채택 이외에 보다 근본적이고 원대한 것은 찾기가 어려웠다. 이것
은 한편으로는 그 당시의 한국경제가 지녔던 엄청난 문제로 말미암아
정책의 자유도(自由度)가 극히 제한되어 있었다는 현실과 당시의 경제
지도자들이 경제발전에 대한 이해와 집념이 부족하였다는 것을 단적
으로 나타내는 것으로 볼 수 있다.

이와 같이 50년대에 우리경제에 있어서는 일반국민이나 기업이나
정부나 경제발전을 하겠다는 의지—이것을 '경제하려는 의지(the will
to economize)'라고 부르자[1]—가 박약하였다. 원래 전통사회가 근대
적 경제발전을 이룩하기 위해서는 무엇보다도 그 경제에 있는 경제주
체들이 경제발전을 하기 위한 강한 의욕이 있어야 한다. 기업은 근대
적인 안목에서 합리적이고 능률적인 기업을 할 자세를 지녀야 하고,
일반국민은 소득을 증대하고 물질생활의 수준을 향상시키는 동시에
장래를 위하여 저축하려는 의욕을 가져야 하며, 정부는 이 국민경제

---

1) W. A. Lewis, *The Theory of Economic Growth* 참조

를 영도하여 근대국가로 만들겠다는 비전을 가져야 한다.

이와 같은 경제에 대한 정신적 요소가 없이는 어떤 사회를 막론하고 경제발전이 있을 수 없다. 추구하지도 않은 근대적 경제성장이 전통사회에 이루어질 리가 만무한 것이다. 이런 견지로 볼 때 1950년대의 우리나라에 있어서는 경제주체(개인, 기업, 정부)에게 왕성한 '경제하려는 의지'가 결여되어 있었다고 볼 수 있다. 다만, 전에 지적한 바와 같이, 경제발전을 바라는 국민의 여망은 차츰 높아가고는 있었으나 그것을 실현하기 위하여 필요한 실천을 할 수 있도록 최소한의 충동을 줄 수 있는 사회적, 정치적 요인이 마련되지 못하고 있었던 것이다.

뿐만 아니라 그 당시의 경제정책의 구체적 수단 역시 국민경제로 하여금 장기적으로 자생적 발전을 할 수 있게 하는 기본적 테두리를 갖추지 못하고 있었다. 1954년의 환도이후(還都以後)로 정부가 가장 역점을 두고 추진한 정책은 인플레 수속책(收束策)이었다. 미국 원조 당국의 강력한 종용(慫慂)으로 채택된 경제안정 정책이 주효하여 1957년부터 물가상승 추세가 크게 둔화하여 경제는 일단의 안정을 달성할 수 있었다. 당시의 정책의 목표가 미국의 원조를 가급적 많이 확보하는 데 있었다는 것은 그것이 한편으로는 전재민(戰災民)을 비롯한 국민의 소비생활을 지탱하는 데 있어 필수적인 요건이었으며, 다른 한편으로는 그것이 거의 유일한 시설투자를 위한 자본재 및 공업 원료의 원천이었기 때문이다. 어쨌든 미국의 원조는 당시 우리 경제의 안정회복과 경공업 건설에 지대한 공헌을 한 것만은 부인할 수 없는 사실이라 하겠다.

인플레의 수속(收束)을 위하여 모든 노력을 다한다는 것은 어디까지나 시의(時宜)에 맞는 정책이기는 하지만 인플레를 막는 동시에 경제

재건을 도모한다는 명분하에 수행된 몇 가지 정책기조는 매우 일관성을 결여(缺如)하고 있었다.

우선 금융정책면에서 1950년대를 통하여 일관하여 채택된 것이 저이자(低利子) 정책이었다. 이자율은 초(超)인플레하에서도 매우 낮게 설정되어 실질금리를 부(-)로 만들었는바, 이것은 당시에 융자를 받을 수 있었던 국영기업체 및 일부 대기업들의 자본축적의 원천이 되기는 하였으나 금융기관의 장기적 발전을 저해하고 자원의 합리적 배분을 가로막는 요인이 되었다.

저금리정책과 보조를 같이 하여 일관성 있게 견지된 것이 복수환율제 및 저환율정책이었다. 그 당시의 한국경제는 수출기반이 취약하여 외화획득의 원천은 수출에 있었던 것이 아니라 주로 미국으로부터의 무상원조와 국내에 주둔하고 있던 미군으로부터의 외화수입이 그 대종(大宗)을 차지하고 있었다. 미군으로부터의 외화수입을 극대화하기 위해서는 환율이 낮은 것이 유리하였으므로 정부는 상기와 같이 원화를 고평가하는 환율정책과 아울러 복수환율제를 고수하였던 것이다.

이와 같이 저환율정책은 당시의 우리나라의 산업기반과 정부재정의 형편으로 보아서 일단의 타당성을 인정할 수도 있다. 그러나 저환율정책은 부족한 외화를 이른바 실수요자들에게 배급하는 과정에서 부정과 부패를 조장하며 부정축재를 가능케 할 뿐만 아니라 장기적으로는 수출유인(輸出誘因)을 약화시키고 자원의 낭비를 초래한다는 것은 자명한 일이다.

저이자율 및 저환율과 아울러 일관성 있게 고수된 정책은 저곡가정책(低穀價政策)이다. 저곡가정책은 도시민의 생활수준의 저하를 막고 물가의 앙등(昂騰)을 억제한다는 명분하에 취하여진 것이다. 저곡가정책의 수단으로 미국의 잉여농산물의 도입이 있었으니, 잉여농산물 도입의 순조 여하(順調如何)가 그 당시의 경제정책의 주요 관심사였다. 저곡가정책은 단기적으로 물가앙등(物價昂騰)의 억제에 공헌한 것은 인정되어야 하지만, 이 정책 역시 장기적으로 볼 때에는 농민의 생산 의욕을 저상(沮喪)시키고 농촌의 부흥을 가로막는 작용을 하였다.

이와 같이 1950년대 후반의 경제정책은 인플레억제에 전력이 경주(傾注)되었으며 저금리, 저환율, 저곡가 등의 정책은 모두 인플레를 수속(收束)하는 데에 그 주목적을 둔 것이었다. 그러나 인플레의 수속이 곧 새로운 성장을 향한 도약(跳躍)의 발판이 된다는 보장은 없다.

위에서도 지적한 바와 같이, 1950년대 후반에 있어서의 한국경제의 침체요인으로는 첫째, 국민경제의 모든 주체, 즉 가계부문이나 기업부문이나 정부부문에 있어 경제하려는 의지와 의욕이 결여되어 있었으며, 설사 그것이 다소 있었다 하더라도 국민경제가 거의 완전히 미국의 원조에 의존하고 있는 현실에서는 그들의 경제하려는 의지의 구현을 위한 물질적 기반이 너무나 취약하였다는 점을 들 수 있다. 국민은 은연(隱然)히 경제건설에 관한 정부의 지도를 바라고 있었음에도 불구하고 위정자들의 경제건설에 대한 의욕과 지도력이 부족하여 국민의 경제하려는 잠재적 의욕을 현실화하지 못하였던 것이다.

둘째, 정부의 정책이 위에서 말한 저금리, 저환율 및 저곡가정책이 보여주듯이 국민경제의 장기적 발전을 이룩할 수 있는 기반을 마련하지 못하고 오히려 그것을 저해하는 방향으로 취하여지고 있었다는 것이 지적되어야 한다.

2) 1960년대의 경제성장과 그 요인

침체와 저성장에서 헤어나지 못하던 한국경제는 1962년부터 시작된 제1차 5개년계획을 계기로 하여 전에 없던 활력을 보이기 시작하여 그 후 상당기간 동안 전 세계의 개발도상국의 모범이 되는 도약적 성장을 기록하는 데 성공하였다.

1인당소득이 100달러 수준에서 맴돌던 것이 이제는 1,300달러 수준으로 늘어났다. 가난한 전통적 이중구조를 가진 농업국은 이제 상당한 수준의 공업국으로 변모하였다. 농업부문으로부터 공업부문으로 인구와 노동의 대이동이 이루어져 1960년대 초만 해도 총인구의 약 70%를 차지하던 농촌인구는 이제 40% 수준으로 줄어들었다.

국제사회에서 고립된 쇄국(鎖國)에 가까웠던 경제는 이제 자본, 무역, 인력 등 모든 면에서 깊숙이 국제화되었다. 가난의 상징으로 여겨지던 한국의 국제경제사회에서의 이미지는 이제는 성장의 활력이 넘치는 나라로 바뀌어졌다.

이러한 변화를 가지고 오게 한 성장의 요인은 무엇이었던가? 이에 대하여는 면밀한 검토를 필요로 한다. 왜냐하면, 만약 이들 요인이 그대로 오늘에도 존재한다고 하면 앞으로 80년대의 정책기조도 마땅히 60~70년대의 그것과 같아야 되는 반면, 만약 이들 성장요인이 오늘에 와서는 이미 존재하고 있지 않거나 설사 존재하고 있다고 하더라도 우리 경제의 체질적 변화로 말미암아 상당한 변질이 있었다고 한다면, 80년대의 정책기조는 당연히 60~70년대의 그것과는 달라져야 한다는 결론이 나오기 때문이다.

무릇 어떤 경제를 막론하고 경제발전을 이룩하기 위해서는 다음에 열거(例擧)하는 네 가지 조건이 구비되어야 한다.[2] 이 네 가지 조건 가운데서 어떤 하나라도 결여되어 있다면 발전은 그만큼 어려워지는

---

[2] 이 네 가지 조건은 대략 W. A. Lewis의 「경제성장론」(*The Theory of Economic Growth*, Homewood, Illinois, 1955)과 J. A. Schumpeter의 「경제발전론」(*The Theory of Economic Development*, 1911)의 주요 논지를 참고로 한 것이다.

것이다.

첫째, '경제하려는 의지'가 있어야 한다. '경제하려는 의지'란 곧 잘살아보겠다는 의욕으로서, 소여(所與)의 비용으로 생산되는 산출물을 가급적 늘리려는 노력, 또는 소여의 산출물을 얻기 위하여 드는 비용을 가급적 줄이려는 노력을 말한다. 잘살려는 의욕이 없는 곳에 경제가 발전할 리가 없다. 경제발전이라는 것은 인간의 노력의 결과로 얻어지는 것이다. '경제하려는 의지'가 있음으로써 사람들은 새로운 운명을 개척하려는 진취적인 노력을 하게 되고 적극적으로 경제활동을 전개하게 되는 것이다. 경제발전의 궤도에 오르지 못한 후진국의 국민들을 보면 대개 이 '경제하려는 의지'가 결여되어 있는 것이다.

국민에게 아무리 '경제하려는 의지'가 있어도 사회제도나 관습 및 정치체제 등이 이 '경제하려는 의지'를 십분 발휘하지 못하게 하는 경우도 많다. 이런 경우에는 물론 '경제하려는 의지'는 유산되고 만다.

경제운영을 맡은 정책당국이 하여야 할 가장 중요한 일은 국민의 '경제하려는 의지'를 고무(鼓舞) 진작(振作)하고 그것이 자유로이 발휘되도록 제도적으로 보장하는 것이라 할 수 있다.

둘째, 기술과 지식의 축적을 들 수 있다. 경제성장을 위해서는 인간의 생활에 유관한 모든 사물에 대한 자연과학적 지식 그리고 인간사회에 대한 사회과학적 지식을 필요로 한다. 과학기술은 경제발전을 위하여 필수적인 요건이 된다는 것은 널리 인식되고 있다. 그러나 경제발전은 물리적 현상이 아니라 인간이 주역이 되는 사회적 현상이므로 경제발전을 위해서는 인간의 조직이나 활동, 심리, 가치관 등에 관한 지식도 과학기술에 못지않게 중요하다는 것을 강조하지 않을 수 없다. 근대적 경제발전이라는 것은 이들 지식의 발전 없이는 도저히 이루어지지 않는다. 고도산업사회라는 것은 바로 고도지식사회(高度知識社會)라 볼 수 있는 것이다.

셋째로, 왕성한 저축성향과 투자의욕을 들어야 한다. 저축은 누가 하는가? 일반국민이 한다. 투자는 누가 하는가? 기업이 한다. 기업이 아무리 투자를 많이 하고자 해도 국민의 저축성향이 불충분하다면 인플레가 유발(誘發)되어 투자가 제대로 이루어질 수가 없다. 또 국민의 저축성향이 아무리 강하다고 하더라도 기업의 투자의욕이 왕성하지 못하다면 국민경제는 디플레속의 침체를 면하기 어려울 것이다. 왕성한 저축성향과 투자의욕이 없으면서 경제발전을 이룩한 예는 없는 것이다. 저축성향과 투자의욕이 왕성하다는 것은 곧 경제하려는 의지의 발로라 볼 수 있다.

끝으로, 기업가의 정신자세가 건전하여야 한다. 자본주의사회의 경제의 지도자들은 관리도 아니고 학자도 아니다. 그것은 바로 기업가이다. 기업가의 역할은 '슘페터'가 지적한 바와 같이 '이노베이션'을 하는 데 있다. 즉, 언제나 새로운 기술과 경영방법을 개발함으로써 이윤을 얻고 그 과정에서 국민의 소득을 증가시키고 국민경제를 발전시키는 것이다.

1960년대에 우리나라의 경제성장이 크게 이루어졌다면 그것은 곧 위의 네 가지 조건이 대체로 구비되어 있었다는 것을 의미하는 것이다. 다음에 이들 네 가지 조건이 어떻게 갖추어졌는가를 고찰해 보자.

첫째, '경제하려는 의지'는 어떻게 '조달(調達)'되었는가? 이미 강조된 바와 같이 1950년대에 있어서의 한국경제의 침체요인 가운데서 가장 중요한 요인은 국민이 가지고 있는 잠재적인 '경제하려는 의지'에 점화(點火)가 이루어지지 않았다는 사실이라 하겠다. 따라서 국민의 '경제하려는 의지'의 점화야말로 50년대 이후에 있어서의 정책당국이 직면한 가장 핵심적 과제였으며, 이것이 또한 가장 긴급한 시대적 요청이기도 하였다.

이 경제하려는 의욕에 점화하여 우선 국민경제에 부존(賦存)되어 있는 인력을 포함한 유휴생산요소를 동원하는 때에 새로운 경제건설의 성공의 관건(關鍵)이 있었던 것이다.

이러한 성공의 관건을 포착(捕捉)하여 국민의 새로운 의욕을 고취(鼓吹)한 것이 바로 1962년부터 시작된 제1차 5개년계획이었다. "모든 사회경제적인 악순환을 과감히 시정하고 자립경제의 달성을 위한 기반을 구축(構築)"하기 위한 제1차 계획은 농어촌 고리채(高利債) 정리, 부정축재의 정리, 화폐개혁 등에서 보여준 바와 같이 당초에는 여러 가지 시행착오와 실패를 겪었고 1963~1964년에 걸친 악성 인플레를 유발하기도 하였다. 그러나 이 1차 5개년 계획은 적어도 도탄(塗炭)에 빠진 민생문제에 정면으로 도전하고 자립경제건설을 일의적(一義的)인 시정(施政)의 목표로 삼아 과감한 정책을 펴기 시작함으로써 경제발전에 대한 당시의 국민의 고조되는 기대에 부응하였으며, 실의와 패배감을 일소(一掃)하여 밝은 장래를 위하여 국민을 동원할 수 있었던 것이다.

둘째의 조건, 즉 지식의 공급은 어떻게 이루어졌는가? 그것은 50년대를 통한 교육의 확장을 통하여 얻어진 것으로 볼 수 있다. 해방이후 우리나라에 있어서는 의무교육이 실시되어 문맹률이 급격히 감소하였다. 비록 고도산업사회를 이룩할만한 지식의 축적은 없었으나, 산업화의 초기에 소요되는 기술과 지식은 상당히 갖추고 있었다고 보아야 할 것이다. 그 당시의 우리나라의 공업은 외국의 반제품을 가공

하는 정도의 숙련(熟練)을 가진 노동으로도 별로 지장이 없었다. 임금
수준이 낮은 데 비하여 생산성이 비교적 높은 노동력이 충분히 있었
던 것이다. 그 당시의 산업에 소요되는 기술수준을 단시일 내에 습득
할 수 있는 풍부한 노동력이 있었다는 것, 이것이 곧 60년대의 외연
적 성장을 가능케 한 기본요소 중의 하나였다고 볼 수 있다.

셋째의 조건, 즉 충분한 저축 및 왕성한 투자의욕은 어떻게 '조
달' 되었는가? 저축은 해외저축, 즉 외자도입에 의하여 조달되었다.
우리나라에 있어서는 원래 저축성향이 매우 낮았고, 1960년대 초기만
하더라도 국내저축률은 GNP의 5~7%에 불과하여 이것을 가지고는
인플레 없이 의욕적인 개발투자를 추진할 수는 도저히 없었다. 이 저
축의 부족을 메워준 것이 해외저축의 유치(誘致)라 볼 수 있다.

기업의 투자의욕은 왕성하였는가? 이것은 한마디로 말해서 왕성하
였다고 볼 수 있다. 전에도 지적한 바와 같이, 1950년대에 있어서는
미국의 무상원조로 도입된 원료에 가공하는 일종의 '수입대체(輸入代
替)' 산업이 건설되는 과정에서 활기 있는 기업가군(企業家群)이 출현
하였고 자본의 축적도 크게 이루어진 바 있었다. 5.16이후 부정축재
조치에 의하여 이들 기업가의 기업활동은 일시 정체되기는 하였으나,
기업의욕을 진작(振作)시키려는 정책의 전환에 의하여 1963년경부터
투자의욕은 크게 고무되었고, 외자도입의 권장(勸獎)에 호응하여 많
은 기업가들은 매우 적극적으로 외자도입을 추진하였다.

넷째, 건전한 기업가정신에 대하여 검토해 보자. 자본주의경제에
있어서 경제발전을 위하여 가장 중요한 요소의 하나는 진취적인 기업
이고 유능한 기업가들의 존재 여부이다. 왜냐하면 자본주의 사회에
있어서의 경제발전과 성장에 있어 주도적 역할을 담당하는 계층은 어
디까지나 기업가이다. 기업가야말로 부존(賦存)된 생산요소를 동원하

고 조직하는 지휘적(指揮的) 입장에 있기 때문이다. 자본주의 사회에 있어서의 기업가들은 군대에 있어서의 장군과 비유될 수 있다. 약장 (弱將)밑에는 용졸(勇卒)이 없듯이 기업가들의 자질이 신통치 못한 사회에 경제발전이 순조롭게 이루어질 수는 없는 것이다.

전통사회의 환경 속에서 근대사회의 주역이 될 수 있는 정신과 능력을 구비한 기업가를 발견한다는 것은 진개(塵芥)의 무덤에서 장미 (薔薇)를 찾는 것처럼 매우 어려운 일일 것이다. 이와 같은 현대적 기업가들의 출현은 금일(今日)에 있어서도 크게 대망(待望)되고 있는 것이다. 그러나 어쨌든 제1차 계획의 집행과정에서 외자도입의 방침이 확고해지자 많은 기업가들이 앞을 다투어 외자도입을 하여 여러 가지 경공업을 건설하려고 하게 된 것은 그들의 기업정신이 완전히 '슘페터' 적인 의미에서 건전한 것이 아니었다고 하더라도 왕성한 '경제하려는 의지'의 발현(發顯)이었다고 볼 수 있으며, 이것이 1차 5개년계획—그리고 2차 이후의 계획—을 성공시키는 요인이 된 것만은 부인할 수 없는 사실이라 하겠다.

이상에서 우리는 1960년대, 특히 제1·2차 5개년계획 기간을 통하여 한국경제에는 경제성장을 위한 네 가지 기본요인이 대체로 충족되어 있었다는 것을 보았다. 이들 기본요인이 제1·2차 5개년계획에 의하여 충분히 개발 이용된 것이다. 제1·2차 5개년계획의 기본전략이란,

(1) 공업화를 통하여 경제개발을 하되 경공업부터 시작하여 점차 중공업으로 진입할 것,

(2) 공업의 건설을 위하여 외자도입을 과감히 추진하고,

(3) 수출을 경제정책의 기본으로 삼을 것 등으로 요약할 수 있다.

이 기본전략은 대체로 시의(時宜)에 맞는 적절한 것이었다. 공업화

를 통한 경제발전은 우리나라의 자원의 부존(賦存)으로 보아 매우 적절한 전략이었고, 우선 경공업부터 먼저 개발한다는 것도 옳은 전략이었다.

전통사회에 있어서는 실업률이 높고 잠재적 실업이 많으므로 우선 실업자에게 취업의 가능성을 보여주지 않고서는 장래에 대한 밝은 전망을 가지게 할 도리가 없을 것이며 경제하려는 의욕이 고취(鼓吹)될 수가 없는 것이다.

고용기회를 확대하여 실업을 줄이기 위해서는 우선 노동집약적인 산업에 대한 투자에 우선하지 않을 수 없었고, 가난한 대중에게 물질생활의 향상이라는 유인(誘因)을 마련함으로써 근로의욕을 제고(提高)하기 위해서도 생필품을 비롯한 경공업에 대한 투자에 우선순위를 두었다는 것은 현실에 맞는 타당한 정책방향이었다고 보아야 할 것이다.

외자도입을 통하여 기술을 도입하고 자본의 부족을 보전하고자 한 기본방향도 역시 타당한 개발전략이라 볼 수 있다. 외자도입에 관해서도, 한국인의 지난날에 있어서의 대외예속(對外隸屬)의 경험에 비추어, 모든 외자를 매판시(買辦視)하는 견해도 상당히 강하여 60년대 초기에 이것을 추진하려는 방향을 설정한 것은 결코 용이한 일이 아니었다.

그러나 한국경제에 있어 풍부하게 부존(賦存)되어 있는 인력을 활용하여 급속한 성장을 이룩하기 위해서 적극적인 외자도입을 하려는 기본방향은 대체로 시의(時宜)에 맞는 개발전략이라 할 수 있다.

급속한 경제성장을 위하여 수출제일주의의 전략을 수립한 것도 현실에 맞는 개발전략이었다. 주지하는 바와 같이 경제발전의 이론에 있어서는 균형성장론이니 불균형성장론이니 하여 공업화를 통한 경제성장을 달성하기 위하여 수입대체산업을 육성하는 것이 옳은 것인가 아니면 수출산업을 육성하는 것이 옳은 것인가에 관하여 많은 논의가 있어 왔다. 많은 후진국에서 수입대체산업 위주의 공업화가 추진되었는데 대부분의 경우는 생산규모의 과소(過小) 및 국내시장의 협소(狹小), 기술의 저위(低位) 등으로 원가가 높은 생산시설의 잉여(剩餘)를 결과하여 성공적인 성과를 거두지 못하였다.

우리나라에 있어서도 제1차 5개년계획의 초기에 있어서는 수입대체적인 방향이 모색되어 오다가 1964년경부터 외자도입과 아울러 국력을 기울여 수출진흥을 모색하게 되었다. 이 방향은 이론으로부터 얻어진 것이 아니라 국민경제의 현실에서 얻어진 것으로 한국경제의 현실에 비추어 보건대 타당한 방향이었다고 하지 않을 수 없다.

3. 한국 경제의 체질적 취약성

1960년대와 1970년대에 걸친 고도성장을 통하여 한국경제는 크게 변화하였다. 1인당소득이 100달러 내외의 빈곤한 전통적 농업은 20년 동안에 1인당소득이 1,200달러에 달하는 상당한 공업국으로 변화한 것이다. 산업구조의 변화를 보면, 1950년대에 있어서는 농림수산업이 GNP에서 차지하는 비율이 약 54% 정도였던 것이 1970년대 중엽에는 25% 정도로 하락한 반면 광공업의 비중은 50년대의 12%로부터 70년대에는 29% 정도로 상승하였다. 제조업에 있어서의 경공업 대 중공업의 상대적 비중을 보면 1971년에 있어서만 해도 73.7 : 26.3이었던 것이 1977년에는 51.5 : 48.5로 경공업과 중공업의 비중이 비슷하게 되어 산업구조가 크게 고도화되어 있음을 보여주고 있다.

여기서 우리는 오늘날의 한국경제가 과연 '자생적' 경제성장을 할 바탕이 마련되어 있는가를 점검해 볼 필요가 있다. 여기서 '자생적' 성장이라 함은 국민경제의 구석구석에 힘 있게 뻗어나갈 활력이 마련되어 있어 이들 활력이 서로 누적적(累積的)이고 유기적(有機的)으로 작용하여 외부로부터의 충격이 가해지지 않아도 스스로 성장하는 것을 말한다. 선진국의 경제성장은 모두 이와 같은 자생적 성장기반 위에서 성장한 것이다. 자생적 성장의 기반을 마련하지 않고서는 장기적이고 지속적인 성장을 기할 수 없는 것이다.

한마디로 말해서 필자는 한국경제가 60년대의 고도성장에도 불구하고 아직 자생적 성장을 이룩할 수 있는 기반을 튼튼하게 만들어내지 못하고 있다고 생각한다. 이것은 오늘날의 한국경제가 지니게 된 많은 체질적 취약성에 뚜렷이 나타나고 있다. 지난날에 한국경제의 성장을 이룩한 성장요인은 이제 많이 사라지고 새로운 성장요인이 잘 마련되지 못하고 있다.

자생적 성장의 기반이 마련되지 못하고 있다는 판단의 근거는 무엇이며, 또 무엇이 그 기반을 마련하는 것을 저해하였는가? 이하 간략히 이에 대하여 고찰해 보고자 한다.

1) 경제하려는 의지

'경제하려는 의지'를 점검해 보자. 1960년대부터 나타난 이 민족적 의지는 긴 역사적 안목으로 볼 때 국치(國恥) 이래 굴욕의 쓰라린 경험과 해방 이후 50년대 동안의 경제생활의 도탄(塗炭) 등 뿌리깊은 배경을 가지고 있으며 결코 일조(一朝)에 우연히 이루어진 것이 아닌 만큼 앞으로 이 의지가 일석(一夕)에 무산(霧散)될 리는 없을 것이다.

확실히 한국경제는 추세적으로 보아 장기적 발전의 도상(途上)에 있는 것이다.

그러나 이 대세 속에서도 기상(起狀)의 진폭은 얼마든지 나타날 수 있는 것이며 따라서 정부나 식자들은 이 경제하려는 의지를 길이 건전한 방향으로 보육하여야 할 것이다.

필자의 견해에 의하면, 잘 살아보겠다는 의욕은 지금도 높지만 그것을 실현시키는 데 필요한 정직하고 건전한 노력을 하는 기풍은 아직도 확실히 착근(着根)하지 못하고 있는 것으로 생각한다. 고조되는 기대와 현실 사이에 생겨난 균열(龜裂)은 불평과 불만을 조성할 원인이 될 수 있다. 경제의 전망에 대한 지나치게 낙관적인 홍보는 해외로부터 들어오는 전시효과와 상승작용하여 국민의 사치성 소비를 자극시키고 있으며 저축하려는 순수(純粹)한 동기는 적절한 수단의 결여로 좌절되고 있다. 특혜와 부조리 그리고 사회의 여러 군데 흔히 보는 일시적 소득(windfall gain)은 정직한 근로에서 기대할 수 있는 소득을 보잘 것 없는 것으로 만들어 근로의욕을 마모(磨耗)시키고 있다.

물질만능주의는 지나친 배금사상(拜金思想)을 낳고 투기심리 및 지나친 사행적(射倖的) 이득을 추구하게 하여 정당한 '경제하려는 의지'를 오히려 유산시키는 역작용을 하는 측면도 무시할 수 없다.

기업의 자세에도 문제가 있다. 대기업과 중소기업 사이의 격차는 확대되고 있고, 슘페터적인 신기축(新機軸)을 통하여 경제발전의 주역을 담당하여야 할 대기업은 자기의 실력을 능가하는 정책사업을 담당함으로써 정부에 의존하면서 성장하려는 안일한 기업경영의 태도를 완전히 탈피하지 못하고 있다. 이것도 '경제하려는 의지'의 올바른 발로(發露)라고는 볼 수가 없다(후술 참조). 또 정부를 비롯한 공공단체들도 마땅히 하여야 할 일, 하지 말아야 할 일을 잘 분별하지 못하고 있으며 창의성이 십분 발휘되지 못하고 있는 측면이 많다.

요컨대 한마디로 말해서 한국경제가 개발의 등반길에 오른 지 아직도 일천(日淺)한 오늘에 벌써 경제생활에 대한 국민의 자세에는 안일한 관성이 엿보이게 되었다. 이것은 앞날에 대한 하나의 경고로 받아들여져야 할 것으로 생각된다.

'경제하려는 의지'의 마모(磨耗)는 인플레에 의하여 더욱 가세된 감이 있다. 도매물가와 소비자물가의 연평균 상승률을 보면 제1차 5개년 기간 동안에 각각 16.7%, 16.5%, 제2차 계획 기간 동안에 7.8%, 11%, 제3차 계획기간에 와서는 20% 및 16.0%였었으며, 1977~1978년 동안에는 각각 10.4% 및 12.3%로 증가하였다. 다시 말해서, 우리나라는 지난 20년 동안 줄곧 거의 예외 없이 이른바 두자리의(double digit) 인플레의 와중에서 성장해 왔다. 통화량을 보면 1962년에는 394억원이었던 것이 1978년에는 2조 7,138억원으로 거의 70배가 증가하였다. 환율도 1962년에는 1불 대 130원이었던 것이 1978년에는 1불 대 484원으로 상승하였다. 이렇게 볼 때 한국의 인플레이션은 단순한 일시적인 수요견인형(需要牽引型) 인플레이션이나 비용인상형(費用引上型) 인플레이션이 아니라 국민의 심리 속에 확고히 뿌리박혀 있는 인플레이션이라는 것을 알 수가 있다. 통화량이 증가하니 물가가 상승한다. 물가의 상승은 다시 임금의 상승, 재정규모의 상승, 제품가격의 상승을 유발하고, 그것이 또 기업의 자금규모의 증가를 유발하고, 환율의 증가를 유발하고, 그것이 다시 물가상승을 유발하는 이른바 나선형 인플레의 양상을 띠고 있다.

특히 최근 수년 동안에 있어서는 임금의 상승이 현저하게 물가의 상승을 앞지르고 있을 뿐 아니라 물가상승의 양상이 평탄치 않고 물품에 따라 또는 시기에 따라 상승의 진폭이 굴곡적인 양상을 보임으로써 일부 중요산품의 품귀현상이 일어나고 투기가 성행하게 되는 등 인플레의 폐해가 전보다 더욱 현저하게 된 감을 주고 있다.

1960년대에 있어서의 인플레는 그것이 국민경제에 미치는 폐해가 거시적(巨視的)으로나 미시적(微視的)으로나 오늘에 비하면 비교적 적었다. 그 당시에는 어차피 모두 가난하였고 저축률이 매우 낮았으며 금융자산을 보유하는 사람은 매우 적었다. 따라서 인플레로 인한 소득재분배 효과가 비교적 적었다. 또 그 당시에는 어차피 수출은 아주 미약하였고 산업이 별로 없어서 인플레로 인하여 국제경쟁력이 새삼 저해된다는 것도 비교적 없었다. 그러나 경제의 규모가 커지고 산업화가 이루어짐에 따라 산업계층의 분화가 이루어지고 있는 오늘에 있어서는 인플레로 말미암은 부와 소득의 재분배 효과는 매우 민감하게 국민에게 의식되게 되었다. 인플레는 금융자산의 실질가격의 하락을 초래함으로써 금융저축을 저해하고 금융산업의 성장을 가로막아 왔다. 그것은 계층간의 감정대립을 격화시키고 사회불안을 조성하며 환물심리(換物心理), 투기심리 및 사행심(射倖心)을 조장함으로써 '경제하려는 의지'에 균열을 생기게 하는 경향이 근래 더욱 뚜렷해지는 감이 있다.

한국경제에서 상당한 인플레가 진행되고 있음에도 불구하고 지금까지 수출이 그처럼 순조롭게 이루어진 이유는 한편으로는 환율이 국내의 인플레와 발을 맞추어 간헐적(間歇的)으로 상승하였고, 다른 한편으로는 수출산업이 주로 노동집약적인 경공업 및 중공업에 국한되어 있어서 실질임금의 상승률이 노동생산성의 상승을 하회하였기 때문이다. 그러나 중화학공업 등 기술집약적인 제품이 수출산품으로 등장한 이후로 고급인력에 대한 수요가 격증(激增)하고 한국의 재벌기업이 가지는 특수한 불건전한 생리(후술)와 상응하여 1976년부터 실

질임금이 급격히 상승하여 노동생산성의 상승을 크게 상회하게 되면
서부터 한국의 수출산업은 국제경쟁력을 상실하기 시작하여 1978~
1979년에 보는 바와 같이 수출증가율이 떨어지기 시작하고 있는 것이
다. 인플레이션은 또한 수입수요를 증가시켜 이것이 지나치게 급격한
수입자유화정책에 편승하여 수입을 격증시킴으로써 국제수지를 악화
시키고 있는 것이다.

간단없이 진행되는 인플레이션은 또한 정부의 행정력의 소모를 가
지고 온 부작용을 무시할 수 없다. 인플레로 인하여 물가에 대한 정
부의 광범한 통제의 발동을 유발한 것이다. 물가에 대한 정부의 통제
는 물론 전혀 없을 수는 없지만 다수의 물가를 무제한으로 통제한다
는 것은 실효 없는 행정력의 낭비인 동시에 공연히 이중가격을 형성
시키며, 부정직과 사술(詐術)을 조장하고 정부에 대한 불신만 심화시
켜 왔다.

물가당국이라는 경제기획원뿐만 아니라 중앙정부의 각 부처와 지
방정부가 모두 각기 물가단속의 책임을 맡고 있다. 그러나 한국의 물
가통제 정책은 원칙도 기준도 분명치 않은 질서 없는 통제이며, 이것
이 물가를 잡을 것으로 기대한다는 것은 어림도 없다는 것이 재삼 반
복되는 '현실화' 정책에서 천명된 것이다. 우리 경제는 인플레로 인
하여 너무도 값비싼 대가를 치러 왔다. 설사 그 인플레의 덕택으로
다소의 생산시설이 증설되고 수출이 증가하였다고 하더라도 이로 인
한 이득에 비하여 위에서 언급한 손해는 너무나 무거운 것이다.

2) 과학기술과 지식의 향상

둘째, 한국경제에 있어서 과학기술의 향상이나 지식의 진보가 충분

하다고 판단되는가? 전술한 바와 같이, 한국경제는 유휴노동력의 동원을 통한 외연적 성장의 국면은 이제 지나갔고 앞으로 계속 성장할 수 있는 유일한 방법은 생산성의 향상이라 하겠다. 주어진 양의 생산물을 생산하는 데 있어 투입되는 투입코스트가 절감되든지 아니면 주어진 투입코스트로 생산하는 생산량이 증가하는 방법은 과학기술과 지식의 향상으로 인한 생산성의 향상밖에는 길이 없는 것이다. 어느 나라를 막론하고 자원의 부존이 빈약한 나라에 있어서는 1인당 소득 수준이 1,000달러를 넘어서서 계속 성장을 지속하기 위해서는 지식과 과학기술의 괄목할만한 증진 없이는 성장을 지속할 도리가 없는 것이다.

한마디로 말해서 한국경제의 각 분야에 걸쳐 노동생산성의 향상은 바람직한 정도에 멀리 미달하고 있다. 우선 제조업 부문을 보건대, 노동생산성은 지난 20여년 동안 괄목할만한 정도로 상승하기는 하였으나 이는 대부분 노동장비율의 증가로 인하여 이루어진 것이고 진정한 기술의 향상 또는 능률의 향상에 의하여 이루어진 부분은 그리 크지 않다. 생산성은 선진제국에 비하여 뚜렷이 저위에 있으며 근래에 와서는 임금의 상승을 크게 하회(下廻)하고 있다는 것이 밝혀지고 있다.

여기서 생산성의 향상이 요망된다고 하는 것은 비단 제조업부문에 국한하는 것이 아니고 국민경제 전반에 걸쳐 이를테면 서비스업체에 있어서나 또는 정부기관이나 금융기관 등의 공공기관에 있어서의 생산성도 포함에서 논하고 있는 것이다.

제조업 이외의 부문, 이를테면 정부부문이나 금융기관 등에 있어서의 생산성은 제조업부문에 비하면 더욱 뒤떨어지고 있는 감이 있다. 우리나라의 은행은 주지하는 바와 같이 사기업이라기보다는 관영기업이며, 은행의 경영자는 곧 공무원과 같은 행태를 나타내고 있어 효율성이 낮다는 것은 널리 알려져 있는 사실이다. 정부 역시 그 업무가 복잡해 가는데 따라 필요한 체질개선을 하지 못하고 있으며, 모든 관료주의의 행태가 다 그렇다시피 효율성이 무시된 채 구태의연한 자세로 업무에 종사하는 경우가 많다.

국민경제가 1인당 소득 1,000불을 능가하면 지난날의 경제성장과는 판이한 성장요인을 맞게 되는 것이다. 기업이나 금융기관이나 정부기관에 있어 능률이 향상되어야 한다. 그렇지 않고 어떻게 경제만이 계속해서 발전할 것을 기대할 수 있을 것인가?

우리나라에 있어서의 생산성의 향상이 여의치 못한 이유에는 크게 나누어서 두 가지가 있다고 생각된다. 첫째는 교육의 발전을 들 수 있고, 둘째는 사회의 관행이나 제도에 불합리한 요소가 많아서 개인의 창의성 발휘가 가로막히고 있기 때문이다.

우리나라의 교육은 선진제국에 비해서는 물론이고 비슷한 소득수준에 있는 개발도상국에 비하여도 손색이 있는 경우가 많은데도 불구하고 한국민의 교육수준은 대단히 높다는 신화가 널리 보급되고 있다. 이것은 우리나라는 문맹률이 낮다는 점에서는 여러 외국에 비하면 일일지장(一日之長)이 있다는 것이 확대 해석되어온 때문인 것이다. 그러나 사실은 그렇지 않다. GNP에서 차지하는 교육비의 비중은 3% 정도에 불과하며 근래에 와서는 이것이 차츰 떨어지는 경향마저 보이고 있는 것이다.

우리나라의 교육비 지출은 매우 높다는 것도 사실과는 판이한 일반적 관념이다. 사교육비는 높으나 공교육비의 지출은 낮은 편이다. 중고등교원들의 사기는 크게 낮아서 교육의 성과를 저해하고 있다. 고등교육에 관해 고찰해 보면, 우리나라에서는 비싼 등록비로 고등교육

을 받을 기회는 거의 없다고 해야 할 정도이다. 국립대학에 있어서조
차도 등록비는 결코 저렴하다고 할 수 없다. 사립대학에 있어서의 등
록비는 세계적으로도 매우 높은 편이다.

한국은 지난 20년 동안 교육, 특히 학교교육에 대한 투자를 소홀히
해왔고 작금에 와서 그 대가를 치루기 시작하고 있다. 중화학공업 및
기술집약적인 산업을 육성하는 데 소요되는 고급인력의 공급은 수요
에 비하여 크게 미달하고 있다. 이것이 지난 수 년 동안에 보여준 격
심한 인플레의 압력에 가세하고 있으며 수출산업을 포함한 모든 산업
에 있어서의 생산성의 향상을 가로막고 있는 것이다.

기업이나 정부나 교육기관 또는 금융기관을 막론하고 능률이 제고
되고 창의성이 발휘되기 위해서는 여러 가지 의사결정이 분권적으로
이루어져야 할 것이다. 그럼에도 불구하고 너무 많은 중요 기관들,
이를테면 각급 교육기관들이나 금융기관들이 정부의 지시에 의존하면
서 창의성을 발휘함이 없이 안일하게 운영되어, 장기적으로 생산성의
향상이 별로 이루어지지 못하고 있다. 이들 기관은 제조업 못지않게
중요한 기관들이며 이들의 생산성의 향상이야말로 국민경제의 내연적
발전을 위하여 필수적인 중요성을 갖는 것이다. 정부는 모름지기 기
업이나 여러 공사의 기관에 대한 과잉 간섭을 피하도록 당해 법령들
을 개정하여야 할 것이다.

3) 저축과 투자의 효율

경제가 성장하기 위해서는 투자가 왕성해야 하며, 왕성한 투자가
인플레를 일으키지 않기 위해서는 그 투자의 주입만큼 저축이 있어야
한다.

우리나라는 저축률이 높지 못하여 항상 인플레에 시달리는 체질을 탈피하지 못하고 있다. 60년대 초에 저축률이 그처럼 낮았는데도 불구하고 고율의 성장을 달성할 수 있었던 이유는 다름 아니라 외자(外資: 즉, 해외저축)가 도입될 수 있었기 때문이다.

외연적 성장의 요인이 거의 사라지고 있는 오늘에 있어서는 경제가 고도의 성장을 지속하기 위해서는 외자(外資)의 중요성이 줄어가고 내자(內資)의 중요성이 늘어나게 된다. 왜냐하면, 첫째, 앞으로는 외자도입을 해도 유휴노동력이 적기 때문에 외자의 수익성이 그만큼 감소할 것이다.

둘째, 지난날에 있어서는 투자는 주로 경공업분야에 이루어져서 투자의 결과로 곧 소비재가 생산되었으므로 투자로 말미암은 인플레 압력을 제거할 수 있었다. 중화학 공업이 투자의 주축을 이루는 오늘에 있어서는 투자의 회임기간이 길 뿐 아니라 제품은 완전 소비재가 아닌 것이 많으므로 국내 저축이 불충분한 경우에는 투자로 인하여 곧 인플레가 유발되는 것이다. 중화학공업 단계에 이른 경제에 있어서는 국내저축의 증가가 성장을 위하여 경공업시대보다 더욱 중요하게 되는 이유가 여기에 있다.

우리나라의 저축의 구조를 보면 정부저축이나 법인저축에 비하여 가계저축이 현저히 낮다. 그것은 말할 나위도 없이 가계부문에 있어서의 소비성향이 높다는 것을 의미한다.

우리나라 국민은 비슷한 1인당 소득수준의 다른 나라의 국민들보다 비교적 강한 소비성향을 나타내고 있다. 최근 국민의 가치관은 급격히 그리고 현저히 향락 위주로 변해가고 있다.

60년대 이후는 경제의 장래에 대한 지나치게 낙관적인 정부의 홍보와 과도한 외자도입을 통한 신기(新奇)한 소비재의 양산 등이 국민의 소비성향을 자극하였다는 점을 간과할 수 없다. 많은 사람들이 노력의 대가로서가 아니라 행운과 변칙, 투기와 사술(詐術)로서 졸부가 되고 이들이 전시하는 부의 전시적 행락(展示的 行樂)은 근면과 저축을 위주로 하는 중산계급적인 경제관을 아둔하고 진부한 것으로 만들고 있는 것이다.

가계부문의 저축성향을 낮게 한 또 하나의 주요 이유는 고율의 인플레이션이 진행되는 과정에서 국민이 보유할만한 금융자산이 없게 되었다는 데 있다. 은행의 저축성 예금은 그 실질이자율이 낮아서 이것을 보유하게 하는 유인(誘因)은 극히 미약하며, 다른 금융자산 역시 사정은 대동소이하다. 주식에 대한 일반의 관심은 많으나 주식가격의 무궤도한 부침(浮沈)은 주식에 대한 투자의욕을 압살(壓殺)하고 있다. 저축을 하려는 의도는 결과적으로 항상 유산(流産)되기가 쉬우며, 저축을 하면 할수록 손해를 본다는 심리가 만연하고 있는 것이다.

우리나라는 아직도 소득 1,000달러를 겨우 상회하는 빈곤한 사회인데도 불구하고 미국이나 일본과 같은 고소득 국가를 능가할 소비성향을 가지고 있으니 경제의 장기적 장래를 위하여 우려할 만한 일이라 생각된다.

건전한 소비생활에 못지않게 중요한 것이 건전한 투자행위이다. 만약 기업의 투자의욕이 왕성하지 못하다든가 또는 왕성하다고 하더라도 투자의 효율이 낮다면 아무리 저축이 있어도 소용이 없는 것이다. 한국에 있어서의 투자의 양태(樣態)를 보면, 결론적으로 말해, 투자의욕은 왕성하나 투자의 효율은 점차 떨어져가고 있는 것으로 판단된다.

4) 기업정신

한국의 기업은 60년대와 70년대의 고도 성장기를 통하여 질적으로나 양적으로 크게 성장하였다. 불과 20년이라는 짧은 기간 동안에 국제적으로도 대기업이라고 칭할 수 있을만한 대기업이 족출(簇出)하였으니 이것은 아마도 한국 경제발전의 가장 큰 부산물이라 할 수 있다. 한국 기업가들은 경험과 배경이 적었음에도 불구하고 과감하게 투자하고 국제사회에 능동적으로 진출하는 진취성을 보였다. 전기(前記)한 바와 같은 외자도입, 기술도입 또는 새로운 경영기법의 개발 또는 수출시장의 개척을 통하여 기업은 최선을 다하였다.

정부의 주도에 의하여 고도성장이 이룩되는 데 따라 기업활동에 대한 관(官)의 관여의 폭도 확대되었다. 투자업종의 선정, 외자도입의 허가, 은행의 융자, 제품가격의 책정 등에 이르기까지 정부의 개입의 폭이 확대됨에 따라 정부와 정책의 보호 없이는 순조로운 활동이 불가능하게 되었다. 이러한 환경의 진전 속에서 우리나라의 대기업은 소수의 예외를 제외하고는 미소(微小)한 자기자본을 가지고 기업을 시작하였지만, 정책사업에 간여함으로써 정부의 특혜적 금융과 특혜적 재정적 지원에 힘입어 오늘에 보는 바와 같이 크게 성장하였던 것이다.

후술하는 바와 같이, 전체 금융에서 차지하는 정책금융의 비중은 해마다 증가하여 70년대 후반에 이르러서는 그것이 75%를 상회하게 되었다.

정책자금의 배급기관으로 전락한 은행은 융자를 신청하는 기업의 능력과 전망에 대하여 평가를 행할 여유도 없이 거액의 자금이 방출되는 것이 상례가 되었다. 이러한 융자에 있어 자금의 효율이 높을 리가 만무하며, 이런 융자를 자원으로 하는 기업의 투자의 효율이 높을 리도 만무하다.

대기업이 되면 될수록 융자의 규모가 커져서 재무구조는 더욱 나쁜 경향이 보편화되었다. 또 근래에 와서 대기업은 많은 타 기업, 특히 부실경영으로 인하여 도산에 직면하고 있는 타 기업을 인수 또는 합병함으로써 수십 개의 기업을 옹유(擁有)하는 이른바 '그룹'을 형성하게 되었고, 이들 합병 또는 인수업체의 부동산 등을 담보로 하여 새로운 융자를 받는 등 확장의 방식을 취하여 왔다. 대기업이 이와 같은 방식으로 성장한다는 것은 이른바 '규모의 경제'를 실현하기 위하여 불가피하고 바람직한 것으로 생각하는 사람도 있으나, 이와 같은 성장의 방식은 기업의 장래나 국민경제의 장래를 위하여 유해하고 무익하다.

왜냐하면, 첫째, 이것은 규모의 경제와는 아무런 관계가 없다. 규모의 경제라는 것은 동일 업종에 있어서의 기업의 크기가 확대됨으로써 단위당 생산비가 감소하는 것을 지칭하는 것이지 여러 업종에 걸쳐 많은 기업을 옹유(擁有)함으로써 정치적 내지 사회적 영향력이 증대함으로써 기업의 운영이 유리하게 되는 것을 의미하는 것이 아니기 때문이다.

둘째, 기업은 어떤 특수한 영역에 특화 내지 전문화하여야 슘페터의 이른바 '이노베이션'이 생길 수 있는데도 한국의 대기업처럼 모두 그룹화 하여 모두 비슷비슷한 회사들을 옹유하게 되면 경영자의 관심이 여러 방면으로 흩어져서 한 영역의 전문화가 불가능하게 될 우려가 있다.

셋째, 대기업이 이와 같이 중소기업을 잠식(蠶食)함으로써 기업경영의 능력의 배양을 저해할 우려가 있다. 우리나라의 기업은 아직도 공개 미공개를 막론하고 소유와 경영이 완전히 분리된 것이 아니며, 이런 면에서 전근대적 요소를 지니고 있을 뿐 아니라 그 기업행위 역시 경영의 합리화, 특수분야에 대한 전문화를 통한 생산성의 제고보다는 오히려 여러 분야를 장악함으로써 정치적 내지 사회적 세력을 부식(扶植)하는 데 관심을 더 많이 보이고 있다는 것은 아직도 기업인의 의식 속에 전근대적인 요소가 많다고 보아야 할 것이다.

기업인의 자세와 기업하는 의식이 이와 같다는 것은 우리나라의 중화학공업이 갈망하고 있는 기술의 향상, 경영의 합리화 등을 통한 생산성의 제고를 저해할 것이다. 우리는 우리나라의 기업인의 의식이 보다 진취적이고 합리적이 되어 우리나라의 산업의 국제경쟁력을 함양해 주기를 바라마지 않는 것이다.

제2장 한국경제정책의 추이와 당위

1. 경제정책의 추이

전장(前章)에서 우리는 한국의 경제성장 과정에서 경제의 체질이 그 자생적 성장을 저해하는 제요소(諸要素)를 지니게 되었음을 보았다. 이들 체질적 취약점을 광정(匡正)하는 것이 앞으로의 경제정책의 주안점이 되어야 한다는 것은 말할 나위도 없다. 다만, 경제정책의 방향에 대한 고찰도 역시 지난날의 경제정책의 역점과 그 성과를 평가함으로써 이루어진다.

위에서 논한 바와 같이, 1962년부터 시작한 제1차 5개년계획은 그동안 은폐되어 있던 국민의 경제하려는 의지에 점화 작용을 하였으며 개발전략과 전술(戰術)의 타당성을 얻음으로써 외연적 성장을 달성하였음을 우리는 보았다.

점화작업에서 거두어진 일차적인 성공은 관리들에게 자신과 자긍을 심어주어 관의 역할은 점차 시동작업 이상으로 확대되었다. 60년대 후반기 특히 제2차 경제개발 때부터 '관 주도(官主導)'의 경제운용의 방향이 확립되었고, 이 방향은 오늘에 이르기까지 점차 강화(强化)의 일로를 걸어왔다. 사실 후진국의 경제건설의 초기에 있어서는 우리나라의 경우뿐만 아니라 외국의 경우를 보더라도 '관 주도(官主導)'의 경제운용이 즉효(即效)를 낼 수 있다는 것은 인정되어야 한다.

우리나라에 있어서처럼 공업화의 기치(旗幟)를 내걸고 그 전략을 경제계획으로 제시한 이상, 정부가 그 계획의 실현을 위하여 전도적 (前導的) 역할을 담당한다는 것은 당시의 국민의 기대와 여망(輿望)에 비추어 당연한 일이었다.

문제는 이와 같은 '관의 주도'가 그 효율을 잃게 되는 분기점이 어디에 있는가이다. 이 보고서의 전체를 관류(貫流)하는 논지에 있어서도 명백한 바와 같이, 외연적 성장의 초기에 있어서는 산업구조와 투자규모가 간단하므로 행정당국에 의한 간여와 감독이 즉효를 나타내었지만, 산업구조가 복잡해지고 투자규모가 확대됨에 따라 관(官)의 간여와 감독은 점차 문제점을 나타내게 되었다. 외연적 성장이 한계를 드러낼 무렵부터 점차 경직화되는 관의 주도 역할은 효율보다는 비효율을, 합리보다는 불합리를 노출하게 되었다. 그리하여 마침내 국민경제가 내연적 성장으로 전환하기 위한 체질개선을 이룩하여야 할 중대한 국면에서 경직적인 관의 주도는 그 체질개선을 저해하여 국민경제의 순조로운 성장을 가로막게 된 것이다.

이처럼 70년대에 접어들어 우리 경제가 커짐에 따라 관에 의한 간여와 통제가 그 초기의 효율을 상실하지 않을 수 없는 마당에서 경제운용방식은 오히려 간여와 통제를 넓힘으로써 경제적 효율을 잃게 하고 있다.

여기에서 경제정책의 당위와 현실의 사이에 괴리(乖離)가 깊어감을 발견하는 것이며 앞날의 경제정책의 기본구상은 우선 이 균열에 착안하여 개선점을 모색하는 데에 주안을 두어야 한다.

경제에 대한 정부의 직접적 간여가 비효율과 불합리를 낳게 되는 원인은 어디에 있는가?

첫째, 관료는 아무리 유능하다 하더라도 산업에 대한 지식이 원래 결여되어 있지 않을 수 없다. 설사 일부 관료들이 산업에 대한 상당한 이해가 있다고 하더라도 각 산업간의 연관성, 각 산업에 투입되어야 할 투입요소의 양과 질, 제품의 판매 가능성 등에 대하여 충분한 이해를 갖는다는 것은 도저히 불가능하다. 관료가 이들에 대한 이해와 지식이 없이 대규모의 투자에 관한 광범위한 의사결정을 한다는 것은 필연적으로 시행착오를 가지고 오지 않을 수 없다. 물론 민간기업에 있어서도 시행착오는 항상 있을 수 있는 일이지만 그들에 있어서는 수익성이라는 성패의 기준이 비교적 조기에 발견될 수 있다는 절대적 이점이 있는 데 반해, 관영(官營)의 경우에는 이 기준이 불분명한 것이다.

관료의 의사결정이 다행히 국민경제의 필요에 잘 부응할 수 있다면 좋겠으나 그렇지 못할 경우에는 그 시행착오의 폭이 확대되어 대단히 큰 누를 국민경제에 끼치는 결정적 단점을 지니고 있는 것이다.

둘째, 관료제도는 그 어떤 나라를 막론하고 그 자체의 다이나미즘이 있어 하나의 의사결정이 또 다른 의사결정의 필요성을 가지고 오고 그것이 제3의 의사결정의 필요성을 가지고 옴으로써 점차 확대해 나가는 특성을 가지고 있다. 이 과정에서 정책은 그것이 성공적으로 수행되기 위하여 절대적으로 필요한 자유도와 신축성 및 객관성을 상실하는 과정을 밟게 된다.

일례를 들어보자. 정책이 어떤 특정 산품을 국내에서 생산하기로 결정했다고 하자. 어떤 특정 기업을 선택하여 은행으로 하여금 기업에 투자자금을 융자하게 함으로써 사업은 시작된다. 차관도입, 금융지원, 가격책정에 이르기까지 정책이 개입하지 않을 수 없게 된다. 정부가 이 정책 사업을 수행하는 이상, 이 기업의 운영과정에서 파생하는 모순이나 애로사항을 결국 정책이라는 이름 밑에서 '해결' 해주어야 하는 것이다. 이 관행이 반복되면 기업은 결국 위험부담 없이

능력의 한계를 벗어난 기업경영을 하게 되고, 여러 가지 능력의 부족과 자기모순이 만들어내는 문제들을 정부당국의 비호(庇護)를 빌려 해결하려는 안일한 관념에 젖게 한다. 반면, 계획당국이나 집행당국은 이러한 어려운 문제들의 이면에 깔려 있는 계획의 미진(未盡), 집행상의 무리 등을 수습하기 위하여 또 하나의 지원으로 호도(糊塗)하고, 또 이러한 과정이 반복되는 등 깊은 수렁에 빠져들게 된다. 이렇게 되면 기업도 본연의 기업을 하는 것과는 거리가 먼 기업경영을 하게 되고, 정부당국도 본래의 권한과 책임의 한계를 벗어난 엉뚱한 일에 종사하게 되는 것이다.

관료의 의사결정의 폭이 확대됨에 따라 필연적으로 나타나는 것이 어떤 단선적인 물량 목표의 달성을 주안으로 하는 정책의 대두이다. 관청의 사업에는 이윤이라는 뚜렷한 지표가 없으므로 항상 어떤 다른 간단명료한 물량적인 목표로 이를 대체한다. 이 물량적인 목표의 달성이 국민경제의 견지로 보아 유익한 것도 있지만 유해한 것도 많다는 데에 문제가 있다.

어떤 나라를 막론하고 경제계획에 있어 어떤 물량적 목표를 설정하는 것은 당연하다. 그러나 불란서나 일본 같은 이른바 유도적 계획의 방식을 취하고 있는 나라에 있어서는 관료가 직접 민간기업의 투자의 경영에 관계되는 의사결정을 하지 않는다.

예를 들어, 60년대에 있어서의 일본의 고도성장의 장구한 과정을 통해 일본경제의 실적은 해마다 경제계획의 수치를 능가함으로써 어떤 초보적인 평자(評者)의 안목에는 그것이 마치 계획의 실패라고 여겨질 정도였으나 계획치와 실적치 사이에 어떤 괴리가 나타난다고 해도 그것이 오히려 당연하다고 여겨졌던 이유는 정부당국이 경제에 대하여 직접적인 간여를 하지 않고 간접적인 유도를 하는 데 그 역할이 그쳤기 때문이다.

반면에 정부당국이 직접 기업에 투자, 제품, 가격, 판매, 수출 등에 관한 의사결정에 간여하는 나라에 있어서는 필연적으로 경제계획에 설정된 물량적 목표의 달성이 정책주안이 되고 그것이 또한 해당 관청의 능력평가의 기준이 되지 않을 수 없을 것이다.

원래 관료주의의 원리는 출세주의적인 행위를 파생하는 데 있다. 일단 어떤 목표의 달성이 그 해당 관청의 능력의 기준이 되는 이상 그 관청은 출세주의의 원리에 따라 어떤 일이 있더라도 그 목표를 달성하지 않으면 안 된다는 관념이 생기게 된다. "어떤 일이 있어도 목표를 달성하여야 한다"는 것은, 어떤 비용을 치러서라도 설정된 목표를 달성해야 한다는 것인데, 어떤 비용을 치러서라도 그 목표를 달성해야 한다고 한다면 이는 이미 경제적 개념을 초월한 정책방향이 아닐 수 없다. 왜냐하면 '경제한다'는 것은 항상 산출과 투입을 비교하는 것을 전제로 하는 것이며, 이른바 기회비용의 개념을 떠나서 의사결정이 이루어질 수가 없기 때문이다.

기회비용의 합리적 사고를 떠난 의사결정이 국민경제 전체의 견지로 보아 유해한 경우가 많을 것이라는 것은 상상하기 어렵지 않을 것이다.

각 관청이 달성하기를 원하는 물량적 목표는 흔히 관료주의적 과잉의욕을 반영하여 국민경제는 그 자원과 능력의 한계를 넘어서는 성과를 거두기를 강요당한다. 국민경제가 가지는 자원과 능력의 한도를 넘어선 성과를 거둘 것을 요구당할 때 일어나는 현상 중에 하나가 바로 인플레이션인 것이다.

물량적 목표달성주의는 비단 총량 면에서 무리가 나타날 뿐만 아니라 목표 간의 균형의 상실을 결과하고, 심한 경우에는 경제정책의 기본방향에 대한 감각의 마비를 가져오기 쉽다.

목표 간의 상충은 또한 원칙 없는 대중요법적인 집행양식을 낳게 한다. 원래 물량적 목표달성을 위주로 하는 정책 자체가 별로 경제적인 의미를 지니지 못한 경우가 많기 때문에 목표 간의 상충이 일어난 경우 그때그때의 각 부처 간의 역학관계에 따라 목표의 수정이 있게 되고 이것은 결국 해도(海圖)없이 항해하는 범선을 방불케 하는 정책의 표류를 야기시킨다.

예를 들어 쇠고기 값이 오르면 수입하고, 수입 쇠고기 때문에 국산 쇠고기 값이 떨어지면 쇠고기 방출을 중단하고, 수입 쇠고기 값이 오르면 다시 비육우사육(肥肉牛飼育)을 권장하는 등의 방향감각을 상실한 정책의 무궤도한 변화를 흔히 볼 수 있는 것이다.

관에 의한 경제의 주도, 그리고 이것이 몰고온 실질적 목표달성주의의 경제정책의 방향을 가장 직접적으로 받는 부문이 금융부문과 기업부문이다.

우선 금융부문을 보자. 60년대 중반경부터 한국의 금융기관은 정부의 정책사업에 대한 시설투자 자금을 공급하는 임무를 띠게 되었고, 점차 상업금융기관은 실질적으로 개발은행화 되었으며, 은행은 정부의 정책에 따라 기계적으로 정책자금을 배급하는 기관으로 전락하였다.

계속되는 인플레와 정부당국의 무원칙한 통제로 인하여 한국의 금융기관의 발전은 크게 위축되었고, 금융연관 비율은 외국에 비하여 뚜렷이 낙후하고 있을 뿐 아니라 금융의 운영은 행정식 운영방식으로 인하여 그 효율이 매우 낮다.

현재 우리나라 은행과 기타 금융기관을 가지고 중화학공업과 수출의 지원을 비롯하여 앞으로 닥쳐올 막대한 자금수요를 충당할 수는 도저히 없다. 앞으로 수출이 계속 증대될 경우 인플레 방식에 의한 수출금융은 수출액의 증대를 앞질러 증가할 것이며 이것만으로도 인플레 요인으로는 충분하다. 그럼에도 불구하고 '정책'의 대상이 되는 자금의 수는 갈수록 늘어가는 추세에 있다.

한마디로, 금융의 정상화가 이루어지지 않고서는 한국의 인플레는 거의 절대로 종식되기가 어려울 것이며, 금융의 정상화는 민간경제활동에 대한 관의 간여를 지양하지 않는 한 거의 가망이 없을 것이다.

관에 의한 경제에 대한 간여와 통제가 항상 간단명료한 물량적 목표를 선호하는 것과는 정반대로, 산업화의 과정은 경제발전의 초기에는 예기치도 못했던 복잡한 문제를 만들어 내고 있다. 이리하여 단선적인 정책목표와 복선적인 문제의 사이에는 점차 균열이 커지게 되었다.

산업화에 따라 일어나는 문제를 일일이 다 열거할 수는 없지만 특히 몇 가지 중요하다고 생각되는 문제들을 열거하면, 첫째, 소득분배의 문제, 둘째, 도시화에 따르는 환경 및 공해에 관한 문제, 셋째, 복지사회 건설에 관한 문제, 노사관계에 관한 문제 등이 이것이다. 이들 문제는 외연적 성장의 초기에 있어서는 뚜렷이 나타나지 않는 문제들인데 산업화가 이루어짐에 따라 급속히 그 중요성을 더하게 되어 그것은 앞으로는 거시적 목표, 이를테면 성장률이나 수출증가율에 비하면 비교도 되지 않으리만큼 중요성을 지니게 될 것이다. 그럼에도 불구하고 외연적 성장시대에 가졌던 정책의 타성으로부터 탈피하지 못하는 정책당국은 이들의 중요성을 인정하지 못하며, 또 설사 인식한다고 하더라도 이에 대한 대책을 강구할 겨를을 찾기 어려운 것 같다.

첫째, 경제성장이란 일반국민의 입장에서 보면 절대적인 증가보다는 상대적인 분배가 더 중요하다. 따라서 1인당 소득이 증가하면 할수록 GNP의 절대적 크기보다는 상대적인 크기가 더 중요하다. 또 정치적으로도 중산층의 육성이 가장 중요하다는 것은 새삼 강조할 필요가 없다.

우리나라의 소득분배에 관하여는 제5장에서 상론(詳論)하겠지만, 근래에 와서는 형평보다는 불형평으로 치닫고 있다고 믿을만한 근거가 많다. 정부는 항상 선성장 후분배를 표방함으로써 분배의 문제를 다루어 왔는데, 이제 와서는 이 문제에 대하여 심각하게 생각해야 할 시기가 된 것으로 생각된다.

정부는 특히 조세면에서 매우 심한 역진적 측면을 시정하도록 해야 할 것이며, 또는 정부지출면에 있어서도 근로소득자나 저소득계층을 위한 지출을 늘려야 한다. 또 금융면에 있어서도 대기업에 대한 편중대출을 지양하고 중소기업을 위한 대출을 증가시켜야 할 것이다.

물량적 목표달성은 국민의 복지의 증진과는 아무런 밀접한 관계가 없다. 정부의 제4차 5개년계획에 의하면 복지의 증진이 경제정책의 수위를 점하게 되어 있지만, 우리나라에 있어서는 아직 복지라는 것이 과연 무엇인지 또 복지국가라는 것이 무엇인지에 대한 개념의 정립조차 서 있지 않은 형편에 있다. 또 복지정책도 의료보험 등 단편적으로 몇 가지의 복지정책이 실시되었지만 아직 종합적으로 복지에 관한 시책의 방향이 정립되었다고 볼 수는 없다. 그러나 복지에 대한 경제발전의 의의란 바로 국민의 복지에 있으므로 복지에 대한 정책의 기본방향을 정립한다는 것은 시급하고도 중요한 정책적 과제가 되고 있다.

사실 복지라는 목표는 어느 나라에서든지 표방되고 있으나 복지정책의 내용은 나라마다 천차만별이다. 우리가 피하여야 할 것은 이를테면 서독이나 일본의 복지제도를 그대로 단편적으로 이식해 오는 관행이다. 우리는 이 문제에 관하여 외국의 선례를 참고로 하고 검토하되 어디까지나 우리나라의 사정에 맞게 복지정책의 테두리를 짜야 할 것이다.

원래 대부분의 이른바 복지정책이라는 것은 매우 값비싼 것이 많으며, 선진국의 경우를 보면 미궁과 같은 복잡한 제도 속에 효율성은 극히 낮으니 무조건 선진국의 뒤를 따라 문화적 배경과 역사적 전통 그리고 국민의 가치관에도 맞지 않는 제도를 마련하였다가는 마침내 돌이킬 수 없는 후환을 남기게 된다.

우리는 한국경제의 형편으로 보아서 복지정책이라는 것은 경제정책 일반을 떠나서 고려할 수는 없다고 생각한다. 현재 국민경제에 있어서는 일반의 복지의 증진과는 어긋나는 일들이 여러 가지 일어나고 있다. 복지에 역행하는 요소는 제거하는 것이 복지증진정책의 시발이라 할 수 있다.

이를테면 깊은 뿌리를 가진 인플레이션, 깊이 뿌리 박은 물량적 목표달성을 위주로 하는 경제정책 및 그것이 가지고 있는 불균형과 조화의 결여, 저축유인의 부족, 좀체로 늘지 못하는 고등교육의 기회, 조세제도의 현저한 역진성 등 이런 것의 시정이야말로 가장 큰 복지증진책이라 할 수 있다.

이상 지적한 기본관점에 따라 80년대의 한국에 있어서는 실업수당이라든가 연금제도 등을 무원칙하게 새로 마련하는 데 주력할 것이 아니라 경제발전을 촉진하는 데 도움이 되고 국민의 저축 및 근로의욕을 고무시키고 교육기회를 확대하고 그 질을 향상시키며 주택의 보급을 늘리고 서울을 비롯한 대도시의 팽창을 막으며 환경을 보존하고 공해를 방지하는 데 주력하는 방향으로 복지정책이 추진되어야 할 것이다.

우리나라의 경제정책은 주로 산출량 목표의 설정과 그 달성에 급급하였으며, 그것을 달성하기 위하여 필요한 투입요소(이를테면 노동, 기술, 자금, 경영능력)의 중요성에 관하여는 소홀히 하고 있다. 그러나 산출량보다 중요한 것은 투입요소가 있느냐 없느냐에 관한 것이다. 투입요소가 충분히 균형 있게 갖추어져 있다면 산출은 저절로 이루어지는 것이기 때문이다. 이 때문에 선진국의 경제정책을 보면 산출량에 대하여는 직접적인 간여를 하지 않고 반면에 투입요소, 이를테면 기술수준의 제고, 저축의 증대 등 원천적인 측면에 더욱 많은 노력을 기울이고 있는 것이다.

우리나라의 경제정책은 이와 반대이니 결국 선후를 도착(倒錯)한 면을 드러내고 있다고도 할 수 있다.

앞으로의 경제정책은 단순히 몇 개의 거시적 경제정책 변수, 예를 들어 수출액, 통화량 또는 예산액 등의 조작으로부터 탈피하여 보다 포괄적으로 성장의 요인은 어떻게 마련하는가, 복지의 기반은 어떻게 마련하는가 등으로 그 문제의식을 돌리는 것이 필요하다. 이런 견지에서 볼 때, GNP의 일정 비율을 공교육비로 투입하고, 각급 학교의 수를 늘리고, 각급 학교의 교원을 확보하고, 교육내용을 개정하고, 대학입시제도를 쇄신하는 동시에 현재의 각 연구소와 대학과의 관계의 유기성을 확립하는 등의 일대 혁신적 조처가 있어야 할 것으로 믿는다.

2. 신경제정책의 기본방향

이상에서 논한 바를 토대로 하여 우리는 한국의 경제정책의 기본방향에 대한 몇 가지 결론을 얻는다.

첫째, 중언(重言)을 무릅쓰고 재삼 강조하고자 하는 것은, 우리나라의 경제는 정부나 기업이나 민간을 막론하고 체질개선을 이룩하여야 할 단계에 와 있다.

지난날의 외연적 성장시대에 유효적절했던 정부의 간여와 통제는 가속적으로 비능률을 노정(露呈)하고 있다는 것을 인식하고 이에 대한 새로운 검토가 있어야 할 것이다. 지난날의 능률적이었던 정책방식이 이제 비능률의 원인으로 전환되고 있는 것이다.

돌이켜 보건대, 이 보고서에서 여러 번 주장되어 온 바와 같이 60년대 초에 있어서는 경제에 대한 관의 주도가 능률적이었다는 것은 어디까지나 근대적 발전의 초기에 있어 경제하려는 국민의 의지에 점화를 할 단계에 한하는 일시적인 현상이라는 것을 잊어서는 안 된다. 일단 경제하려는 의지에 점화가 이루어지고 나면, 자본주의경제의 원리에 따라 경쟁을 통하여 경제에 합리성, 능률성이 제고되어야 한다. 따라서 성장이 계속되고 경제구조가 복잡해짐에 따라 정부의 역할도 달라져야 되는 것이다. 끊임없는 능률화, 합리화를 보장할 수 있도록 경쟁규칙을 제정하고 조정작업을 하는 것이 그 기본임무가 된다. 정부는 일일이 기업의 운영이나 경제의 구석구석에 이르기까지 자의적인 간여를 할 것이 아니라 객관적인 경기규칙을 설정해 놓고 기업이나 국민으로 하여금 그 규칙에 따라 공정하게 기업을 하고 경제생활을 하도록 유도하여야 한다. 또 경제의 발전에 따라 그 경기규칙이 시대적 조류에 맞는가를 항상 검토하는 것도 또한 중요한 정부의 임무이다.

이와 같은 객관적인 경기규칙에 따라 기업이나 국민이 자율적으로 경제활동을 한다는 것은 처음에는 매우 비능률적으로 보일는지 모른

다. 그러나 경기규칙의 준수가 꼭 몸에 배야만 훌륭한 운동선수가 될
수 있는 것처럼, 기업이나 개인도 경제활동을 전개할 때에는 꼭 객관
적인 규칙이 있어야 하는 것이다.

선진국의 경제발전은 모두 이와 같은 객관적인 경기규칙의 준수를
통한 경제활동의 전개과정에서 이루어진 것이다. 경기규칙이 뚜렷이
준수되지 않는 경제가 장기적인 발전을 한다는 것은 거의 절대로 불
가능하다.

역사적으로 보아서도 그렇고 논리적으로 따져봐도 그렇다. 경제발
전의 초기에 있어 관이 직접 경제에 간여하여 경기규칙의 준수를 생
략함으로써 거둔 성과를 영속적(永續的)인 것으로 오해해서는 안 된
다. 경기규칙의 설정과 그 준수를 생략하면 왜 장기적인 경제발전이
저해되는가? 그것은 규칙이 없는 곳에는 곧 '성과'만이 눈에 띄게
되고, 따라서 성과를 거두기 위해서는 어떤 편법도 무방하다는 것이
일반 관념화되어 이것이 비능률을 빚는 까닭이다.

경쟁규칙의 제정과 그 준수라는 절차를 생략하고 속성적(速成的) 능
률을 추구함으로써 정상경제의 순리적인 능률을 무시하는 것이 앞으
로는 점점 불가하게 된다는 것이 확실히 인식되기를 바란다. 이것이
이 보고서에서 가장 역점을 두고 강조하고자 하는 신경제정책의 기본
관점이라 할 수 있다.

신경제의 내용을 좀 더 구체적으로 부연하기 전에 우선 먼저 해명
하여야 할 점이 있다. 근년에 와서 많은 민간단체에서 '정부주도'의
경제발전이 아니라 '민간주도'의 경제발전이 바람직하다는 말이 많
다. 그러나 민간주도란 말의 내용은 불명확하다. 우리가 여기서 주장
하는 것은 정부가 어떤 의미에서 경제발전을 위하여 주도적 역할을
포기하라는 것은 아니며 오로지 그 역할이 합리적으로 재조정되어야

한다는 것을 강조하고 있을 따름이다.

'민간주도'의 경제운용을 바라는 기업들 특히 대기업들은 지금까지 정부가 기업에게 베풀어준 갖가지 혜택을 거두어 달라는 말은 아닐 것이며, 결국 "혜택은 혜택대로 베풀되 간여는 하지 말아달라"는 요구가 아닌가 한다.

만약 이것이 민간주도형의 골자라면 이것은 이 보고서에서 말하는 신경제정책과 그 취지가 전혀 다르다 하겠다. 여기서 주창(主唱)되는 신경제정책은 자본주의 경제의 본질이라 할 경쟁원리를 통한 합리성과 효율성을 창달(暢達)하되 경쟁논리의 모순점을 시정하고 경제의 순환과 발전에 경쟁논리만으로는 미흡한 측면을 보완하는 기본방향을 가리킨다. 신경제정책은 다음과 같은 사항에 대한 근본적인 검토를 필요로 한다.

무엇보다도 정부가 하여야 할 일과 하지 않아야 할 일을 준별(峻別)하여야 한다. 다만 주의하여야 할 사항은, 정부가 하여야 할 일과 하지 않아야 할 일은 나라에 따라 또 발전단계에 따라 똑 같다고는 볼 수 없다는 사실이다. 예를 들어, 우리나라의 80년대 초 정부가 해야 할 역할 가운데서 가장 중요한 사항은 서독이나 일본의 60년대 초의 역할과 판이할 수 있다.

필자는 80년대 초의 정부가 하여야 할 일에는 다음과 같은 것이 있다고 생각한다.

① 거시적으로 볼 때 국민경제의 순환과 성장에 장애가 되는 요소를 조정하는 역할을 수행하여야 한다. 특히 저축의 증대와 과학기술 및 일반적 지식의 향상 및 보급을 위한 정책에 역점을 두어야 한다. 또 현재 경제의 각 방면에 나타나고 있는 불균형을 시정하는 정책을 수행하여야 한다. (제3, 5장)

② 물가안정을 도모하기 위하여 물가압력을 제거하는 정책을 추진하여야 한다. 우리나라에서는 인플레가 거의 체질화되고 있는 상태에 비추어 물가에 압력을 가지고 오는 모든 정책을 삼가야 할 것이다. (제4장)

③ 국제수지개선을 위하여 국제경제정세를 투시하고 경상수지 및 자본수지에 대한 기본방향을 정립하여야 한다. 또 국민경제의 국제화에 수반하는 여러 가지 조절을 행하여야 한다. 국민경제가 국제화되고 있다는 사실은 우리경제가 독자적으로 수행할 수 있는 정책의 폭이 그만큼 축소되고 있다는 것을 의미한다. 특히 국제시장에 있어서의 원료 및 원자재의 가격 및 공급에 관한 불확실성은 우리 경제로 하여금 중요 물자의 확보, 비축을 중요시하게 하고 경제정책으로 하여금 그 자유도를 상당히 제한하는 작용을 할 것이다. (제8장)

④ 경제적 형평을 촉진하고 소득분배를 비교적 평등화하기 위한 정책을 수행하여야 한다. 특히 조세제도에 뿌리 박혀 있는 역진성을 시정하고 정부지출면에서 저소득층에게 공공지출의 혜택이 많이 가도록 하여야 한다. (제7, 8장)

⑤ 경쟁원리의 창달을 위한 제반 조처를 취하고 그 모순을 보완하여야 한다. 독과점(獨寡占)에 대한 감독과 통제는 계속되어야 하며 가격자유화, 자금자유화 등 자유화의 폭을 확대하여야 한다. (제4, 5장)

⑥ 경제에 복지개념을 도입 창달하는 정책방향을 취하여야 한다. 무조건 선진국의 이른바 복지제도를 단편적으로 도입할 것을 절대 지양하고 현재 경제 내에 뿌리박고 있는 복지에 역행하는 제반 요소를 제거하여야 한다. (제9장)

⑦ 낙후되어 있는 금융산업을 보육하기 위한 정책을 수행하여야 한다. 이를 위해서는 통화당국과 금융기관의 자율성을 제고시키는 동시

에 경기조절에 관한 정책수단을 개발하여야 한다. (제7장)

⑧ 산업화에 따라 일어나는 제 문제, 이를테면 환경의 보존, 공해의 방지, 주택의 건설 등을 위하여 노력하여야 한다. (제9장)

⑨ 국민경제와 지역개발의 균형을 도모하기 위한 정책을 써야 한다. 특히 중요한 것이 서울을 비롯한 대도시의 팽창을 방지하고 대도시의 팽창이 몰고오는 도시화를 위한 비용의 극소화를 도모하여야 한다.

⑩ 교육기회의 확대 및 과학기술의 향상을 제고하기 위한 정책에 가장 큰 역점을 두어야 한다. 교육의 확대가 가장 중요한 경제성장정책이며 가장 중요한 복지정책이며 가장 중요한 소득분배정책이므로 공교육비를 GNP의 일정 비율로 정하고 각급 학교의 교육에 대하여 질·양 양면에 대한 쇄신을 하기 위하여 각급 학교의 자율성을 보장할 것을 골자로 하는 교육법의 개정이 필요하다. (제3, 9장)

⑪ 노사관계의 원활화를 위한 정책을 입안하여야 한다. (제9장)

다음으로, 정부가 하지 말아야 할 일도 많으니 이를 열거하면,

① 현재 정부가 기업의 경영상의 의사결정에 관한 대부분의 간여는 지양하여야 할 것이다. 이를테면 정부에 의한 투자기업체의 선정, 융자대상의 선정 등 사기업 고유의 의사결정 영역에 속하는 간여는 이를 지양하여야 한다.

② 현재 정부가 하고 있는 물량적 목표달성을 위한 많은 정책은 지양하여야 한다. 예를 들어 수출목표 달성을 위한 직접적 독려(督勵)는 이를 단계적으로 그 폭을 축소하여야 하며, 이른바 정책금융의 폭도 대폭 축소하여야 한다. 금융에 대한 정부의 직접적 간섭의 폭을 크게 축소하여야 한다. (제3, 5, 8장)

③ 현재 정부가 하고 있는 물가대책은 물가지수정책에 불과하고, 실효가 없으므로 소수 독과점품목에 대한 통제를 제외하고는 이를 폐하여야 한다. 다만, 유통상 악덕상인들이 농단하는 부당이익은 이를 행정적으로 단속하는 것은 바람직하다. (제4장)

④ 교육의 순조로운 발전에 장애가 되는 각급 학교에 대한 정부의 빈번한 간섭 및 감독은 지양하는 것이 바람직하다. (제9장)

⑤ 선진국의 복지제도를 그대로 도입하는 것은 절대로 삼가야 한다. (제9장)

정부가 하지 않아야 할 일을 열거한다면 이 밖에도 많을 것이다. 이들에 대한 통제를 그만두고 위에서 말한 바와 같은 당연히 정부가 해야 할 일에 행정의 힘을 돌려야 할 것이다. 이런 의미에서 우리는 결코 정부의 역할의 축소를 주장하는 것이 아니라 그것의 전환을 강조하고자 하는 것이다. 물론 이와 같은 작업은 일조일석에 완성될 수는 없는 일이지만, 관청의 필요에 따라 그때그때의 사정이 허락하는 대로 무원칙하게 만들어 놓은 개입, 간섭을 위한 법령 규칙 등을 대폭 대담히 삭제하여야 할 것이다. (제9장)

이상과 같이 이 보고서에서 주창하는 신경제정책은 종래의 직접 통제를 지양하고 간접유도로 이를 대체하는 것이며, 오직 이 방향이야말로 합리와 효율을 국민경제에 함양함으로써 장기적인 성장의 바탕을 마련할 수 있는 유일의 방향일 것이다. 설사 초기에 있어서는 생소한 새로운 경기규칙의 준수가 어렵고 그 효율이 낮은 것처럼 보일지 모르지만 이것을 생략함으로써 효율을 부식할 수 있는 방법은 절무(絶無)할 것이다.

여기서 우리는 현실적인 우리의 여건과 우리가 주창(主唱)한 바람직한 상(像)과의 사이에는 상당한 괴리가 있다는 것을 발견한다. 하지 않아야 할 일이라고 해서 일시에 그것을 포기하면 오히려 혼란과 부조리가 야기될 수도 있고, 하여야 할 일에 착수하고 보면 생소한 일에 직면하게 되니 오히려 효율이 낮게 보일 수도 있다. 그러나 중언(重言)하여 강조하고자 하는 것은, 우리 경제를 현대식 경제로 만들기 위해서는 이 훈련의 과정을 생략할 수가 없다는 것이다.

제3장 경제성장에 관한 정책

1. 성장정책의 기조

제1장과 제2장에서 필자는 우리나라의 경제는 이제 유휴노동의 동원을 통한 성장, 즉 외연적 성장의 과정을 지나고 노동 및 자본의 생산성의 향상을 통한 이른바 내연적 성장[3]을 해야 할 단계에 와 있으나 아직도 이를 위한 새로운 성장요인이 잘 마련되고 있지 못하다는 것을 지적하였다.

우리 경제의 성장요인은 이와 같이 크게 달라지고 있으므로 이것을 정확히 인식하고 새로운 성장요인을 보육하는 데에 앞으로의 경제정책의 기본방향을 두어야 한다. 그럼에도 불구하고 아직 이에 대한 인식이 미흡하여, 지금도 줄기차게 추진하고 있는 성장정책은 60년대와 70년대 초의 외연적 성장 시대의 그것을 수정 없이 답습하고 있으며, 여기에 작금에 보는 바와 같은 경제운영의 실조(失調)의 연원(淵源)이 있다고 생각된다.

경제성장에 대한 지금까지의 정책기조는 대략 다음과 같은 기본 명제에 입각하고 있다고 볼 수 있다.

---

3) 여기서 내연적 성장이라고 하는 것은 흔히 '내포적 성장(內包的 成長)'이라고 하는 것과는 전연 그 의미가 다르다. '내포적 성장(內包的 成長)'이란 무역을 통하지 않고 수입대체산업의 발전을 통하여 자급자족적인 발전을 하는 것을 의미하는 것이다. 이에 반해, 필자가 여기서 내연적 성장이라고 하는 것은 개방경제하에서 내수산업이나 수출산업을 막론하고 생산성의 향상을 통한 성장을 이룩하는 것을 말한다.

(1) 성장은 절대 필요이다. 경제성장이 국민의 여망(輿望)이며 고용의 증대를 위하여도 가급적 빠른 경제성장이 필요하다.

(2) 경제성장은 정부가 주도해야 한다. 이 주도를 위해 정부는 성장에 대한 청사진, 즉 경제계획을 작성하고 여기에 제시된 주요 목표는 어떤 난관이 있더라도 그것을 달성하도록 노력한다.

(3) 우리나라는 자본이 부족하고 자원의 부존(賦存)이 적으므로 경제성장을 하기 위해서는 외자도입이 불가피하며, 외자에 대하여는 가급적 우대하는 조치를 취한다.

(4) 우리나라는 국내시장이 협소한 까닭에 성장은 수출을 통할 수밖에 없으므로 수출의 증대는 모든 정책목표에 우선한다. 수출이 1백억 달러에 달한 오늘날에 있어서는 수출구조가 고도화되지 않으면 안된다. 중화학공업을 적극 육성하여 국민경제의 구조와 수출구조를 고도화하여야 한다.

(5) 성장을 위해서는 다소의 물가상승은 감수해도 좋다. 또 소득분배의 문제, 환경보존의 문제, 공해의 문제 등도 우선 성장을 한 후에 해결할 문제이다. 고도성장이 달성되어 1인당 소득이 크게 증가하면 이런 문제들은 많이 자동적으로 해결된다.

(6) 중화학공업의 육성은 앞으로 국민경제의 당위가 될 것이며, 규모의 경제를 이룩하고 대규모의 투자를 수행하며 수출을 극대화하기 위해서는 대기업의 육성이 필요하다.

(7) 이와 같은 정책을 중단 없이 추진하면 1980년대의 중엽에는 우리나라 경제는 1인당 소득 5,000달러, 그리고 수출 500억 달러를 달성하게 되며, 경제구조도 선진국 수준에 도달할 것이다.

이상과 같은 기본철학에 입각한 경제정책은 1960년대에 있어서의 국내경제의 여건—즉 외연적 성장을 가능하게 만드는 여건—및 무역

장벽이 적고 해외시장에 있어서의 수요가 왕성하였으며, 또 석유를 비롯한 원자재의 가격이 저렴하였던 국제경제의 호조건과 상승하여, 괄목할만한 경제성장을 우리에게 가져다주었다. 거의 20년 동안 연평균 10%의 경제성장률과 30%의 수출증가율을 달성하였으니 이는 세계적으로도 드물게 보는 약진상(躍進相)이라 할 수 있다.

그러나 80년대를 목전에 둔 지금에 있어서도 내연적 성장의 요인은 아직 성숙하지 못하였을 뿐 아니라, 지금까지의 놀라운 성공을 가지고 오게 한 정책은 오히려 앞으로의 발전을 정체 또는 저해할 수 있는 상황에 놓이게 되었다.

2. 성장정책의 부작용

이상과 같은 기본철학에 입각하여 추진된 우리 경제의 성장의 특징은 무엇인가? 고성장률, 고율의 수출증대, 급격한 구조변동 등의 성과는 국내외에 널리 알려져 있는 특징들이므로 여기에는 이들 성과에 대한 부연설명은 생략하기로 하고, 다만 우리가 제창하는 신경제정책과 관련하여 다음에 지적하는 몇 가지 문제점에 대하여 주의를 환기(喚起)하고자 한다.

(1) 정부의 통제의 폭은 경제규모의 확대에 비례하여 확대되었다. 정부에 의한 여러 가지의 통제는 급격히 변동하는 국내외 정세에 탄력적으로 대응하지 못하고 법이나 령으로 규제하기 때문에 경직화의 길을 걸었다. 뿐만 아니라 기준 없는 통제가 많기 때문에 일관성 있는 정책이 될 수가 없고 졸속적인 변화가 반복되어, 국민의 신뢰를

잃게 되었다.

모든 것이 규제되는 까닭에 법령이 번다(煩多)하고 절차가 까다롭다. 이러한 번문욕례(繁文褥礼)로 낭비되는 인력, 시간, 비용은 많은 비효율의 원천이 되고 있다.

(2) 결국 모든 정책 가운데서 수출증대책이 우선하게 되었으므로 수출산업과 내수산업에는 현격한 차이가 있게 되었다.

수출주도 경제성장을 추진하기 위해서 정부는 수출기업에 많은 특혜와 지원을 베풀었다. 수출기업에 대해서는 조세 감면, 전기·용수·철도료의 감면 등의 혜택을 주었고, 수출용 원자재의 관세를 환급해 주고, 또 저리의 수출금융을 제공하였다. 실제로 수출기업들은 자기자본도 거의 없이 성장할 수 있었다. 비교우위를 유지한다는 명목으로 임금상승은 최대한 억제되어 왔다. 실질적으로 금리가 부(負)(−)에 가까움으로써 수출기업은 상대적으로 비용의 부담이 아주 작은 상태에서 크게 성장하게 되었다.

반면에 이들 수출기업들의 성장을 위하여 내수기업 및 일반국민은 별로 혜택을 받지 못하였다. 내수기업은 수출금융 또는 정책금융의 혜택은 물론 일반 제도금융의 혜택도 거의 제대로 받을 수 없었다. 언제나 자금수요의 과잉상태에 있으므로 일반은행의 대출도 일부 수출기업에 편중되고 있다. 따라서 이들 기업은 이자율이 높은 사채에 의존할 수밖에 없다. 게다가 이들은 조세 관세 상의 혜택도 받지 못하고 과당경쟁을 벌려야 하기 때문에 이윤율도 낮을 수밖에 없다. 부가가치가 낮아서 수출기업과 같은 수준의 임금을 지불할 능력이 없으므로 자체 내에서 양성한 기능인력은 수출기업으로 빼앗기는 경향이 있다.

수출을 통한 성장정책은 일반소비자에게 고물가라는 부담을 주고 있다. 수출의 '마진'이 아주 낮거나 또는 적자를 보는 경우, 기업들은 국내가격을 상승시켜 그것을 보전(補塡)하는 것이 관례가 되고 있다. 특히 최근에는 일부 수출에 있어서는 수출품가격은 그 제품의 수입원자재의 가격에도 미달하는 경우가 생기게 되었다고 보도되고 있다. 이는 물론 우리의 소득의 일부가 수출로 인하여 국외로 유출하는 것을 의미할 뿐 아니라 국내의 가격수준을 더 높여야 수출에서 오는 손실을 보전할 수 있다는 것을 의미한다.

(3) 수출 주도의 성장정책, 그리고 중화학공업의 적극적 추진 등은 높은 물가상승률을 유발하게 되었다. 지난 20년 동안 통화량의 연평균 증가율은 30%를 초과하였으며 물가 상승률도 14%에 달하였다. 특히 70년대에 들어와서는 통화량 증가율이 40%선까지 올라간 해도 있다. 통화증발로 인한 인플레적인 투자정책으로 기업부문의 설비투자를 유도할 수 있었지만 인플레가 고질화됨으로써 오히려 국제경쟁력을 약화시키는 요인으로 변하였다.

(4) 중화학공업을 추진하기 위한 대기업 육성 정책에 따라 정책 사업에 참여하는 대기업에 대하여 투자 쿼터의 배분, 정책금융의 할당 등이 우선적으로 베풀어졌다. 이에 호응하여 대기업들은 전력을 기울여 각 방면으로 설비 확장에 주력하였다. 부실 중소기업을 인수하고 그것을 담보로 하여 또 대부를 받아 다시 확장하는 기업성장의 '메커니즘'의 작용으로 대기업은 단시일 내에 경이적으로 성장하였다. 많은 대기업들은 수십 개의 회사를 옹유(擁有)하는 '그룹'으로 성장하였다. 이것이 한국경제성장의 가장 큰 특징의 하나로 간주된다.

대기업 수출기업을 중심으로 하는 개발정책은 필연적으로 이중구조를 형성하였다. 대기업과 중소기업, 수출기업과 내수기업 사이에 불균형이 조성되었다.

(5) 고도성장 및 수출목표 달성에 전력을 기울이는 정책을 쓰다 보니 투자는 자연 물적 투자에 주력하지 않을 수 없었으며, 이와는 대조적으로 인적자본이나 기술개발 투자는 소홀하였다. 현행 입시제도나 정원 제도는 고급인력에 대한 수요의 증가에 적절히 대처할 수 있는 탄력성이 없고, 해마다 많은 자원이 입시준비에 낭비되고 있다. 대학교육의 질적 향상이나 양적 확대를 위한 정부나 기업의 투자는 미약하다.

또한 기술개발 투자도 저조하다. R&D지출의 GNP비율을 보면 우리나라는 아직도 GNP의 1%에도 미달하여 2~3%를 지출하는 선진국과 대조를 이룬다. 연구원 수, 연구원 및 R&D비용에 있어서도 비교가 되지 않는다. 기능인력의 양성에는 어느 정도의 투자도 하고 노력도 하여 왔으나 아직도 그 총 규모는 미미하다. 전문적인 양성소나 재교육기관이 아직 확립되어 있지 않으며, 각 기업은 자체에서 양성하기보다는 외부에서 스카우트해 오는 경향을 보이고 있다. 결국 각 기업은 기술개발, 인적자본, 기능인력 양성 등을 통하여 생산성을 제고함으로써 기업체질을 강화하기보다는, 금융·재정상의 여러 가지 혜택 때문에 주로 물적인 자본의 확장에 노력을 기울여 왔다고 볼 수 있다.

3. 성장정책 기조의 재검토

이상에서 개관(槪觀)한 바와 같이, 성장정책의 부작용은 앞으로 이루어야 할 지속적인 성장을 위하여 제거되어야 한다. 이와 같은 부작용은 또한 본장 제1절에서 논한 성장정책의 기조의 합리성이 차츰 감소해 가는 것을 의미한다. 따라서 필자는 이 절에서 지금까지의 성장 정책의 기조의 타당성을 80년대의 경제성장을 전망하면서 재검토하고자 한다.

1) 성장의 필요성과 전망

첫째, 경제성장은 절대 필요하다는 기본입장은 지난날에 있어서나 앞날에 있어서나 타당하다. 원시적으로 볼 때에는, 경제성장 없이는 우리 민족의 생존이 위협받을 뿐 아니라 우리 민족이 문화적 소질의 창달(暢達)을 통하여 세계에 공헌할 수 있는 능력을 살리지 못하게 될 것이고, 근시적으로 볼 때에는 해마다 증가하는 노동인력을 흡수하여 이들의 물질적 생활기반을 마련할 수 없기 때문이다. 만약 장기적인 성장을 이룩하지 못한다면 모든 경제정책은 다 허사가 될 것이다. 우리 경제는 앞으로도 계속 상당한 성장을 달성하여야 한다. 이에 대하여는 길게 부연할 필요가 없다.

다만 여기에 문제가 되는 것은 우리 경제의 성장이 어느 정도 가능하느냐의 문제이다. 경제성장이 당위라고 해서 꼭 그것이 가능한 것은 아닐 것이다.

제1장에서 우리는 경제성장의 요인으로 (1) 경제주체의 경제하려는 의욕 (2) 과학기술 및 지식의 향상 (3) 저축과 투자의 효율 (4) 기업정신의 올바른 발양(發揚)을 들고, 오늘날 한국경제에는 이들 성장요인이 잘 구비되고 있지 못하다고 논하였다.

필자의 견해에 의하면, 오늘날 우리 경제는 이들 요인의 어느 하나도 튼튼하게 갖추고 있지 못하다. 경제 전반에 걸쳐 불합리와 비효율이 퍼져 있다. 경제의 체질은 전반적으로 취약하다. 이런 취약한 체질을 가지고는 장거리를 뛸 수가 없다. 앞으로 성장률은 상당기간 동안 둔화될 것이다.

그러면 어떻게 하면 우리 경제는 체질개선을 이룩하여 다시 고도성장의 궤도에 오를 수가 있는가? 이에 대해서는 아무런 묘방이 없다. 오직 위에서 말한 네 가지의 성장요인을 보육하는 길이 있을 뿐이다. 그러기 위해서는 우리는 우선 이제까지의 나쁜 버릇을 청산하고 새로운 건전한 사고와 행동을 하도록 정책적으로 유도하여야 한다.

이와 같이 취약한 경제체질을 개선하기 위해서는 약 3~5년 동안의 조정기가 필요하다고 생각된다. 충분한 심적 여유를 가지고 신념과 자신에 입각한 조절의 노력 없이는 장기적 성장력의 함양은 이루어지기 어려울 것이다. 이와 같은 장기적 노력을 기울이지 않고 계속 현실의 호도(糊塗)에만 시종함으로써 경제운영의 차질을 반복한다면 성장궤도로부터의 탈선은 불가피하게 장기화될 것이다.

그 반면에 우리 경제는 아직도 상당한 성장잠재력을 가지고 있다는 것도 올바르게 인식하여야 한다. 60년대에 점화된 '경제하려는 의지'는 그 약간의 기형적 발로에도 불구하고 아직도 유지되고 있을 뿐 아니라, 국민경제는 지난날과는 비교도 안 될 거대한 물질적 기반을 구축하여 시련을 견딜 수 있는 능력도 향상되어 있다. 석유파동과 같은 난관을 겪은 경험은 그것이 비록 진정한 의미에서의 극복은 아니었다고 하더라도 국민과 정부에게 상당한 자신감을 심어 주었다.

따라서 성장이고 불성장이고 만사가 우리의 노력 여하에 달려 있는 것이다. 우리는 쓸데없는 과잉기대와 실속 없는 의욕, 그리고 공연한 좌절감 등을 다 버리고 신념에 입각한 자신을 가지고 장정의 길에 올라야 할 것이다.

앞으로의 성장률이 당분간 상당히 둔화될 것으로 전망하는 이유는 무엇일까? 첫째, 외연적 성장이라는 손쉬운 성장시대가 끝나가고 있다는 것 자체가 당분간 어느 정도의 성장률의 둔화를 가지고 오는 요인이 된다. 둘째, 국제경제 정세를 보아도 80년대 초반은 세계적으로 저성장이 전망되고 있으니만큼, 우리나라도 그 영향을 받을 것이다. 셋째, 우리가 지금까지 조성하여 온 체질적 취약성을 고치는 데에는 상당한 시일이 소요될 것이다. 경제하려는 의욕, 근로의욕, 저축의욕의 고취, 합리성의 회복 등은 일조일석에 이루어질 수가 없을 것이다. 정부시책에 대한 국민의 신뢰의 회복도 곧 당장에 이루어지기가 어려울 것이다. 과학기술과 지식의 향상도 단시일 내에 이루어질 수 있는 것이 아니다. 이것이야말로 장기간의 노력과 투자를 필요로 한다.

우리나라는 이미 논한 바와 같이 교육투자에 대한 소홀로 인하여 값비싼 대가를 치러야 하게 되었다. 과학기술 그리고 지식에 대한 대체물은 없는 것이다. 다른 생산요소, 이를테면 기계, 원자재, 공장 등은 그것이 부족하면 수입으로 조달할 수가 있다. 그러나 지식, 과학의 수준, 기술 등은 수입할 수가 없고 어디까지나 자체에서 조달하여야 하는 것이다. 물론 기술도입이라는 것도 있다. 그러나 그 기술도입이라는 채널로 들어오는 것은 그저 외형적 기술, 누구나 할 수 있는 공정에 한한 것이지 본질적인 것은 수입할 도리가 없다. 외국이 절대 그런 기술을 내보내지 않는 것이다. 그리고 또 기술의 본질적인 측면이 설사 외국인을 통하여 도입된다고 하더라도 본국인들이 그것을 전수받을 용의와 기본적 능력이 갖추어지지 않고서는 기술도입이란 어디까지나 허사로 끝난다는 사실에 주의하여야 한다. 다시 말해서, 외국의 기술이나 과학 지식을 수용할 능력의 향상도 일조에 이루어질 수가 있는 물건은 아닌 것이다. 저축의 증대, 그리고 투자의 효율의 증대 등도 결코 일조에 개선되리라고 기대해서는 안 된다. 이미 제1장에서 논했지만, 우리나라에서 특히 가계부문에 있어서의 저축이 낮은 이유에는 사회상류층에 있어서의 확고한 가치관의 미확립, 경제 발전에 대한 과잉홍보와 해외로부터 유입된 전시효과의 작용으로 고조된 소비성향의 상승 및 인플레로 인한 금융자산에 대한 수요의 감퇴 등을 들 수 있는바, 그 어느 것을 보아도 하루아침에 개선될 수 있는 성질의 것은 없다. 저축성향이 낮아진 데에도 많은 세월이 걸렸지만, 마모된 저축성향이 다시 올라가는 것도 용이한 일은 결코 아니다. 쉽게 말해서 국민의 경제생활관이 달라져야 한다는 말인데, 이것이 어찌 단숨에 이루어질 수 있는 일이겠는가?

민간에서 이루어지는 저축이 금융시장을 통하여 기업의 투자자금화 하는 과정은 은행을 비롯한 금융 중개기관이 담당하여야 한다. 우리나라의 금융기관의 취약성 및 금융산업의 낙후성은 누구나 다 잘 알고 있다. 이 산업을 부흥시킨다는 것은 매우 어려운 일이다. 제조업의 일개 업종을 건설한다는 것은 기계와 공장을 수입하고 자금을 지원하면 비교적 손쉽게 이루어질 수 있는 것이지만, 금융산업은 이것과 달리 모든 국민의 개개인의 기대와 심리에 관련되어 있는 것이기 때문에, 이 산업의 육성에 있어서는 사실 묘책은 없고 오직 알기 쉬운 상식적인 유인(誘因)을 충분히 마련하여 장기간을 두고 국민의 호응을 기다릴 도리밖에 없는 것이다. 어떤 법령이나 지원 및 구호 등으로 금융산업이 육성될 수는 없는 것이다.

기업에 있어서의 투자 효율의 제고도 장기간을 두고 이루어질 문제이다. 특히 현재에 있어서와 같이 자금의 공급이 관청에 의하여 배당되는 관행이 어떻게 일조에 개선될 수 있겠는가? 설사 이른바 정책금융의 대폭적인 축소가 바람직한 것을 모두 인식하면서도 '현실적으로' 그것이 어렵다는 논의에 상당한 설득력이 있는 현실을 보아도 투자자금의 효율성의 제고는 매우 어려운 문제임을 알 수 있는 것이다.

이렇게 볼 때, 내연적 성장을 하기 위한 체제의 정비란 결코 쉬운 문제도 아니고 이루어질 수 있다고 하더라도 장기간이 걸려야 하는 것임을 알 수 있다. 따라서 앞으로 조정기간을 적어도 3~5년 정도로 잡고(그것도 결코 과다한 세월은 아니다) 비만체질을 교정하는 데 온갖 노력을 다해야 할 것으로 생각한다. 뿐만 아니라 국제경제의 전망을 보아도 거의 모든 나라들이 80년대 초반에는 저성장을 할 것으로 보인다. 긴 역사적인 안목에서 볼 때, 또 크게 세계사적인 견지로 볼 때, 국제적 고성장의 시대는 석유파동으로 종언(終焉)을 고하였다는 것은 설득력 있는 견해이다. '스태그플레이션'의 여신(餘燼)은 아직도 서방 선진국을 괴롭히고 있다. 심지어 공산국들도 저성장의 굴레를 벗지 못하고 있다. 선진국의 저성장은 선진국의 수입수요의 증가를 저해할 뿐 아니라 그들 나라의 산업구조의 전환을 가로막고 보호무역의 정책을 채택할 것이다. 이 모든 것들이 우리나라와 같은 후진 공업국의 약진적 발전을 저해할 것은 분명하다.

이와 같이 국제경제 정세로 보나, 경제이론으로 보나, 사회심리로 보나, 우리가 앞으로 80년대 초반의 경제체질 강화를 위한 조정기에 있어서는 성장에 관한 정부의 목표를 하향조정하고 안정을 수반하는 성장을 달성하는 데 정책상의 역점을 두어야 한다는 결론을 얻는 것이다. 또 경제성장이란 원래 장기적 현상이며 이를 위한 조건의 성숙 없이는 이루어질 수 없기 때문에 조급한 성장 촉진책은 유해하다는 것을 인식하여야 할 것이다.

끝으로 고도성장정책의 불가변성을 고용증대의 필요성에 찾는 이론에 대하여 검토하고자 한다. 고용의 증대를 위하여 성장이 필요하다는 이론인데, 여기에는 확실히 일리가 있다. 이론적으로 보아도 이 것은 상식적으로 되어 있다시피 되어 왔다. '케인즈' 이론에 의하면 고용의 증대는 국민소득의 증대와 완전히 비례하는 것이 가정되어 있 다.

"우리나라에서는 1963~1978년 동안에 노동력은 연평균 3.46% 증가하였다. 이 기간 동안에 취업인구 1%를 흡수하기 위하여 2.5%의 경제성장이 필요하였다. 따라서 실업률을 4% 이내로 유지하기 위해 서는 최소한 연 8.5~9%의 경제성장률이 필요하다"는 식의 논의가 곧잘 유행하고 있다.

이 '케인즈' 류의 분석에 일리가 있다는 데 대해서는 누구나 시인 할 것이다. 그러나 좀 더 심사(深思)해 보면, 이런 분석을 필요 이상으 로 중요시할 필요가 없다는 것도 명백해진다.

'케인즈' 류의 분석은 극히 단기적인 분석이다. 성장률과 고용의 증가는 물론 서로 유관하지만 장기적으로는 일 대 일의 관계는 없는 것이다. 투자가 어떤 업종에 이루어지느냐, 자본집약적인 산업에 이 루어지느냐 노동집약적인 산업에 이루어지느냐에 따라서, 또 기업의 채산성(採算性)이나 기업가들의 성향, 경영방침 등에 따라서 고용에 대한 효과는 엄청나게 다를 것이다. 관변(官邊)에 있는 경제이론가들 이 성장의 중요성을 설명할 때 이구동성으로 고용의 필요성을 드는 것은 이해가 가는 일이다. 그러나 지금까지 관에 의한 투자가 꼭 고 용의 증대를 의식하여 이루어진 것으로 볼 수는 없다. 성장률을 극대 화하기 위한 것이었다면 수긍이 가나, 고용을 극대화하기 위한 것은 아니었다. 너무나 많은 투자가 자본집약적인 방향으로 이루어진 것을 보아도 고용의 증대를 우선하였다고는 할 수 없다는 것을 알 수 있 다. 고용의 증대가 아무리 중요하다고 해도 이것을 한꺼번에 이룰 수는 없다. 장기적으로는 차츰 건실하게 증가하면 되는 것이다.

경제성장을 국민이 절실히 바라고 있다는 가정도 좀 면밀히 검토되어야 마땅하다. 필자가 보기에는 국민이 바라는 것은 균형 있는 착실한 성장이지 단순한 고도성장 자체는 아닐 것이다. 만약 고도성장이 인플레가 만성화되어 항상 생계가 불안정하고, 투기가 성행하고, 사치풍조에 오염된 환경에서밖에 이루어질 수 없다면 국민은 오히려 고도성장을 저주하게 될 것이다.

어느 나라에서도 그렇다시피, 한국에 있어서도 대다수의 국민은 가난하다. 이들이 원하는 것은 안정된 생활기반이며 안정된 생필품의 가격과 공급이다. 단순한 고도성장을 바라는 것은 아닐 것이다.

2) 성장과 경제계획

둘째의 명제, 즉 경제성장은 정부가 주도해야 한다는 관념도 재검토되어야 한다. 경제성장을 이룩하기 위해 정부가 여러 가지 정책을 써야 한다는 데 대해서는 이론의 여지가 없다. 그러나 경제의 성장요인이 달라짐에 따라 정부의 역할도 달라져야 한다. 직접적인 통제로부터 간접적인 유도로 바뀌어져야 한다. 이 점에 관하여는 이미 제1장에서 논한 바 있으므로 재론을 생략한다.

정부가 경제성장을 위하여 경제계획을 통해 그 성장의 방법을 제시한다는 데 대하여도 누구나 그 필요성을 인정하여야 한다. 그러나 문제가 되는 것은 경제계획이 무엇을 위한 것이냐에 있다.

원래 국민경제의 발전을 위해 중요한 것은 올바른 경제정책이지 경제계획 자체가 아니다. 이 점은 근본적으로 중요하므로 똑똑히 인식할 필요가 있다. 경제성장이란 계획 없이도 얼마든지 이루어질 수가 있다. 또 아무리 훌륭한 경제계획이 있어도 성장이 이루어지지 않는 수도 있다. 경제계획이 없이도 잘 발전하는 나라(예, 서독)는 경제정책이 잘 되어 있다. 경제계획이 있어도 제대로 발전하지 못하는 나라, 예를 들어 많은 개도국 및 공산국들은, 경제정책이 잘 되어 있지 못하다. 경제계획의 의의는 경제정책을 합리적으로 만들기 위한 하나의 길잡이의 역할을 하게 하는 데 있는 것이지 거기에 나열된 목표를 그대로 실현시키는 데 있는 것은 아니다.

경제계획이란 원래 미래를 향한 하나의 방향 제시이다. 여기에 제시되어 있는 목표들은 계획 입안자들의 장래에 대한 유한한 투시력에 입각한 것이다. 이 불확실성이 많은 시대에 수년 전의 부정확한 통계로 도출한 계획 목표치들에는 별로 합리성이 없는 것이 많다. 이들 목표들은 경제가 요구하는 최적의 것과 비교할 때 많은 오차를 지닌 불합리한 것들도 얼마든지 있을 수 있다.

또 한 가지 똑똑히 알아 두어야 할 일은 계획의 목표치를 '차질 없이' 달성하려고 하면 할수록 경제정책의 수단은 없어지게 된다는 사실이다. 왜 그러냐 하면, 목표치 달성의 노력은 불가피하게 직접통제를 가져오지 않을 수 없는데, 이 직접통제야말로 '정책'(즉, 간접통제)의 대체물이기 때문이다. 일례를 들어, 금융대출에 대한 직접통제를 한다면 이는 이자율의 조정이나 기타의 간접적 정책수단을 모조리 불구로 만들게 된다는 데 대하여 우리는 너무나 잘 알고 있는 것이다. 정책수단이 평시에 개발되지 않고 있으면 정말로 합리적인 고차원의 정책을 써야할 때 아무런 방법이 없게 되어, 결국 경제정책은 허공에 뜰 수밖에 없게 된다. 정책의 진공상태에서 오직 정부의 통제만이 있는 경제가 잘 발전한다는 것을 세계의 경제사는 아직도 우리에게 보여준 적이 없는 것이다.

사리(事理)가 이러함에도 불구하고 우리나라에서는 관변에 있어서나 민간에 있어서나 경제계획의 의의에 대하여 인식이 바로 서 있지 않다. 심지어 경제전문가들조차도 경제계획의 목적은 그 목표를 그대로 실현하는 데 있으며, 그렇지 못할 경우에는 계획은 실패라는 견해를 그럴싸하게 제시하는 수가 있다. 이것은 참으로 안타까운 일이 아닐 수 없다.

외연적 성장시대에는 경제계획의 목표를 그대로 달성하려고 하는 노력에는 이론적 타당성도 있고 따라서 성과도 많을 수 있다. 우리나라의 경제기획원은 60년대 중반의 외연적 성장시대에 창설되어 목표달성 위주로 그 업무를 추진한 결과 상당한 업적을 내었다는 것은 누구나 인정할 수 있다. 그러나 점차 정부의 통제의 폭이 확대됨에 따라 기획당국은 점차 통제당국으로 변모하였다. 그 기구는 방대해지고 실제로 통제의 수단을 가지고 있지 않은 채 통제의 영역은 엄청나게 증가하고 있는 이율배반을 지니고 있는 것 같다.

무릇 통제는 많으면 많을수록 어려워지는 것이다. 통제의 폭이 증가하면 할수록 그 효율은 상실되고 만다. 령(領) 외에 예외가 쌓이게 되어 끝내는 통제를 받지 않는 영역도 별로 없고 또 궁극적으로 통제를 받는 영역도 별로 없어진다는 혼돈상황이 전개되는 것이다.

이 보고서에서 주장하는 바와 같이, 앞으로 정부의 역할과 경제계획의 의의가 재검토됨에 따라 기획당국의 조직과 역할도 논의의 대상이 되어야 한다. 현재와 같이 기획당국이 기획업무보다도 오히려 통제업무를 더 많이 담당하고 있는 마당에서는 이상에서 논한 정책유도를 위한 경제계획의 뜻이 살아나오기가 어려울 것으로 필자는 확신한다. 유능한 관리의 능력으로도 그 한계생산력이 낮을 수밖에 없는 것이 무원칙한 통제업무의 본질일 것이다. 그러나 정부조직에 관한 것은 또 별도의 연구제목이 되어야 할 것이고 이 보고서에서 상론할 겨를은 없다.

3) 성장과 외자의 역할

셋째, 외자도입이 불가피하다는 것에 대하여는 이론(異論)을 제기할 이유가 없다. 다만 주의하여야 할 것은 경제성장이 내연적인 것으로 되면 될수록 외자의 중요성이 감소한다는 사실이다.

외연적 성장 당시에 고용과 소득의 증대를 위하여 외자도입이 현저한 공헌을 하였다는 것은 필자도 인정한다. 외자를 도입하는 것을 매판시(買辨視)하여서는 안 된다. 모든 외자를 매판시하는 것은 옳지 못하지만, 외자가 어떤 국민경제에 발전을 위하여 공헌하는 정도에는 엄연한 한계가 있다는 것도 또한 엄연한 사실이다. 경제가 발전하여 내연적 성장시대가 되면 될수록 외자의 역할은 달라져야 한다. 외자 자체가 중요한 것이 아니라 이 외자를 유용하게 활용할 수 있는 능력, 즉 외자를 통하여 장래에 있어서의 우리의 생산성을 향상시킬 수 있는 능력이 중요하게 된다.

지난날의 외자도입의 성과가 앞으로도 그대로 실현될 수 있을 것이라는 암묵적(暗默的)인 가정 하에 앞으로도 외자는 가급적 적극적으로 유치하여야 한다는 이론이 유행하고 있다. 그러나 우리의 외자 수용태세가 불충분하다면 지나치게 많은 외자의 도입이 우리의 성장잠재력 개발에 대한 노력을 지연시킬 수도 있다는 점에서 오히려 국민경제에 대하여 누를 끼칠 가능성이 앞으로 얼마든지 있을 것이라는 것은 마땅히 인식하여야 할 것이다.

4) 성장과 수출

넷째, 경제성장을 이룩하기 위해서는 수출의 증대가 필수적이라는 명제는 앞으로도 항구적인 타당성을 가진다. 60년대의 초기부터 정부가 수출의 증대에 전력을 기울여 거의 무(無)에서부터 오늘의 수출국을 이룩하였다는 것은 어디까지나 빛나는 업적으로 평가되어야 한다.

부존자원이 적고 국내시장은 협소하니 수출을 통하지 않고는 소득증대가 어려운 것이다. 그러나 이 명제에도 합리적인 재검토를 가할 필요는 있다. 첫째, 수출량의 극대화는 국내 물가의 상승, 소득의 해외유출, 내수산업과의 균형의 상실 등 바람직하지 못한 효과를 가져오게 되었다는 것은 이미 위에서 보았다. 또 수출량의 극대화 노력은 오히려 국민경제의 대외의존, 특히 대일(對日) 의존을 높이는 효과를 가지고 오게 되고 기술발전을 저해하는 원인이 될 수 있다. 이 점에 관하여는 제8장에서 상론할 것이므로 여기서는 이에 대한 설명은 생략한다.

한 가지 매우 뚜렷이 인식되어야 할 사실이 있다. 수출은 결국 우리나라 수출산업의 국제경쟁력에 의하여 증진된다는 것이다. 국제경쟁력이란 무엇인가? 그것은 똑같은 제품을 국제시장에 외국기업보다 염가(廉價)로 공급할 수 있는 능력을 말한다. 그 능력은 무엇에 의하여 결정되는가? 그것은 수출기업의 생산성에 의하여 결정된다. 생산성은 결국 무엇에 의하여 결정되는가? 그것은 기술(생산기술, 판매기술, 경영기술)에 의하여 결정된다. 그렇다면 수출증대 정책이란 마땅히 생산성 증대에 둘 것이지 목표액의 달성에 둘 것이 아니라는 것을 알 수가 있다. 또 한 가지 확실히 인식되어야 할 사실은, 외연적 성장의 시대에 있어서는 수출은 성장의 원인이었지만 내연적 성장 시대에 접어든 후로는 수출은 성장의 원인이라기보다는 오히려 그 결과라는 면이 강하다는 사실이다. 단적으로 말하여 노동력이 많이 있고 노임이 저렴하였을 때에는 수출은 성장의 원동력이 된다는 것은 분명하다. 왜냐하면 수출이 있음으로써 고용이 증가하고 따라서 소득도 증가하게 되기 때문이다. 그러나 유휴노동력이 없는 마당에는 기술의 제고, 생산성의 향상 없이는 수출이 증대될 수가 없다. 생산성의 증가는 그 본질상 수출산업에만 이루어질 수는 없고 모든 산업에, 그리고 산업뿐만 아니라 모든 부문에 동시적으로(물론, 그 상승의 정도에는 차이가 있을 수 있지만) 이루어지는 것이다. 이것은 곧 경제의 성장을 의미한다. 이렇게 경제가 성장함에 따라서 수출이 증가하는 것이지 수출의 증가가 있은 연후에 경제가 성장하는 것은 아닌 것이다. 이것이 내연적 성장과 수출과의 관계이다. 필자의 견해로는 이것이 60년대에 있어서의 일본 또는 서독에 있어서의 수출과 성장과의 관계였다고 생각된다.

물론 우리나라에 있어서는 앞으로도 어느 정도 유휴노동력이 있다. 매년 수십만의 청년들이 노동시장에 새로 들어오고 있다. 따라서 지난날에 있어서와 같은 수출과 성장과의 관계가 앞으로도 어느 정도 우리나라에서는 존재할 것이다. 그러나 수출과 성장의 관계는 이제는 서서히 본질적으로 변화해 가고 있다. 수출량이나 수출액의 목표달성의 경제적 의미가 상실되어 가고 있는 것이다.

5) 성장과 물가안정

다섯째, 경제성장을 위해서는 안정을 어느 정도 희생해도 무방하다는 생각은 옳은가 그른가?

우리나라에 있어서는 현재 성장론자와 안정론자의 양론이 있는 것처럼 보인다. 성장론자들은 주로 관변 이코노미스트들로 구성되어 있고 학계나 언론계에서는 주로 안정을 선호하는 것처럼 보인다.

성장과 안정은 마치 대체관계에 있는 것처럼 보이지만, 이것은 다만 단기적인 관점에서 본 탓에 지나지 않는다. 장기적으로 보면 그 대체관계가 존재하지 않는다. 이론적으로 말하자면, 이른바 필립스 곡선이 우하방(右下方)으로 경사(傾斜)한다는 것은 오직 단기적인 현상일 뿐이며, 장기적인 필립스 곡선은 수직선이거나 오히려 우상방(右上方)으로 경사하는 경향마저 보이는 것이다. 다시 말해서, 단기적으로는 안정을 희생(犧牲)하는 대가로 경제성장을 얻을 수 있는 것 같이 보이지만, 장기적으로 보면 오늘 얻은 성장은 내일의 성장의 둔화에 의하여 상쇄(相殺)될 것이므로 안정을 해침으로서 성장이 얻어질 수는 없다는 것이다. 오히려 안정이 크게 파괴되면 경제에 여러 가지 비능률이 조성되어 경제성장이 저해될 수가 있다고 보아야 할 것이다. 한마디로 말해서, 장기적으로 볼 때에는 성장과 안정 사이에 어떤 선택이 있는 것이 아니며, 안정 없이는 성장을 바랄 수가 없는 것이다. 앞으로 우리나라의 경제정책도 경제안정에 대하여 보다 많은 노력을 경주(傾注)하여야 할 것이다.

흔히 우리나라의 안정론자들은 정부가 경제성장의 목표를 하향조정하라고 한다. 이를 테면 7%나 8% 정도로 성장목표를 낮추고 경제안정을 우선 도모해야 한다고 주장한다. 신경제정책을 주창하는 필자도 경제성장 목표를 낮추는 데에는 일단 동의한다. 다만, 세간의 안정론자의 권고는 성장목표만 하향조정하고 이른바 경제의 과열을 없애면 아무런 문제가 없는 것처럼 논하고 있는 것 같다. 필자의 견해에 의하면, 우리가 필요로 하는 것은 비단 성장목표를 하향조정하는 것뿐만 아니라, 정부가 높은 목표건 낮은 목표건 목표의 달성에 집착하지 말고 간접적으로 경제를 유도하여야 한다는 것이다. 설사 목표를 하향조정한다고 하더라도 경제운영의 스타일에 아무런 변화가 없다면 역시 장기적인 성장을 기대할 수 없을 것으로 생각되는 것이다.

6) 성장과 소득분배 및 복지

여섯째, 경제성장의 초기에 있어서는 선성장, 후분배의 이론에 상당한 설득력이 있는 것처럼 느껴졌다. 자본의 축적도 이루어지지 않은 마당에서 나누어 먹기에 골몰한다면 경제성장에는 지장이 있을 것이기 때문이다.

그러나 급속한 성장은 근로자 계층의 출현을 가지고 왔고 계층간의 이해의 대립을 첨예화한다. 국민의 대다수의 희생 위에서 일부 대기업의 이익을 옹호한다는 인상을 주는 정책은 사회심리적인 견지로 보나, 총화단결이라는 시각으로 보나, 경제적인 입장으로 보나 바람직한 일이 못될 것이다. 소득분배에 관하여는 제6장에서 좀 더 상세하게 논할 것이지만, 아직 소득분배의 현상에 관한 신빙(信憑)할 만한 연구 결과는 없음에도 불구하고 한 가지 분명한 것은 일부 부유층이 급속한 속도로 형성되고 있는 과정에 있다는 사실이며, 이 점으로 미루어 볼 때 우리는 소득분배의 문제가 앞으로 안이하게 다루어질 문제가 아님을 절감하게 된다. 꼭 소득의 격차를 확대하여야 성장이 이루어지는 것은 결코 아니다. 성장과 소득분배 문제는 동시에 고려하여야 할 것이다.

이 문제에 관련하여 세 가지 점에 주의를 환기하고자 한다. 첫째, 재벌이나 부유층은 절대로 그 부를 사치성 소비로 사용해서는 아니된다. 중요한 것은 부의 분배 그 자체보다도 오히려 그 부가 어떻게 처리되는가 하는 문제이다. 재벌이나 부유층이 그 부를 사회적으로 유용한 투자를 행하는 데 사용하고 경제발전을 위한 이노베이션을 하기 위하여 사용한다면 이는 궁극적으로 소득분배의 불균형을 완화하게 될 것이며, 국민대중의 칭송을 받을 것이다.

둘째, 이미 여러 번 지적한 바와 같이 우리나라에서는 이른바 재벌기업이라는 그룹이 급격히 대두하여 중소기업을 합병하고, 우리나라 특유의 정부와 기업과의 관계, 우리나라의 산업정책, 그리고 이것이 조성한 금융의 메커니즘을 이용함으로써 여러 가지 업종에 걸쳐 그룹을 형성하고 있다는 사실은 경제적인 면으로 보거나 비경제적인 면으로 보거나, 또는 국민경제적인 입장으로 보거나 심지어 재벌기업 자신의 견지로 보더라도 결코 환영할만한 현상은 아닐 것이다. 이들 재벌기업들은 자발적으로 한국 특유의 대기업 팽창 메커니즘을 타는 관행을 포기하고 어떤 특수한 영역에 전문화하도록 노력해야 할 것이며, 정부로서도 신경제정책의 채택을 통하여 이상의 메커니즘을 단절하도록 노력해야 할 것이다.

셋째, 앞으로의 경제정책은 성장과 아울러 항상 서민생활의 궁핍화를 막는 데 그 기본방향을 두어야 할 것이다.

경제성장을 위해서는 다소의 공해와 환경의 파괴는 참아야 한다는 것도 일단 수긍이 가지만, 이것은 아주 바람직하지 못한 착상이다. 다소의 소득을 얻기 위하여—그 소득은 어차피 장기적으로는 서두르지 않아도 얻어질 수 있는 것이다—국민의 건강과 문화생활을 위협하는 공해산업을 분별도 없이 건설한다는 것은 극히 어리석은 일일 것이다.

사실 공해의 미연방지, 그리고 환경파괴에 대한 경계는 한국에 있

어 다른 어느 나라보다도 절실하다. 이것은 우리나라의 인구밀도가
불원장래(不遠將來) 세계의 어느 나라보다도 조밀해지리라는 엄연한
사실을 보아도 쉽게 수긍이 갈 줄 안다. 워낙 가난했을 때에는 혼탁
한 공기와 환경이 큰 문제가 아니었지만, 일단 의식주가 해결되면 환
경보다 더 중요한 것은 없다. 일단 파괴된 환경은 좀처럼 회복될 수
없고, 설사 회복이 된다고 하더라도 이루 말할 수 없는 비용이 든다.
광활한 대륙을 가지고 있는 나라들도 공해를 구축하기 위해 힘겨운
노력을 하고 있다는 데서 얻는 교훈을 우리는 시시각각으로 성찰의
자료로 삼아야 한다. 가시적인 성과에 집착함으로써 후회를 영구히
남기는 일은 하지 말아야 할 것이다.

4. 성장정책의 방향 ― 요약 및 결론 ―

이상에서 논의된 것을 요약하고 앞으로의 성장정책의 기본방향을
도출하면 다음과 같다.

(1) 1960년대의 성장은 외연적 성장(外延的 成長)이었다. 외연적 성
장이라 함은 유휴노동력의 고용의 확대를 통한 성장이었다. 1970년대
후반부터는 내연적 성장을 이룩하여야 할 단계에 접어들었다. 내연적
성장이라 함은 국민경제의 모든 부문에 있어서의 생산성의 향상을 통
한 성장을 말한다. 내연적 성장이야말로 본격적인 성장이다.

내연적 성장의 요인은 ① 국민의 경제하려는 의욕이 합리적으로 발
현될 수 있어야 하고, ② 기술과 지식이 향상되어야 하며, ③ 저축의
증대 및 투자의 효율화가 이루어져야 하며, ④ 기업의 정신자세가 확
립되어야 한다.

(2) 지난날의 성장정책의 기조를 80년대의 정책방향으로 그대로 밀고 나간다는 것은 거의 모든 시각에서 타당성이 없다. 성장의 목적도 다른 각도에서 인식되어야 하고, 성장의 수단도 달라져야 하며, 성장의 내용도 새로 편성되어야 할 것이다.

(3) 지난날의 성장정책이 빚은 차질로 말미암아 우리 경제는 지금 각 분야에 걸쳐 생산성의 향상이 원활치 못하며, 앞으로 내연적 성장을 이룩할 정비가 잘 되지 못하고 있다. 정비가 잘 되지 못한 차량이 장거리를 달릴 수 없듯이, 성장요인의 정비가 되지 않고 있는 경제에 무리한 성장촉진책이 가편(加鞭)된다면, 경제의 성장요인은 급격히 마모될 것이고 마침내 파탄(破綻)에 직면하게 될 위험도 있다.

(4) 내연적 성장을 이룩할 수 있는 요인을 정비하기 위하여 조정기간이 필요하다. 조정기간은 3~5년 정도는 돼야 할 것이며, 이 기간 동안에 성장률은 둔화될 것이다. 무릇 어떤 경제든지 그 경제를 운영하는 올바른 원리원칙만 서 있고 그것이 잘 준수되기만 한다면 결국 상당한 성장을 할 수 있는 것인 만큼 성장에 대한 자신과 신념을 가지고 억지로 속성의 방법을 찾아서는 안 된다.

(5) 우리가 필요로 하는 성장은 불안정적 성장이 아니라 안정적 성장이다.[4] 다소 낮은 성장률도 그것이 안정적인 것이라면 앞으로의 저력 양성에 도움이 되는 것으로서 그것은 불안정적인 고성장률보다 질적으로 우월하다. 과거의 성장률, 특히 최근 수년 동안에 있어서의 10%를 상회하는 성장률은 '안정 성장'이 아니었다. 불안정 성장이고 지속될 수 없는 일시적 성장인 것이다. 바로 이와 같은 불안정 성장이 있었기 때문에 경제는 오늘의 기형적 모습을 지니게 되었고, 앞날

---

[4] 여기서 안정적 성장이라 함은 물가가 안정되어 있는 성장을 말하며 불안정적 성장이라 함은 물가안정을 수반하지 않은 성장을 의미한다.

에 있어서의 성장률의 둔화라는 대가를 치르게 되어 있는 것이다. 우리가 추구하는 것은 불안정적 성장이 아니라 안정적 성장이며, 일시적 성장이 아니라 지속적 성장이다.

(6) 국민경제의 삼대부문, 즉 가계, 기업, 정부 부문에서 그 효율적 운영이 가장 뒤지고 있는 부문(다시 말해서 생산성이 가장 낮은 부문)은 정부부문이 아닌가 생각된다. 좀 더 적극적으로 정부의 효율성 자체를 향상시키는 방법이 강구되어야 한다. 정부의 통제 하에 있는 서비스업, 이를테면 금융산업, 교육산업 등의 생산성도 높다고 할 수가 없다. 이들 부문―가장 기본적으로 중요한 부문―에 있어서의 생산성이 낮으면서 기업부문만 생산성이 높을 것을 기대한다는 것은 무리한 일이다.

(7) 우리나라에서는 경제계획의 목적이 정부 내외를 막론하고 올바르게 인식되고 있지 못하다. 경제계획의 목적은 경제의 미래상에 대한 전망을 국민에게 제시하여 국민의 경제생활을 합리적으로 유도하고 이를 위한 올바른 경제정책의 방향을 정립하자는 데 있다. 그 목표를 그대로 달성하자는 데 있는 것이 아니다. 앞으로는 물량적 계획을 유도적 계획으로 바꾸고 그 집행방식, 집행기구 등을 대폭 개혁할 필요가 있다.

(8) 앞으로 우리가 필요로 하는 성장은 균형적 성장이다. 인위적으로 확대되는 불균형은 경제적으로나 사회적으로나 바람직하지 못하다 (제5장 참조). 어떤 특정산업이나 특정부문에 대하여 지나친 집중적 지원을 하는 것은 피하여야 한다.

(9) 안정적 성장을 위하여 무엇보다도 필요한 것이 인플레의 수속이다. 이것이 없이는 금융산업의 생산성의 제고도 있을 수 없고 저축성향의 함양도 이루어지기 어렵다. 이에 대하여는 제4장에서 상론한다.

(10) 내연적 성장을 이룩하기 위하여 가장 절실히 요망되는 것은 기술과 지식의 증진이다. 교육과 인적자본개발을 위하여 투자를 대폭 확대하고, 교육의 내용을 쇄신하며, 교육의 운영을 개선하기 위하여 교육법의 개정이 필요하다. 이것이야말로 가장 근본적인 경제성장이 된다는 것을 명심하여야 한다. 앞으로도 외자도입은 계속 중요하지만, 내연적 성장을 외자에 의존하여 이룩할 수는 없다. 수용태세의 정비 없이 외자만 도입한다는 것은 자체의 노력을 지연시킨다는 점에 있어 바람직하지 못하다.

(11) 우리 경제의 발전을 위해서는 수출의 중요성은 앞으로도 계속될 것이다. 그러나 지금까지와 같은 목표달성 위주의 정책은 성장을 위하여 도움이 되지 않는다. 수출의 증가는 궁극적으로는 국제경쟁력의 제고를 통하여 이루어지는 것이지, 양적 목표의 달성을 통해서 이루어지는 것이 아니다. 앞으로는 수출이 성장을 주도한다고 생각하지 말고 오히려 성장기반의 조성이 수출을 증대시킨다고 생각해야 한다.

(12) 성장에 따라 점차 분배의 형평이 중요해지고 있다. 소득격차의 완화를 위하고 특히 서민생활의 안정을 위한 정책이 집행되어야 한다. 또 환경의 보존, 공해의 방지 등을 위하여도 보다 많은 노력이 기울여져야 할 것이다.

(13) 우리의 성장에 대한 의욕이 아무리 강하다고 하더라도 성장의 요인과 수단, 그리고 성장의 목적과 목표, 우리의 능력과 현실에 대한 평가, 국제정세 등은 어디까지나 냉철하게 분석하여야 한다. 우리 경제가 80년대 중엽이면 선진국처럼 된다고 전망하는 것은 의욕의 표현이라는 점에서는 좋지만, 이러한 전망이 비현실적인 정책을 파생시킨다는 점에서 볼 때에는 유익한 것으로 보기가 어렵다.

제4장 물가안정을 위한 정책

1. 한국 인플레이션의 특징

우리나라는 해방 후 거의 줄곧 매우 높은 수준의 인플레이션을 경험해 왔다. 1950년대의 인플레이션은 재정금융의 방만한 운영과 워낙 부족한 물자공급 때문이었던 것으로 알려졌으며, 경제개발계획이 시작된 1962년 이후의 인플레이션은 경제개발 과정에서 나타난 투자─저축의 갭 때문에 발생한 것으로 인식되고 있다. 지난 10여년간만 해도 물가상승률은 거의 해마다 10% 수준을 넘었고, 특히 유류 파동 이후 1974년과 1975년에는 유류 파동에 더하여 물가통제로 억눌렸던 물가상승 압력이 폭발함에 따라 도매물가는 양년에 각각 44%, 26%로 급등하게 되었다. 그 후 2년간 물가는 10% 수준의 상승률에서 다소 진정세를 보이는 듯하더니, 무리한 중화학공업의 육성과 수출목표달성 위주 등의 정책기조와 해외부문으로부터의 통화량의 급증 등으로 인하여 물가는 다시 앙등상을 나타내고 있으며, 1979년에는 또 제2차 유류파동 등으로 인하여 물가는 다시 급등상을 보이고 있는 실정에 있다.

1978년의 예를 보더라도 1년 동안에 소비자물가는 14.4%, 도매물가는 11.7%가 상승한 것으로 기록되고 있다. 그러나 이들 숫자가 동년에 있어서의 물가상승률을 정확히 반영한다고 믿는 사람은 드물다. 사실 77년부터 야기된 격심한 투기현상은 인플레 심리가 거의 폭발적인 수준에 달하고 있었음을 말해 주는 것이다. 그 기간 동안에 나타났던 거의 모든 내구재 상품의 가격에는 이중가격이 형성되고 있었고, 중요 물품의 품귀현상이 나타났으며, 거의 모든 소비재에 이르기까지 각종 프리미엄이 붙어 있어 현실가격과 공식가격과의 괴리가 심하였다는 것을 상기한다면, 오직 공식가격만을 가지고 편성되는 물가통계에 대한 일반의 불신에는 충분한 근거가 있다고 보아야 할 것이다.

무릇 일반인이 '피부'로 물가의 앙등을 느끼는 정도가 물가통계가 표시하는 것보다 월등히 높다면 여기에는 항상 상당한 근거가 있다고 보는 것이 옳다. 왜냐하면, 일반서민의 감각은 결코 막연하게 '피부'로 느끼는 것은 아니고 일정한 소득에 기반을 두면서 매일 규칙적으로 되풀이되는 가정생활 및 그 밖의 서민생활의 체험으로 얻어지는 것이기 때문에 한정된 범위 내에서는 실제로 과학적인 근거도 충분히 있는 것으로 보아야 한다. 필자는 만시지탄(晩時之嘆)은 있으나 우리나라의 물가 특히 최근 수년 동안의 물가통계는 이중가격이 형성된 부분을 다시 조사하여 합리적으로 재편성되어야 한다고 사료한다. 또 만에 일이라도 이 보고서의 골격을 이루는 기본철학이 받아들여져, 여기에 제시되고 있는 신경제정책의 기조가 채택되고—이것은 매우 어려운 일이겠지만—그 수행에 알맞은 정부조직의 개편이 이루어진다면, 그때에는 물가통계를 포함하는 많은 통계업무도 기획원의 관장으로부터 다른 곳으로 이관되어야 할 것으로 믿는 것이다.

한국 인플레이션의 특징을 몇 가지로 요약하면 다음과 같다.

첫째, 한국의 인플레이션은 일종의 '빌트 인(built-in)' 인플레이션이다. 빌트 인 인플레이션이라 함은 물가상승이 자동적으로 일어나는 장치가 마련되어 있는 인플레이션을 말한다. 인플레에 대한 예상이 국민경제의 모든 부문에 확고하게 자리 잡고 있어 모든 경영주체들이 이 인플레에 대한 예상에 따라 소비, 투자 및 기타 경제활동에 관한 의사결정을 하는 까닭에 물가의 상승이 자동적으로 이루어지는 것이다.

예를 들어 말한다면, 물가가 마땅히 이를 테면 20% 정도 오르리라는 예상 하에 임금이 책정되고 지출이 이루어진다. 정부의 예산도 이 것을 예상하고 편성된다. 학교의 등록비도 이 예상하에 결정되며, 양곡수매가격도 이 예상하에 이루어진다. 기업이 투자에 관한 의사결정을 할 때에도 임금 및 물가 그리고 환율 등이 당연히 20% 정도 오를 것을 전제로 하여 이루어진다.

인플레에 대한 기대가 거의 경제체질 내에 구축되어 있는 것이다. 이와 같이 인플레 심리가 모든 경제주체의 예견 속에 확고히 자리잡고 있기 때문에 그것을 불식한다는 것은 극히 어렵다.

이와 같이 '빌트 인' 된 인플레의 연쇄적 상승은 그 연쇄의 어디에서든지 단절되어야 한다. 어디에서 단절되는 것이 가능하고 바람직한가? 필자는 그것은 어디까지나 정부의 의사결정에, 특히 재정·금융의 운영에서 이루어져야 한다고 생각한다.

둘째, 한국의 인플레이션은 기본적으로 수요견인형(demand-pull) 인플레이션이다. 이것은 어디까지나 총수요의 과다로 인한 물가상승의 압력의 작용으로 시발된 인플레이지 임금 및 기타 생산원가의 상승으로 인한 코스트 푸쉬(cost-push) 인플레이션은 아니다. 한국에는 강한 노동조합도 없고 또 인위적으로 생산원가를 밀어 올릴 만한 시장영향력을 가진 사회단체나 경제단체는 일부 대기업을 제외하고는 별로 없기 때문에 생산원가의 상승이 임금의 상승이나 또는 그 밖의 이유로 인한 생산비의 상승으로 독자적으로 이루어질 수 없다. 인플레의 기본성격이 이와 같으므로 인플레 대책으로는 오직 총수요의 억제가 그 기본이 되어야 한다.

그러나 우리나라에도 생산원가의 상승으로 인한 물가상승 요인이 전혀 없는 것은 물론 아니다. 수입원자재 가격의 상승으로 말미암은 물가상승은 항상 있을 수 있고 또 있어 왔다. 가장 현저한 예는 1973년의 석유파동으로 인한 격심한 인플레이션이다. 우리나라와 같이 대외의존도가 높은 경제에 있어서는 수입가격이 국내물가수준에 직접적인 영향을 미친다는 것은 피할 수가 없다. 그러나 이것은 어디까지나 국제적인 요인으로 인한 물가상승 압력이지 국내적 요인으로 인한 코스트 푸쉬는 아니다.

기본적으로 원가상승으로 말미암아 시발된 인플레이션은 아니라 할지라도, 위에서 말한 바와 같이 인플레이션이 일종의 '빌트 인' 된 성격을 띠고 연쇄적 상승의 양상을 나타내는 경우에는 일종의 코스트 푸쉬 인플레이션의 성격을 띠는 면도 있다는 것은 주의하여야 한다. 이를테면 물가가 오르니까 임금이 올라야 하고, 임금이 오르니까 제품의 가격을 또 올려 받아야 하고, 이런 식으로 연쇄적 양상을 띠게 되면 수요과다로 인한 요인과 생산비증가로 인한 요인이 서로 상승작용을 하여 물가를 밀어 올리게 된다. 그러나 우리나라의 물가상승의 기본요인은 어디까지나 수요의 과다에 있지 생산비의 독자적 앙등에 있는 것은 아니다. 따라서 물가대책의 기본은 어디까지나 총수요의 억제에 있지 물가통제에 있는 것은 아니다.

셋째, 한국의 인플레이션은 일종의 억압형 인플레이션(repressed inflation)이다. 즉 개방형 인플레이션(open inflation)이 아니고 정부의 물가통제를 심히 받는 유형의 인플레이션이다. 후술하는 바와 같이 정부는 인플레이션의 억제를 위하여 물가통제를 하여 왔다. 그러나 그 통제는 인플레이션의 '원인'의 제거를 위한 것이었다기보다는 인플레의 '결과'가 표면으로 나타나는 것을 막기 위한 것이라 할 수 있다. 이런 유형의 인플레이션은 개방형 인플레이션보다 자원배분에 대한 악영향이 더 심한 것이 보통이다.

넷째, 한국의 인플레이션은 항상 그런 것은 아니지만, 특히 최근에 와서는 물가상승의 양상이 심한 '굴곡'을 보인 일종의 굴곡형 인플레이션(uneven inflation)의 양상을 띤 경우가 많았다. 모든 물가가 비슷한 상승폭을 가지고 같은 시기에 올라가는 평탄한 인플레가 아니라, 품목에 따라 가격앙등의 폭에 큰 차이가 있고 또 각 품목의 가격상승의 시기도 크게 다르다는 것이다. 이를테면 다른 물가가 비교적 잠잠한데도 불구하고 일부의 물가가 엄청나게 치솟는가 하면, 한동안 소강상태를 이루던 물가가 갑자기 발작적으로 광등(狂騰)하는 양상을 보이는 것이다.

물가상승의 양상이 이와 같은 굴곡을 그리는 이유에는 몇 가지가 있다.

① 예상되는 물가상승의 폭이 크면 클수록 투기심리가 만연하고, 투기심리가 만연하면 할수록 인플레이션은 굴곡형이 되기 쉽다. 굴곡형 인플레이션 하에 있어서는 물가의 수준이 전체적으로 상승할 뿐만 아니라 물가의 구조가 달라진다. 즉, 절대가격이 오를 뿐 아니라 상대가격이 달라지는 것이다.

사실 인플레이션은 어떤 경우에 있어서나 절대가격 수준의 상승과 아울러 어느 정도의 상대가격의 변화를 가지고 오는 것은 사실이다. 일반적으로 경제이론에 있어서조차도 이 점을 간과하여 인플레이션은 모든 물가를 동시적으로 상승시킬 뿐 재화(財貨)의 상대가격, 즉 가격의 구조를 변화시키는 것은 아닌 것처럼 인식되고 있다. 그러나 그 어떤 인플레이션을 보아도 인플레이션은 의례히 상당한 상대가격의 변화를 수반하는 것이다.

② 굴곡형 인플레이션은 정부의 통제로 인하여 상대가격의 변화의 정도가 평탄한 인플레보다 훨씬 더 크다. 정부의 통제가 없는 곳에는 물가의 상승이 비교적 평탄하게 이루어질 수 있는 데 비하여 정부의 통제—그것은 대개 자의적이고 무원칙한 것이다—가 있는 곳에는 상당기간동안에 있어서의 물가의 '안정' 다음에 대폭적인 가격상승의 '안정'이 이루어지는 것이 보통이므로 물가상승이 시기적으로 심한 굴곡을 그린다. 또 가격상승의 승인은 모든 품목에 대하여 동시에 이루어지는 것이 아니라 그때그때의 필요에 따라 간헐적으로 이루어지므로, 어떤 품목의 가격의 인상은 먼저 이루어지고 또 어떤 품목의 가격인상의 승인은 수개월 후에 이루어지며, 따라서 품목별 가격상승 시기에 심한 굴곡을 그리게 된다.

③ 일부 중요 품목에 대한 수급의 불균형 현상으로 말미암아 일부 품목의 가격이 크게 상승하는 경우가 있다. 예를 들어 1978년에 일어난 것과 같이 일부 중요 건축자재의 공급이 차질을 빚음으로써 그들의 가격이 폭등하는 등의 현상이 이것이다. 이것이 이들 품목의 품귀현상을 빚어내고 이들에 대한 투기를 일으켜 바람직하지 못한 자원의 배분을 결과하는 것이다.

이상과 같은 인플레이션의 경제적 및 경제외적 효과는 무엇인가? 간략하게 몇 가지 중요한 효과에 대하여 논하면 다음과 같다.

첫째, 인플레이션은 내연적 성장단계에 접어든 한국경제의 성장요인을 마모한다. 이미 이에 대하여는 제3장에서 비교적 자세하게 논하였으므로 중언할 필요가 없다고 하겠으나, 여기서 이에 대하여 간략히 부연하고자 하는 이유는, 우리나라에서는 아직도 경제성장을 위해서는 인플레이션이 불가피하다든가 인플레이션을 없애기 위해서는 성장률의 둔화를 감수해야 한다는 등의 견해가 판을 치고 있기 때문이다.

제3장에서도 설명한 바와 같이, 인플레를 통하여 성장을 이룩한다는 것은 극히 단기간의 현상이다. 즉, 단기간에 있어서는 통화증발에 의한 투자자금의 조달로 다소의 성장을 이룩할 수도 있고 또 반대로 인플레가 진행하고 있는 동안에 긴축정책을 쓰면 성장률이 둔화하는 등의 결과가 나타날 수 있다. 그러나 이와 같은 효과는 극히 단기간의 현상이고, 좀 더 장기적인 견지로 보면 인플레가 일어나도 성장에는 아무런 영향이 없거나 오히려 성장을 저해하는 결과를 가지고 오게 되는 것이다. 70년대에 접어들면서 세계적으로 만연한 이른바 스태그플레이션의 현상은 바로 물가상승과 성장의 둔화가 동시에 일어나는 현상임을 웅변으로 보여주고 있는 것이라 하겠다. 인플레가 심한 나라에 장기적 성장이 이루어질 수는 거의 절대로 없다. 선진국 가운데서도 성장이 순조롭게 이루어진 나라(이를테면 서독이나 프랑스)를 보면 물가가 비교적 안정되어 있고, 개도국을 보아도 성장이 순조로운 나라(이를테면 대만, 싱가포르)에는 물가가 안정되어 있다. 반면에 물가상승이 많은 나라(선진국 가운데는 영국, 이태리, 후진국 가운데는 아르헨티나, 칠레 등)치고 순조로운 성장을 이룬 나라는 없는 것이다.

인플레이션으로 말미암아 국민경제에는 투기현상이 격화된다. 이 투기현상은 한국의 인플레와 같이 굴곡형 인플레이션일 때에는 그 강도가 더욱 심하게 나타난다. 물가의 상승이 품목마다 크게 차이가 나고 또 그 상승 시기가 다르기 때문에 이들 굴곡이 자연히 투기의 유인이 되는 것이다. 투기는 결코 모든 경우에 유해한 것은 아니지만 77~78년의 양년에 걸친 격심한 투기현상이 경제의 정상적 발전을 저해하고 국민경제의 성장 잠재력을 마모한다는 것은 새삼 상세하게 분석할 필요가 없다.

둘째, 인플레이션은 국민의 소비성향을 자극하고 금융저축을 비롯한 저축에 대한 유인을 약화시키고 근로의욕을 감퇴시킨다. 인플레이션은 특히 금융산업의 발전을 저해한다. 이것은 모두 상식적인 일이며 특히 금융산업에 관하여는 제7장에서 상론할 것이다.

셋째, 인플레이션은 소득분배를 역진적으로 만든다. 이것은 다음 제6장에서 비교적 상세하게 논할 것이므로 이에 대한 상론은 여기에서는 생략한다. 소득분배의 역진적 효과가 심한 경제성장은 그 의의가 없고 그것은 오히려 국민의 불평을 조장하여 사회불안의 원인이 된다.

넷째, 인플레이션은 국제경쟁력을 약화시킴으로써 수출능력을 저해하고 수입을 조장하여 국제수지의 악화를 초래한다. 우리나라는 인플레이션으로 말미암은 국제경쟁력의 약화의 방지를 위하여 주기적으로 환율을 올림으로써 이에 대처해 왔다. 국제경쟁력은 원래 기업의 생산성향상을 통하여 배양되어야 한다. 그러나 우리나라에서는 수출이 다소라도 부진하게 되면 곧 환율을 인상하여 수출 등을 지원해 왔기 때문에, 수출산업으로 하여금 생산성의 향상을 위한 노력을 소홀히 하고 오직 환율의 인상에 의존하려는 안이한 자세를 지니게 한 것이다.

2. 한국의 물가정책

이와 같이 인플레이션은 한국경제에 대하여 여러 가지 악영향을 미처왔다. 앞으로의 경제정책에서 가장 급선무가 된다고 할 수 있는 정책목표의 하나가 바로 인플레의 수속이라는 것은 이미 논한 바 있다.

물가상승의 억제를 위하여 정부는 지금까지 어떤 정책을 써왔는가? 외견상으로는 많은 노력을 하여온 것으로 보이나 그 심층을 살펴보면 물가안정을 위한 노력은 항상 미흡했다고 볼 수밖에 없다. 그것은 물가에 대한 기본인식의 박약, 그리고 나아가서는 경제의 성장과 순환에 대한 건전한 이해의 부족 및 경제정책에 대한 자신의 결여에 기인하는 것이다.

한국의 물가에 대한 정책은 크게 나누어 물가압력의 제거를 위한 재정금융상의 긴축과 물가통제의 두 가지로 볼 수 있다. 어느 나라를 막론하고 이 두 가지의 정책을 쓰지 않는 나라는 없으나 한국의 경우는 이들 정책의 목표, 그것을 달성하기 위한 수단 및 정책을 수행하는 행태 등에 있어 특히 많은 문제를 가지고 있는 듯하다.

1) 긴축정책

한국의 긴축정책은 일찍이 한 번도 일관성 있게 집행된 적이 없다. 물론 장기간에 걸쳐 빚어진 취약한 경제체질이 허락하는 범위 내에서 단기적으로 이른바 긴축정책이 집행된 적은 있었다. 우리나라의 긴축정책은 거의 모두가 미미하였고 단기적이고 현실 호도적이었으며, 약화일로에 있는 경제구조의 근원적 강화를 위한 장기적 과제라는 문제의식에 입각한 것은 아니었다. 항상 성장은 해야 하고 수출은 어떤 일이 있어도 달성해야 한다는 등의 양적 목표의 달성이 지상시(至上視)되는 마당에서 긴축이 제대로 장기적으로 일관성 있게 집행될 리가 없었다. 어느 정도의 긴축효과로 물가상승의 압력이 소강상태를 얻게 되면 항상 배전(倍前)의 의욕으로 팽창이 이루어져서 그 소강상태는 맥없이 밀려나고 마는 것이 상례가 되어온 것이다.

우리는 물론 지금까지 긴축정책을 표방하여 물가안정을 이룩하려는 노력의 성과를 과소평가해서는 아니된다. 위에서도 지적한 바와 같이, 우리나라 경제의 취약성의 기본성격을 알고 있다면, 비록 객관적인 입장에서 볼 때에는 하잘 것 없는 정도의 긴축조차도 그것이 현실적으로 얼마나 어려운 것인가를 짐작하고 남음이 있는 것이다.

그러나 이 사정은 그렇다고 하더라도 우리나라의 긴축정책이 입각하고 있는 기본관념은 전통적으로 몇 가지 근본적인 약점을 지니고 있다는 점을 지적하지 않을 수 없다.

첫째, 물가상승의 압력을 근본적으로 지나치게 얕잡아 보고 있다. 한 번도 심층에 이르는 긴축, 위에서 말한 경제체질의 개선을 가져올 만한 긴축다운 긴축을 해보지도 못하면서, 물가는 흔히 6개월 후가 아니면 연말까지는 잡힌다는 전망을 주저 없이 공표하였다가 거의 예외 없이 국민의 실망과 불신을 자아낸 것을 우리는 익히 보아 왔다. 또 물가는 일거에 잡아야 하며 미온적인 긴축으로 시일을 천연(遷延)하면 안 된다는 견해가 뜻밖으로 강하다. 이 모두가 우리나라 경제의 체질적 취약점에 대한 이해가 부족한 데서 오는 견해이다. 우리나라의 인플레이션은 다년간 누적된 것이다. 따라서 이것이 없어지기 위해서는 정부가 장기간을 두고 물가상승의 압력을 제거해야 되며, 이 제거작업이 어느 정도의 성과를 거두고 있고 또 앞으로도 이 기본방향에서 이탈하지 않으리라는 예상과 기대가 국민들에게 심어져야 근본적으로 물가상승의 요인이 사라질 수가 있는 것이다. 다년간 축적된 부기(浮氣)가 일시에 빠질 수도 없고 또 빠져서도 안 될 것이다. 오직 상당기간을 두고 체질의 개선을 이룩하는 과정에서 비로소 물가상승의 압력이 없어질 것이다. 이런 의미에서 긴축정책은 너무 속효(速效)를 기대하지 말고 연차계획을 수립하여 서서히 집행하여 일시적 긴축에서 오는 충격을 피하면서 물가안정의 성과를 기대하여야 하지 않을까 생각한다.

둘째, 우리나라의 긴축은 너무도 총량적 측면에 구애(拘礙)를 많이 받고 있다. 60년대와 70년대를 통하여 인플레이션은 통화량의 과다공급에 의하여 야기된다는 견해가 아무런 수식(修飾)도 없이 매우 원색적으로 받아들여지고 있고, 이 원색적인 이론이 단선적으로 정책에 옮겨지고 있다. 필자도 위에서 밝힌 바와 같이, 우리나라의 인플레이션은 일종의 수요견인형 인플레이션이라 할 때, 인플레이션이 통화량의 과다공급으로 인하여 일어난다고 하는 화폐론자적인 견해가 기본적으로 타당하다는 데는 하등의 이론이 없다.

그러나 통화량이 인플레를 야기한다고 해서 통화량의 총량만 억제하면 된다고 믿는다면 여기에는 문제가 있는 것이다. 우리나라에서는 재정은 항상 해마다 물가상승률을 상회하는 증가율로 증가해 왔다. 해외부문을 보자면 수출은 워낙 중요시되어 오고 외자도입도 우대되어 왔으며 수입도 별로 조절할 방법이 없어 해외 부문에 있어서의 통화량의 증발요인을 별로 억제할 방법이 없었다. 따라서 통화량 억제의 대상이 되는 부문은 항상 금융부문이 될 수밖에 없었다. 그 금융부문 안에 있어서도 정책금융에 대하여는 조절할 방법이 없고 보니 긴축의 모든 중하(重荷)는 항상 미약하기 짝이 없는 일반금융 부문에 떨어져 왔다. 재정부문, 해외부문 및 정책금융 부문에서는 긴축은 잘되지 않고 오직 기식(氣息)이 엄엄(奄奄)한 일반금융 부문에만 긴축이 이루어지는 것이 상례가 되고 있는 것이다. 이것은 제5장에서도 논한 바와 같이, 우리나라 산업구조를 더욱 불균형적으로 만들어 왔으며,

인플레 자체에도 결코 효과적인 방법은 못된 것이다. 왜냐하면 인플레이션의 원인은 단순한 통화량의 증가에만 있는 것이 아니라, 국민의 지출의 대상이 되고 있는 소비품의 양의 증가와 통화량의 증가와의 비례에 달려 있는 것이기 때문이다. 따라서 아무리 총량 면에서 통화량의 증가가 소폭적이라 하더라도 국민경제에 공급되는 생산물의 양의 공급이 적어지면 이것은 인플레의 요인이 되는 것이다. 이 점으로 미루어 볼 때, 국민경제의 안정에 도움이 되는 물량을 공급하는 부문은 내수부문 또는 중소기업부문 등 이른바 일반금융의 융자대상이 되는 부문이라고 볼 수 있는데, 통화량의 억제를 위하여 이 일반부문에 대한 금융을 극도로 경색적(硬塞的)으로 만드는 것은 통화량의 증가라는 측면에서 보면 일단 인플레 억제의 효과를 기대할 수 있다고 믿을 수 있을는지 모르나 물량의 공급 및 장기적인 균형성장이라는 측면으로 볼 때에는 이것은 분명히 바람직하지 못한 것이라 하겠다.

다시 말해서, 우리나라의 긴축정책은 너무 경직적인 통화량증가의 억제에만 주력한 나머지 물량공급의 측면이나 장기적 성장의 측면에 대한 배려가 미흡한 것으로 보인다. 필자의 의견으로는 긴축은 우선 골고루 이루어져야 하며, 어떤 부문은 극도로 팽창하고 어떤 부문은 극도로 억제당하는 긴축방법은 바람직하지 못하다고 생각한다. 또 긴축의 대상은 지금까지와는 반대로 재정이나 해외부문 및 정책금융부문에 대해서는 비교적 강한 긴축을, 일반금융 부문에 대하여는 비교적 약한 긴축을 하는 것이 타당할 것으로 믿는 것이다.

셋째, 물가상승의 압력의 크기, 그리고 그 장기적 폐해의 정도를 근본적으로 너무 얕잡아 보고 통화량만 중요시하는 정책풍토에서는 부분적으로 일어날 수 있는 중요 물자의 공급의 불균형 및 국민의 심리적 동향 등의 중요성이 무시되기 쉽다. 이를테면 인플레심리가 팽배하기 시작한 1977년의 여름에 부가가치세가 실시되었다는 사실은 정부가 물가에 대한 배려를 소홀히 하고 있다는 평가를 국민들에게 주었다. 또 1977~78년에는 해외의 건설사업의 진출로 인하여 건축자재가 다량으로 수출되고 있는 마당에 많은 건설정책 사업이 동시에 추진됨으로써 건설투자가격의 등귀(騰貴)를 초래하여 마침내 물가의 전반적인 앙등추세(昂騰趨勢)에 부채질을 하게 된 것이다.

이와 같은 경험은 우리나라와 같이 물가상승에 감염되기 쉬운 경제체질 하에서 물가상승을 자극할 수 있는 요인은 통화량 이외에도 여러 가지가 있을 수 있으므로 인플레 대책으로는 재정금융상의 긴축을 기본으로 하되, 그 밖의 많은 정책수단도 신중하게 다루는 용의가 있어야 한다는 것을 말해주는 것이다.

2) 물가통제정책

물가에 대한 두 번째의 정책, 즉 물가통제정책은 우리나라에 있어서는 다른 외국에 비하여 광범위하고 장기적으로 집행되어 왔다. 주지하는 바와 같이, 우리나라에 있어서는 해방 이후 현재에 이르기까지 모든 중요 물가는 여러 가지 형태로 정부의 통제하에 놓여 있다. 60년대 중엽에 자유화정책이 추진될 무렵에는 물가에 대한 통제가 일시 완화된 듯이 보인 적도 있기는 하였으나, 60년대 후반부터는 전반적인 정책역할의 확대경향을 반영하여 물가통제의 폭도 확대되어 오늘에 이르고 있다. 최근에 와서 또 '자유화' 내지 '현실화'라는 구호 하에 물가의 자유화가 이루어지고 있다고는 하나 역시 그것은 제한된 범위 내의 현실화이며 진정한 의미의 자유화와는 거리가 멀다.

한국에 있어서의 물가통제정책의 주요 특징은 다음과 같다.

(1) 통제의 폭이 매우 넓다는 점을 들 수 있다. 이른바 물가당국으로 알려져 있는 경제기획원은 물론 중앙정부의 거의 모든 부처가 물가통제에 종사하고 있을 뿐 아니라 지방정부도 많은 물가에 관한 인허가 업무를 맡고 있다. 심지어 경우에 따라서는 세리(稅吏), 검찰, 경찰까지 물가단속에 나서는 수가 있다. 통제의 대상이 되는 품목도 따라서 대단히 많다.

(2) 물가통제의 기준은 이렇다 할 것이 없다. 물가통제라는 것은 언제, 어디에 있어서나 자의적 기준에 입각하는 경우가 많고 명확한 기준이 결여되고 있다는 점은 외국의 경우에도 흔히 볼 수가 있다. 그러나 외국의 경우를 보면 그래도 물가통제의 이론에는 납득할 만한 논리적 근거도 있고 그 집행에도 비교적 뚜렷한 통제의 선이 그어져 있는 것이 보통이다. 예를 들어 60년대의 미국의 이른바 '임금, 물가에 대한 지표정책(Wage-Price Guideposts)'에 의하면, 국민경제 전체의 평균생산성의 증가율을 중심으로 임금과 물가가 변화하여야 한다는 뚜렷한 이론적 근거가 제시되어 있고, 또 모든 물가에 대하여 통제가 이루어지는 것이 아니라 일부 독과점품목과 임금에 대해서 중점적으로 비공식적인 통제가 이루어지는 것이 상례이다.

이에 비하여 우리나라에 있어서는 사실 통제의 기준이 없다. 전국 평균의 생산성향상이라는 기준은 한 번도 등장한 적이 없다. 억지로 물가통제의 기준을 찾는다면 생산원가에다가 일종의 '마크 업(mark-up)'을 붙인 것이라고밖에 볼 수 없는데, 이러한 기준도 한 번도 명확히 공표된 적은 없다. 또 그나마 생산원가조차도 측정할 수 없는 경우 이를테면 학교등록비의 경우에 있어서는 사실 아무런 허가의 기준이 없다고 보아야 할 것이다.

관리들은 생산원가에 대하여 잘 알 리가 없다. 경우에 따라서는 기업당사자들조차도 잘 모를 생산원가를 행정관리가 알리는 만무하다. 따라서 생산원가에 대한 데이터는 결국 기업당사자가 제시하는 것을 사용하지 않을 수 없고, 그러므로 결국 통제가 있다고 하여도 통제가 없는 것이나 대동소이한 결과가 나올 수밖에 없다. 그러나 통제가 없으면 기업은 더 값을 올릴 터이니 그래도 통제가 있음으로써 가격인상의 폭이 적어진다는 견해도 있을 수 있겠으나, 천만에, 그렇지도 않다. 왜냐하면 원가와 가격의 상승폭을 제안하는 기업은 미리 물가당국과의 협의에 어느 정도의 조정이 있을 것을 예상하여 물가의 상승폭을 높게 제안할 것이기 때문이다. 통제한다는 당국은 표면상 강한 것같이 보이지만, 물가에 대한 협의와 같은 기업으로서는 무엇보다 중요한 문제에 대한 기업의 교묘하고 끈질긴 노력 앞에는 뜻밖으로 취약할 수밖에 없는 것이다. 오히려 물가당국의 통제가 있음으로써 물가는 그 통제가 없을 때에 비하여 더욱 올라가는 경우도 얼마든지 있을 것이다. 왜냐하면, 업자들은 물가를 자유경쟁에 있을 시장가격 이상으로 더 올려놓고 그것도 마치 당국의 통제에 의하여 충분히 올라가지 못하였다는 인상을 국민들에게 주는 수도 있을 것이기 때문이다.

어쨌든, 물가통제가 물가안정을 위하여 주효(奏效)하였다는 증거는 없다. 결국 물가는 항상 올라갈 수준까지 올라갔다고 보아야 한다. 사실 물가당국에 의한 물가인상의 승인은 보통 이미 소매시장에서는 상승되어 있는 지가 오랜 가격을 추인(追認)해주는 데 불과한 경우가 많았고, 억지로라도 가격의 상승이 규제되는 경우 제품의 질적 저하라는 수단으로 업자는 그 통제를 벗어나는 경우도 많았다고 보아야 한다. 결국, '물가압력'의 제거 없는 물가통제라는 것은 아주 단기적

인 경우를 제외하고는 절대로 성공할 수가 없다. 그것은 물가정책이
아니라 물가지수의 조작에 불과하다. 일반적으로 외국의 예를 보더라
도 장기적이고 전반적인 물가통제가 성공한 것은 오직 전시(戰時)밖에
없었다. 부분적인 물가통제는 장기적으로 지속할 수도 있고 전반적인
통제라도 일시적으로는 이루어질 수가 있다. 그러나 평시에 있어서는
광범위한 물가통제가 장기적으로 성공한 예는 아직 어디에도 없는 것
이다.

　물가통제가 목표로 하는 것은 결국 물가수준의 억제, 다시 말해 절
대가격 수준의 억제를 겨냥한 것이었다. 그러나 이상에서 논한 바와
같이 우리나라에 있어서의 물가통제는 절대가격의 억제에는 성공하지
못하였고 다만 상대가격의 변화만을 초래하였다. 다시 말해서, 가격
구조를 변화시켰을 따름이다. 자원의 배분은 절대가격에 의하여 결정
되는 것이 아니라 상대 가격의 구조에 의하여 결정된다. 따라서 우리
나라의 물가통제는 물가수준의 억제를 가져오지 못한 반면 자원의 배
분의 왜곡을 가지고 온 것이다. 우리나라의 인플레이션의 특성, 즉
굴곡형 인플레이션과 이에 수반하는 이중가격의 형성, 투기의 성행
등은 어느 정도까지는 무분별한 물가통제의 악영향이라고 볼 수 있
다.

3. 신경제정책 하의 물가정책

　1. 위의 논의로부터 연역되듯이, 우리나라의 물가상승은 기본적으
로 총수요의 과다에 있으므로 앞으로의 물가정책의 방향은 총수요의
억제를 통한 물가상승 압력의 제거 내지 완화에 두어야 할 것이다.

우리나라의 인플레이션은 적어도 국내적 요인으로는 생산원가 상승으로 인한 것은 없으므로 기본적으로는 정부에 의한 물가통제로서는 수속될 수 없는 성질의 것이다. 다만, 우리나라의 인플레이션은 나선적 양상을 가지고 있어서 생산비의 상승이 물가상승의 압력작용을 하는 측면도 없지 않으므로 부분적으로는 정부에 의한 물가통제와 총수요의 억제를 보완하는 역할을 할 수는 있다. 그러나 재삼 강조하거니와 물가대책의 기본은 어디까지나 총수요의 억제에 두어야 한다.

2. 긴축은 국민경제에 심한 충격을 주는 것을 피하면서 서서히 장기간동안 집행되어야 한다. 우선 좀 안정되었다가 다시 성장을 위하여 팽창해서는 아니된다.

3. 긴축은 모든 부문에 골고루 이루어져야 한다. 가장 중요한 긴축의 요소는 정부재정의 축소와 정책금융의 축소이다. 골고루 긴축을 하되 특히 일반금융 부문에 있어서의 자금의 공급은 비교적 원활히 유지하여야 한다.

4. 물가의 안정을 이룩하기 위해서는 물량의 공급이 원활하여야 한다는 인식하에 우리나라에 있어서는 77년 이후에 급격한 수입자유화의 정책이 채택되어 왔다. 수입자유화가 물가안정에 도움이 되는 것은 사실이지만 우리나라에 있어서는 그 자유화의 폭이 지나치게 급격하다고 생각된다. 이 점에 관하여는 다음 제8장에서 상론하기로 한다.

물량의 공급확대에 관하여 첨언(添言)하고자 하는 것은 서민의 의식주를 위한 물량의 공급이다. 우리나라의 인플레는 후술(제6장)하는 바와 같이 서민에게 불리하고 부유층에게 유리하게 부와 소득을 재분배하여 왔다. 최근의 인플레의 양상을 보면 식료품의 가격이 사치품의 가격보다 그 상승폭이 크고 특히 서민층의 지출의 대상이 되는 곡물

의 가격이 비교적 부유층의 지출의 대상이 되는 가공식품보다 그 상
승폭이 크다. 또 인플레의 와중에서 가옥, 대지 등의 가격상승으로
인하여 서민층의 자기 집 마련의 희망은 무산되었을 뿐 아니라 전세
가격 및 월세가격 등이 급등하여 서민의 생활고가 가중되었다.

물가상승이 일률적으로 이루어지지 않고 사치품의 가격이 대폭 상
승하였다면 그것은 사회안정을 위하여 그리 해로운 것은 아니다. 사
치품의 가격은 비교적 안정되어 있는 데 비해 생필품의 가격이 상대
적으로 크게 올랐다는 데에는 문제가 있다. 신경제정책하에서는 우선
모든 물가를 한꺼번에 수속(收束)할 수가 없을 경우, 특히 대중의 지
출대상이 되는 의식주의 안정을 위한 물량공급에 물가정책의 역점을
두어야 한다. 이 정책의 수행을 위해서는 보조금의 지급도 물론 무방
하다.

5. 총수요의 억제에는 소홀히 하면서 '물가대책'이란 명목 하에
주로 정부에 의한 물가의 직접통제에 의존해온 우리나라의 물가대책
은 그 기본적인 면에서 논리적 타당성을 결여한 것이니 만큼 정부가
지금까지 견지해 온 가격통제정책은 단계적으로 가급적 대폭 축소할
것이 요망된다. 이 자유화정책으로 인하여 물가가 제멋대로 앙등하면
곤란하다는 의구(疑懼)에는 어느 정도의 근거도 있으나, 필자는 확신
하기를 물가의 전반적 상승은 어디까지나 재정금융상의 팽창에서 오
는 것이며, 이 팽창으로 인한 인플레 압력이 제거된다면 물가는 결코
전반적으로 오를 수가 없다고 생각한다. 물론 국민의 기호의 변화에
따른 수요의 증가 및 기타의 원인으로 일부 물가가 오르는 일은 있
지만 전반적으로 오르는 법은 없을 것이다. 수요와 공급의 변화에 따
른 상대가격의 변화는 물론 있을 수도 있고 또 있어야 하는 것이다.
정부와 국민은 가격원리 및 시장원리의 작용에 대하여 좀 더 신인(信

認)을 가져도 무방할 것으로 확신한다.

물론 물가통제는 위에서 말한 합리적인 긴축과 병행해서 합리적인 선에서 이루어지면 안정기조의 회복을 촉진하는 데 기여할 수는 있을 것이다. 따라서 여기에서는 모든 물가통제를 당장에 모조리 포기하라는 말은 아니고 어디까지나 긴축기조와 병행해서 또 국민의 심리를 통찰하면서 조심성 있게 다루어져야 한다고 생각한다.

6. 물가통제에 대하여 끝으로 지적하고자 하는 것은 독과점 품목에 대한 가격의 상승이다. 경제이론에 의하면, 독과점 품목의 가격은 똑같은 품목이 자유경쟁시장에서 공급되는 때에 비하면 '높다' 는 것이며, 독과점의 정도가 강화되지 않는 이상 독과점 품목이라고 해서 무조건 그 가격이 마구 상승하는 것을 의미하는 것은 아니라는 점이다. 독과점품목이라고 해서 값이 막 오르는 법은 절대 없다. 물론 이들 품목에 대한 수요가 증가하면 가격이 오를 수 있는 것은 경쟁시장의 경우에 있어서나 다름이 없다.

독과점 품목에 대한 가격의 규제는 계속되어야 한다는 것은 물론이다. 그러나 독과점품목에 대한 가격규제의 근본이유는 그 독과점의 시장지배력으로부터 나오는 부당이득(즉 독과점 이윤)을 독과점 업체가 혼자서 농단(壟斷)하는 것이 사회정의의 관점으로 볼 때 부당하다는 데 있는 것이지, 결코 '독과점 품목의 가격상승이 물가상승을 유발한다' 는 인플레 수속의 유력한 수단이 되는 데에 있지는 않는 것이다.

7. 비단 총수요를 억제할 뿐 아니라 중요 물자의 수급의 균형을 유지하여야 한다. 특히 국민생활과 직접적인 관계가 있는 물자에 대하여는 그 물량을 항상 충분히 확보하도록 하여야 한다.

제5장 산업육성 및 산업구조에 관한 정책

외연적 성장과정에서 우리나라의 산업구조는 크게 변화하였다. 공업화가 급격히 추진되어 광공업의 비중은 크게 증가한 반면, 1차 산업은 상대적으로 현저하게 축소되었다.

이 구조상의 변화는 부분적으로는 경제성장의 과정에 나타나는 자연적인 현상이기도 하지만, 또 부분적으로는 정부의 공업화정책의 결과이기도 하다.

원래 지금까지의 한국경제발전을 뒷받침한 의사결정은 경제이론에 입각하여 이루어졌다기보다는 실제 현실문제의 해결 과정에서 경험적으로 터득된 것이라고 보아야 할 것이다. 그러나 억지로라도 한국경제발전의 도식(圖式)의 이론적 유형을 찾는다면 그것은 일종의 '불균형 성장론'이라 할 수 있다.

모든 산업에 대한 투자가 동시적으로 이루어지는 것이 아니라 개발 초기에 부족한 자원을 우선 중점적으로 공업의 진흥을 위하여 투자를 하고 수출을 통하여 고용을 증대시키는 전략은 일종의 불균형 성장론이라 간주할 수 있는 것이다. 이와 같은 불균형 성장의 전략에 따라 한국경제는 많은 성장을 하였고, 또 실제로 많은 불균형이 조출되었다. 농업과 공업 간의 불균형, 도시와 농촌 간의 불균형, 대기업과 중소기업 간의 불균형, 수출산업과 내수산업 간의 불균형, 중공업과 경공업에 대한 투자 배분의 불균형, 소득격차의 확대 등이 이것이다. 이와 같은 불균형은 어느 정도까지는 불가피한 것이기는 하지만, 이와 같은 많은 불균형이 실제로 쉽사리 정책 입안자들에 의하여 용인 되어 온 이유는 그것이 언젠가는 발전적 의미에서의 균형을 가져다 줄 수 있다고 막연하나마 가정되고 기대되어 왔기 때문이다. 다시 말 해서, 불균형이 그대로 확대될 것이 아니라 전후방의 산업연관을 통 하여 국민경제의 구조를 변화시키는 과정에서 새로운 균형으로 수렴 (收歛)될 것으로 기대되어 온 것이다.

물론 경제발전이라는 것 자체가 불균형에 의하여 이루어지고 또 부 단히 불균형을 낳기도 하는 이상 완전한 의미에 있어서의 균형성장이 라는 것은 불가능하고 또 실재할 수도 없다. '슘페터'의 '이노베이 션'은 국민경제의 모든 부문에서 동시적으로 이루어질 수는 없고, 어 떤 특정한 발전 선도부문(leading sector)에서 이루어질 수밖에 없다는 것만 보아도 경제발전이란 균형적으로 이루어질 수는 없는 것이다.

그러나 '슘페터'의 이른바 '창조적 파괴(creative destruction)'의 과 정이 자연적으로 이루어지는 경우에는 선도부문에서 일어난 성장이 자연히 다른 후수(後隨)부문에 파급되어 결국은 국민경제에 조화와 균형을 회복하게 되며, 나아가서는 경제로 하여금 자생적 성장을 이 룩할 수 있게 하는 것이다.

한국의 불균형 성장은 개발 초기에 있어서는 외연적 성장의 발전 도식에 따라 노동집약적인 수출산업이 발전의 선도부문으로 되어 있 었는데, 최근에 와서는 이것과 아울러 중화학공업이 선도부문으로 추 가되고 오히려 투자의 역점이 후자로 전환되었다. 과거의 불균형 성 장은 고용의 확대를 통하여 경제의 여타 부문에 성장이 확산되었고, 그리고 60년대 말기부터는 농업부문에 대한 지원을 통하여 농업의 상 당한 발전을 이룩함으로써 경제의 여타 부문으로 성장이 파급되었었 다. 오늘날의 중화학공업도 전후방 산업연관을 통하여 발전의 기운이 국민경제의 여타 부문에 대하여 신속히 그리고 순조롭게 파급될 수 있도록 하여야 하며, 지금까지 조성되어 온 여러 가지 불균형이 조속히 해소되도록 하여야 할 것이다. 이것이 한국 경제정책이 안고 있는 하나의 큰 당면과제라고 보아야 할 것이다.

한마디로 산업정책이라고 해도 '산업'에는 거의 무수히 많은 업종이 있기 때문에 이 보고서에서 이들 전체에 대하여 평론할 수는 없다. 따라서 여기에서는 오직 농업의 육성에 대한 정책방향과 중화학공업의 육성에 대한 정책방향에 대하여 논하기로 한다.

1. 농업정책

산업구조의 변화에서 가장 현저하게 달라진 것은 농업과 공업의 상대적 비중이다. 1962년만 해도 농업이 GNP에서 차지한 비중은 60%였던 것이 1978년에는 20%로 줄어든 것이다.

1960년대에 공업화를 통한 성장정책이 추진되는 동안 농업부문에 대한 투자에 역점을 두지 못하였다는 것은 당연한 일이었다. 3차에 걸친 경제개발 5개년계획 기간 동안에 농업부문에 대한 투융자(投融資)는 총 투융자의 12% 정도로 책정되었던 것인데, 그것은 항상 집행과정에서 감소되어 실적은 평균 8%정도에 지나지 못하게 되었다. 이를 반영하여 여타의 국민경제의 약진적 발전과는 대조적으로 농업부문은 상대적으로 낙후일로를 걸어 농·공간의 격차가 확대됨으로써 전통적 이중구조는 좀처럼 해소될 수 없는 것처럼 보였다.

그렇던 것이 1968년부터 채택된 고미가정책(高米價政策), 그리고 1970년경부터 전국적으로 추진된 새마을운동으로 농촌경제는 급속히 활기를 되찾게 됐다. 새마을운동이란 근면 · 자조 · 협동의 행동강령 (行動綱領)하에 '경제하려는 의지'를 농촌부문에 고취하여 자발적으로 소득의 증대를 모색하는 운동인데, 농촌의 부흥과 농 · 공간의 이중구조의 해소에 큰 공헌을 하였다.

그러나 최근에 와서 중화학공업의 대대적 육성으로 국민경제에 대한 투자부담이 가중되고 산업구조의 개편이 모색되면서 우리나라의 농업정책은 동요되기 시작하는 기미를 보였으며, 농업을 위요(圍繞)한 기본적으로 중요한 문제에 관하여 아직 확고한 정책방향이 수립되지 못하고 있다. 정책의 정립을 기다리는 중요 문제에는 다음과 같은 것이 있다.

첫째, 국민경제의 견지에서 볼 때, 농민이나 농가의 소득수준을 도시근로자나 도시가구의 소득수준에 비하여 어느 정도로 유지시켜야 하는가? 다시 말해 농민은 어느 정도 국가의 보호대상이 되며, 농업은 어느 정도의 지원을 받아야 하는가?

둘째, 역시 국민경제의 견지에서 볼 때, 농산물의 자급도를 어느 정도로 유지하는 것이 바람직한가? 농산물에 대한 수입자유화의 폭은 어느 정도 유지하여야 하는가?

셋째, 국민경제 전체의 견지로가 아니라 농업 자체의 고유의 문제로서 제기되는 많은 문제들, 이를테면 영농의 형태를 어떻게 유도하며, 농지소유 형태를 어떻게 하여야 하며, 농업협동조합은 어떤 방향으로 육성하며, 농산물의 유통채널을 어떻게 개선하여야 하는가 등의 문제이다. 본 절에서는 주로 위의 첫째와 둘째의 문제를 논의하고 셋째의 문제에도 주요한 것을 몇 가지 골라서 논하고자 한다.

1) 농가소득에 대한 정책

정부의 공식발표에 의하면, 농가의 경상소득은 1974년을 기해 도시근로자 가구소득을 넘어 섰다고 한다. 따라서 정책당국의 일각에서는 소득문제에 관한 한 농민보다는 오히려 도시서민들의 생계가 선결문제라는 견해가 대두되고 있다. 이러한 계수를 근거로 해서 농업에 대한 투융자를 억제 내지는 감소시키고 농산물의 수매가격을 하향 조정하고, 농산물의 수입자유화를 주장하는 등 일련의 논의와 정책구상이 제시되고 있다. 또한 이러한 정책구상은 도·농간의 소득분배 형평을 기한다는 사회 정책적 차원에서의 정당성을 근거로 삼고 있다.

그러나 우리는 농가소득이 도시근로자 가구소득보다 높다는 분석의 타당성을 구체적으로 검토하고 그것이 갖는 의미를 음미함으로써 이를 근거로 한 정책구상에 문제가 없지 않음을 지적하고자 한다.

첫째, 공식통계에 나타난 농가의 경영소득이 도시근로자 가구소득보다 높다는 것은 소득추계상(所得推計上)의 차이와 오류에서 온 결과가 아닌가 생각한다. 그것은 농가소득은 농산물과 생산자료의 재고를 연초 가격과 연말 가격으로 평가함으로써 농가소득은 과대평가되었다는 것이다. 이를테면, 어떤 농가가 당년에 생산을 하나도 하지 않고 쌀 10가마를 연초와 연말에 똑같이 보유하고 있을 때, 쌀의 연초 가격이 가마당 2만원인데 연말 가격이 4만원이 되었다면 이 농가에는 20만원의 소득이 발생한 것으로 계산된다. 이것은 농가소득에 계산되는 농산물의 재고액이 해마다 늘어나는 사실로서 쉽게 인지될 수 있다.

한편, 도시근로자의 가계소득 추계에 있어서 일정액 이상의 소득을 얻고 있는 근로자가구는 표본추출에서 제외함으로써 근로자가구의 평균소득을 낮게 평가하는 결과를 가져오고 있다. 이와 같은 소득추계상의 모순에서 오는 그릇된 소득비교는 정책결정의 기준으로 삼을 수 없음은 명백하다. 공식통계를 쓴 도시근로자 가계소득을 재고농산물을 조정하여 농가소득을 수정한 숫자와 비교하면, 농가소득이 상당히 낮은 실정이다.

둘째, 비록 공식통계를 그대로 쓴다고 하더라도 1970년을 기준으로 할 때, 농가의 실질소득은 도시근로자의 실질소득보다 낮다. 이는 농산물의 교역조건이 악화되었음을 반영하고 있다.

셋째, 생활수준은 1인당 소득에 의하여 결정되는바, 농가의 호당 가구원 수가 도시근로자의 가구원수보다 많기 때문에 공식통계에 의하더라도 1976년의 농가의 1인당 경상소득은 근로자가구의 1인당 경상소득의 92%이고, 실질소득은 71%에 불과하였다. 따라서 재고액을 수정한 농가의 1인당소득은 도시근로자 가구의 그것보다 더욱 낮을 것은 명백하다.

위에서 본 바와 같이 도시와 농촌 사이에는 아직도 1인당 소득의 격차가 있다는 것이 확실하다. 그러나 이 격차는 우리나라 특유의 것은 아니고 어느 나라에나 공통적으로 있는 현상이다. 요는 그 격차의 정도가 문제인데, 현재 정도의 격차는 큰 것이라고는 볼 수 없다.

원래 도시에 있어서의 화폐소득은 농촌에 있어서의 화폐소득보다 어느 정도 높아야 마땅하다. 왜냐하면 농촌에 있어서는 도시에서는 있을 수 없는 비화폐 소득인 '심리적 소득'(즉, psychic income)이 있다. 맑은 공기, 아름다운 환경 등이 그것이다. 뿐만 아니라 농촌에 있어서는 자급자족으로 얻어지는 현물소득, 이를테면 자가소비를 위한 야채, 과실 등이 있을 수 있다. 또한 도시에 있어서는 농촌에 있어서보다 생활비 자체가 많이 든다. 예를 들어 교통비, 방범비도 더 들고 상수도 하수도에도 현금이 많이 든다.

도시와 농촌의 소득 격차를 어느 정도 유지하는 것이 최적인가?

이에 대해서는 물론 정확한 답은 있을 수 없고, 사회통념이라 할 수 있는 선에서 판단할 수밖에 없다. 필자는 농민의 1인당소득(가구당이 아님)이 도시민의 그것의 약 75%(3/4)정도가 되면 좋지 않을까 생각한다.[5]

이렇게 볼 때, 한국에 있어서의 도시민과 농민의 소득격차는 확실히 있기는 하나 그리 현격한 것은 아니라고 생각된다. 따라서 국민경제적인 시각으로 보아서 농민과 농촌은 마땅히 어느 정도 보호되어야 한다고 하더라도 농민의 소득향상을 위하여 도시민보다 현재에 있어서보다 훨씬 더 큰 지원을 할 필요는 없을 것으로 판단된다.

2) 농산물의 수입자유화정책

근래에 와서 농산물 가격인상이 인플레이션의 가장 큰 요인으로 지적되고 있으며, 물가안정을 위해 농산물 수입규제의 완화 또는 수입자유화를 주장하는 이론이 크게 대두되고 있다.

근래에 농산물 가격이 폭등하기도 하고 폭락하기도 하여 그 진폭이 심해서 이것이 물가안정을 경제정책의 중요 목표로 삼고 있는 정책당국의 고민이 되고 있음은 사실이다. 농산물 가격의 진폭이 심한 이유는 농산물 자체가 갖는 가격변동에 대한 수요 및 공급의 비탄력적 특성과 다수의 소생산자와 다수의 소비자로 구성되는 완전경쟁적 시장구조의 특징이 작용하기 때문이다.

그러면 최근의 농산물가격의 기복의 동향을 살펴보자. 1978년의 마늘 값, 고추 값의 상승이 농산물가격 폭등의 대표적인 것으로 거론되

5) W. A. Lewis는 도시에 있어서의 비숙련 노동자의 임금수준은 농촌에 있어서의 그것보다 보통 약 50%정도가 높다고 하였다. W. A. Lewis, *Development Planning*, Harper & Row, 1966, P. 92.

고 있다. 그러나 농산물가격은 1975년까지는 다른 상품가격에 비하여 그 상승폭이 낮았고 그로 인해 최근의 가격상승이 더욱 큰 것처럼 부각된 것이다.

한편, 1978년 가을에는 배추와 무값이 폭락하였고, 1979년에는 마늘 값과 양파 값 및 고랭지 채소와 축산물 가격이 폭락하고 있다. 농산물가격의 일시적 상승을 근거로 농산물이 비교열위에 있으니 무제한 수입해야 한다는 이유는 성립될 수가 없다.

물가당국은 농산물가격 상승이 인플레이션의 주요 원인이고 물가를 안정시키기 위해서는 농산물가격의 상승을 억제해야 한다고 한다. 그러기 위해서는 농산물수입의 자유화 폭을 확대해야 한다고 주장하면서 쇠고기, 마늘, 고추를 대량 수입하는 방침을 세우고 있다.

농업은 우리나라에는 비교우위가 없다는 통속적 견해는 농촌과 농업을 옹호하는 논의를 대단히 진부한 것으로 만들고 있다. 그러나 농업이 과연 전적으로 비교우위를 결여한 것인가에 대해서는 흔히 생각하는 것처럼 확실한 것이라고 볼 수는 없다. 농산품이라고 해도 그 가운데는 많은 생산품이 있으며, 경우에 따라서는 비교우위가 높은 것도 얼마든지 있을 것이다. 오히려 원료나 원자재의 대부분을 수입하는 공업보다는 농업에 비교우위가 있는 부분도 있다는 것을 잊어서는 안 될 것 같다. 적어도 여기에는 국토가 있고 임야가 있지 않은가? 그것은 모두 비교우위가 없다고 말할 수가 없을 것이다.

원래 비교우위라는 것은 확인하기 어려운 이론이며, 단순히 농산물가격의 국제비교만 가지고는 그 소재를 알 수가 없는 것이다. 국산 농산물가격이 국제시세보다 높기 때문에 수입해야 한다는 논리에 따른다면, 우리나라에서는 많은 농산물의 생산을 중지할 뿐만 아니라 자동차, 냉장고, 선풍기 및 농기계 등도 수입하는 것이 유익할 것이다.

농업도 국민경제 속에 있어서의 하나의 산업이므로 항상 특별하다고만 생각할 수 없으나, 농업은 적어도 어느 정도의 특별한 고려가 필요하며, 지나치게 비교우위론을 내세우는 정책은 옳은 것이라고 볼 수 없다.

농산물은 다른 상품에 비하여 토지집약적인 성격을 갖고 있으며, 농업노동의 질도 기타 산업에 종사하고 있는 노동자들과 뚜렷한 차이가 있다. 그러므로 생산요소의 산업간 이동이 여의치 못하다.

따라서 농산물의 자유로운 수입에 의한 농산물의 가격하락이 농가의 수지를 악화시켜 토지와 노동력이 유휴화할 때 이는 우리나라가 보유한 중요한 자원의 실업을 초래하게 된다.

여러 측면에서 농산물은 공산품과 다른 특성을 갖고 있다. 즉, (1) 생물을 다루므로 그 공급이 매우 비탄력적이고 수요도 비탄력적이다. 그래서 가격의 진폭이 심한 것은 때와 장소를 가릴 것 없이 사실이다. (2) 생산자가 통제할 수 없는 변수들에 의해 생산이 영향을 받는다. (3) 다수의 원자적(原子的) 생산자에 의해 생산이 이루어진다. (4) 국민생활의 기본적 필수품을 공급한다. 그러므로 농산물을 다른 공산품과 같이 취급해서는 안 된다. 이는 국민의 기본생활과 직결되고 생산자와 소비자의 복지와 밀착되어 있다. 선진국에 있어서 조차도 농업을 하나의 국가적인 보호산업으로 취급하고 있다. 이들 국가들은 비교우위설을 기초로 한 무역이론에 맡겨 국내 농산물이 치열한 국제시장의 경쟁에서 패퇴하도록 결코 방치하지 않는 것이다.

이러한 모든 점을 감안하여, 결론적으로 농산물수입을 전적으로 금지하지는 않더라도 농민의 이익을 감안하여 최소한의 필요량을 수입하도록 해야 할 것이다.

3) 양곡수매에 관한 정책

정부는 농민의 소득향상과 소비자의 생활안정을 위해 미맥(米麥)의 이중 곡가제를 실시하고 있다. 즉, 정부는 수확기에 일정량을 매입해서 단경기(端境期)에 시가보다 낮은 가격으로 판매한다. 그 결과 많은 액의 양곡관리기금 적자를 내고 있다. 이 적자는 정부 재고양곡의 증가와 수매가 및 방출가의 차이에 의해 발생한다. 재고증가에 의한 적자를 제외한 순수한 양곡 관리기금 적자 누계액은 1970~1977년 사이에 3,624억 원이었다. 이를 세분화하면 소맥분 가격유지를 위해 지급된 보조금이 전체 적자 누계액의 35.3%인 1,280억 원이었고, 보리의 그것은 41.9%인 1,517억 원이었으며 미곡관리에 의한 적자누계는 793억 원으로서 전체 적자 누계액의 21.9%에 불과하였다.

양곡관리기금 운영에 의한 정부의 재정적자 전부가 마치 농민에 대한 보조인 것처럼 인식되고 있는 그릇된 사고방식은 버려야 할 것이다. 소맥분의 가격보조는 분명히 제분업자와 소비자의 이익을 위한 것이다. 그리고 보리와 미곡관리기금(米穀管理基金) 운영에 의한 재정적자는 생산자와 소비자를 위한 것이다.

특히, 양곡관리기금의 적자가 재정부문의 가장 큰 통화증발 요인으로 나타나 인플레이션에 박차를 가한다고 한다. 국민의 식생활을 안정시키고 생산자와 소비자, 특히 서민의 식생활을 안정시킬 목적으로 싼 값으로 방출함으로써 생기는 결손을 양곡기금이 부담하는 것은 불합리하다. 사회보장적인 성격의 이중곡가(二重穀價)로 인한 결손은 당연히 일반회계에서 보전되어야 할 것이다.

정부는 연중 고정가격에 의한 방출정책을 지양하고 저장비용, 조작비(操作費), 이자부담 및 손실을 보상하기 위하여 계절별 차등방출가제(差等放出價制)를 실시하여 적자의 폭을 줄여야 할 것이다.

4) 농업 여건의 변화에 따른 정책

농업생산의 효율성을 높이고 농민의 소득을 향상시키며, 국민 식량의 안정적 공급을 기하기 위해서는 농업 및 농민과 관련되어 있는 제반 여건의 변화에 대응하여 농업생산 및 생산자원의 배분을 신속히 조정하지 않으면 안 된다.

그 동안의 여건 변화의 주요한 것을 간추려 보면 국민 식품구조, 생산목표 및 생산요소의 결합, 즉 요소집약도의 변화 등을 들 수 있고 이에 조응한 생산구조와 생산물 구조의 변화 등을 들 수 있다.

(1) 식품 소비구조의 변화

국민소득이 향상됨에 따라 국민의 식생활 패턴이 변화하고 있다. 식품의 소비구조를 구체적으로 살펴보면, 쌀을 비롯한 곡류의 소비비중이 떨어지고 채소류, 과실류 및 축산물의 소비비중이 높아지고 있다. 이는 각 농산물의 소득탄력성의 차이에서 오는 일반적인 경향이다. 따라서 이러한 추세는 앞으로도 계속해서 진행될 것으로 추측된다. 이러한 소비구조의 변화는 상대가격의 변화를 통해 농민에게 각 농산물에 대한 생산자원의 배분을 조정하게끔 신호를 주어 농민은 각 생산물간의 자원배분 비중을 조정한다.

(2) 생산목표의 변화와 상업적 농업의 확대

도시화가 진행되어 농촌인구가 상대적으로 감소됨에 따라 도시인의 소비 비중이 더욱 높아진다. 그리하여 농민이 자가소비 목표의 생산비중을 낮추고 시판량을 높이게 된다. 즉, 자가식량 확보에서 시장판매 목적으로서의 생산목표 전환이 이루어진다.

다시 말하면, 농업의 상업적 전문화가 촉진된다. 농업의 상업화는 자본주의적 화폐경제가 농촌에 침투되고 교통망과 운송(輸送)수단의 발달에 의해 더욱 심화된다. 그리고 이러한 상업화의 촉진은 한편에 있어서 농업의 전문화(specialization)를 요구하고 유통기구의 발달을 요구하게 된다.

(3) 영농구조의 변화

농촌노동력의 도시로의 유출은 농업노동의 공급을 감소시켜 농번기의 노동력 부족현상이 야기되고 노임의 인상이 불가피하게 된다. 따라서 노동은 점점 희소한 자원으로 되어 가며 토지와 자본이 오히려 풍부한 자원으로 된다. 이러한 상황에서는 희소자원을 보다 경제적으로 이용하기 위해서 농업의 기계화가 불가피하다.

(4) 구입요소에 대한 의존도 증가

농업생산의 화학비료, 농약 등 구입요소에 대한 의존도가 높아짐에 따른 농업기계화의 촉진은 구입 생산자재에의 의존도 증가로 연결된다. 또 이는 농산물이 보다 자본집약적 상품으로 전환됨을 의미한다.

(5) 앞으로의 전망과 정책방향

고도경제성장과 산업구조의 변화에 따라 농업이 직면하는 외부 여건의 변화와 농업 내부의 변화에 적절히 대응하여 농업이 조정되지 않으면 국민식량의 안정적 공급을 기할 수 없고, 농민의 소득문제 해결과 농업자원의 효율적인 배분을 달성할 수 없다.

농민 및 농업과 관련된 중요한 문제는 농가소득 문제, 식량생산과 농산물의 생산배합 계획, 영농구조 문제, 영농후계자 문제 및 여건변화에 대응하는 정책수립 등으로 집약할 수 있다.

① 농가소득 문제

농가의 실질 소득이 도시가계소득보다 낮은 것은 사실이며 1인당 실질소득은 더욱 낮다는 것은 전술한 바와 같다. 따라서 어느 정도 농촌의 소득증대를 위한 적절한 정책의 추진은 바람직하다.

농업소득의 향상을 위해서는 현존의 식량증산정책과 어느 정도의 가격지지정책을 계속하여야 하며, 농업생산구조의 상대적 변화를 도모해야 할 것이다. 즉, 국민소득수준의 향상에 따라 소비가 급속히 늘어나는 과수, 고등소채(高等蔬菜) 및 축산물에 대한 증산정책, 저장, 운송 등 유통정책 및 가격유지정책이 적절히 추진되어야 할 것이다.

농업소득이 향상된다고 하더라도 농업의 상대적 지위 쇠퇴로 인해 농업소득만으로는 도시가계소득에 비견할 수 있는 농가소득을 기대할 수 없다. 따라서 도농 간의 소득균형을 위해서는 농가의 농외소득 향상과 그의 구성비(構成比) 증가는 필요불가결한 요건이다.

농외소득의 향상을 위해서는 농가 부업의 장려, 기존 대기업의 부품공장의 농촌지방 분산과 새로운 중소기업의 농촌지방 설립 등이 요구된다. 농촌지역에 알맞은 산업으로서는 노동집약적이고 지방의 부존자원을 활용할 수 있는 업종이 선택되어야 할 것이다. 이러한 산업의 지방분산을 돕기 위해 정부는, 첫째 농촌도로의 포장을 비롯한 사회간접자본의 건설에 재정적 투자를 확대하고, 둘째 농민의 비농업적 직업훈련 센터의 설립과 강화, 셋째 중소기업의 기술개발과 보급을 위한 공공연구기관의 설립, 넷째 농촌공산품의 수출 및 판매를 위한 전시장의 설치와 공동적 판매조직의 확립이 필요하다.

② 식량생산과 성장농산물의 증산시책

정부는 지금까지 식량의 자급 달성을 농정의 지상목표로 삼아 왔다. 그러나 인구증가 및 소득향상으로 인한 식량수요의 급증은 식량의 자급도를 1960년대의 90% 수준에서 현재의 70% 수준으로 저하시키고 말았다. 그리하여 식량정책의 목표를 식량자급에서 주곡(主穀)의 자급으로 바꾸었다. 다수확 미곡 품종의 개발보급과 고미가정책 및 이중맥가정책(二重麥價政策)이 주효하여 1977년에 드디어 주곡의 자급은 달성되었다. 그러나 식량과 관련하여 다음과 같은 세 가지의 중요한 과제를 해결하지 않으면 안 된다. 첫째는 주곡의 지속적인 자급유지이고, 둘째는 전체 곡물(food grain)의 자급률 저하에 대한 대처이며, 셋째로 국민식품 소비구조의 변화에 대한 농업자원의 재배분 계획을 통한 농업의 조정 문제이다.

주곡은 1977년도의 미곡 대풍으로 인해 자급이 달성되었으나 1978년의 병충해로 인해 다시금 수입하지 않을 수 없게 되었다.

다시 말하면, 기상 조건의 변화로 인해 생산은 불확실하여 아직도 자급기반은 확고하지 못하다. 더욱 세계의 식량공급은 불확실하고 식량에 대한 수요와 공급의 비탄력성으로 인해 가격변동의 진폭이 심하기 때문에 식량위기가 다시 생기면 농업은 물론 국민경제의 안정 기조를 흔들게 될 것이다.

식량의 안정적 공급 목적을 달성하기 위해서는 곡가지지정책을 합리적인 선에서 밀고 나가며, 논뿐만 아니라 밭의 관개시설을 확대하고, 간척사업의 적극적 추진에 의하여 농지를 확대하고 내병성, 내충성 품종의 육종과 보급을 계속 추진해야 할 것이다. 그리고 농업의 기계화를 효율적으로 가능케 할 수 있게끔 경지정리와 토지의 교환·분합을 추진해야 할 것이다.

특히 유의할 점은 누진적 농약사용에 의한 증산정책을 지양하면서 증산을 할 수 있는 품종의 개발과 재배방법이 연구 도입되어야 한다는 것이다.

국민의 식품소비구조의 변화는 농업에 대하여 자원의 재배분을 요구하고 있다. 즉, 소채·과실 및 축산물 생산을 위해 보다 많은 자원을 배분할 것을 바라고 있다. 이는 또한 종합적 농업정책 수립과정에서 이 분야에 보다 많은 비중을 둘 것을 요구한다.

따라서 이러한 농산물의 생산·운송·저장 및 유통기반을 확충하여야 할 것이다. 특히 과실의 생산은 비탄력적이므로 그 생산계획을 장기적 차원에서 수립하여야 할 것이다. 이는 산지를 과원조성을 위해 적극적으로 개발할 것을 필요로 한다.

③ 상업적 전업농가와 겸업농가

앞으로의 농가의 영농형태는 농사만을 전문적으로 짓는 상업적인 대농과 농업을 부업으로 생각하는 소농이 현재와 같이 공존하는 형태일 것이다. 그리고 이 양극 사이에 중간적 형태를 취하는 농가도 있을 것이지만, 양극형태가 더욱 뚜렷해질 것이다. 그러므로 농민 대상의 농업정책은 전문적 상업농가를 대상으로 하는 것과 농업을 부업으로 하는 소농을 대상으로 하는 것으로 구별되어야 할 것이다.

전문적 상업농의 육성을 위해서는 농지 규모가 평균적으로 7정보(町步) 또는 8정보는 되어야 한다. 그러므로 현행의 농지제도 하에서 농지소유의 상한선을 3정보에서 7정보 또는 8정보 정도로 상향 조정해야 할 것이다.

둘째는 경영규모의 확대는 현존의 기술수준에서는 보다 많은 노동력을 요구하게 되나 노동력의 공급은 줄어들고 있다. 따라서 농업의 기계화는 불가피하다. 그러므로 농업 기계화를 촉진시킬 수 있는 여건을 마련해 주어야 한다. 물리적 여건 조성을 위해서는 농로를 정비하고 경지정리 사업을 적극적으로 추진하되 그것이 농업 기계화의 효율성을 높일 수 있게끔 포장(圃場) 규모 등이 결정되어야 할 것이다. 특히 경지정리 사업을 수행할 때 토지의 교환·분합이 이루어져야 할 것이다.

농업만으로는 만족할 만한 소득을 기대할 수 없는 소토지 소유의 겸업농가 대책으로서는, 첫째 이들이 다른 직종에 용이하게 취업 또는 전환할 수 있게끔 농업 이외의 직업훈련을 강화하고, 둘째 이들이 농사 이외의 고용기회를 가질 수 있게끔 농촌지역에 보다 많은 공장을 유치하고, 도로건설 등 사회간접자본 건설을 적극적으로 추진해야 할 것이다.

2. 중화학공업 정책

1) 중화학공업의 육성과 문제점

한국의 중화학공업은 특히 60년대 후반부터 개발되기 시작하였다. 제3차 5개년계획 기간부터는 역점을 두고 개발이 추진되었다. 제3차 계획기간 동안에는 국제적으로 이른바 스태그플레이션이 출현하기 시작하였고, 다시 석유를 포함하는 국제 원자재의 가격이 앙등하여 자원의 결핍이 우심(尤甚)한 개도국인 한국경제에 대하여 큰 악영향을 미친 바 있었다. 그 결과로 한국경제는 국제수지 역조의 심화, 물가앙등의 격화 등 많은 타격을 입었으나, 1975년부터는 외국에 비하여 매우 빠른 속도로 불황으로부터 탈출하는 데 성공하여 1976년에는 15.2%라는 고성장을 달성하였다.

석유파동의 '극복'은 정부에 더욱 큰 자신감을 심어 주었고 중화학공업 육성정책에 더욱 박차가 가해졌다. 이 기간 동안에 역점을 두고 개발된 업종은 철강공업·화학공업·비철금속공업·조선공업·기계공업 및 전자공업이었다. 이들 공업은 이미 2차계획 당시부터 개발되기 시작한 것이었지만, 규모면에서 더욱 크게 확장하여 수출산업으로 정착시키고자 의도된 것이었다.

1977~1981년 동안의 제4차 5개년계획 기간 동안에는 공업구조에 있어 중화학공업화율을 50% 이상으로 제고하기 위하여 화학·제철·비철금속·조선·기계·전자 등 6개 분야에 대하여 전력을 경주할 것이 다짐되고 있다.

한국의 중화학공업, 특히 기계공업은 오늘날 중대한 시련에 봉착하게 되었다. 기업의 자금조달 능력을 넘는 설비투자 자금이 소요되는데다가 이것을 조달할 능력을 금융기관은 갖추지 못하고 있다.

또 설비가 완료된 공장을 가동하기 위한 운전자금마저도 외부로부터의 지원이 필요한바 이 자금의 조달도 매우 어려운 상황에 있다. 게다가 제품이 생산된 이후에도 그 제품의 판로가 극히 협소하다. 해외시장에서는 아직 한국산 기계에 대한 신용이 확립되어 있지 못하여 수출이 잘 되지 않고 있으며, 아주 가까운 시일 내에 이것이 만족스러울 정도로 개척될 것으로 기대할 수는 거의 없을 것 같다. 해외시장의 개척이 어려울 뿐만 아니라 심지어 국내시장을 개척하기도 그리 쉬운 일이 아닌 것 같다.

최근 창원단지에서 생산된 발전기를 국영기업체인 한전에서 구매하기를 거부하고 있다는 보도는 기계의 판로 개척이 얼마나 어려운가를 웅변으로 말해주고 있는 것이다.

2) 중화학공업 육성의 발상상(發想上) 오류

우리나라에 있어서는 흔히 현재의 경제발전의 단계를 일본이나 서독의 지난 과거의 어느 시기와 비교하여 그 시기에 이들 나라들의 산업구조의 발전이 어떠하였는가를 따져, 한국의 산업구조를 일본과 서독의 그것과 비슷하게 만들려는 정책구상이 유행하여 왔다. 중화학공업의 육성도 이 발상에 연유(緣由)하는 것으로 헤아려진다.

즉, 정부가 공표한 분석에 의하면, 일본의 경제정책의 기조 전환은 1958~1960년경에 이루어져서 1961년 이후의 고도성장의 길이 트였고, 서독의 경우는 1949~1952년 동안에 기조전환이 이루어져서 1953~1960년 동안의 고도성장과 1961년 이후의 장기 번영기의 토대를 이룩하였다고 전제하고 있다. 또한 이들 양국과 우리나라와의 차이를 인정하면서도 "국민소득이 1,000달러를 상회하고 국제수지의 균형이 확보되었으며, 이를 배경으로 중화학공업을 본격적으로 추진하고 경제의 개방화를 촉진하였다는 면에서는 우리 경제와 유사한 모습을 보여주고 있다"고 논하고, 그 당시 양국이 산업정책면에서 가장 큰 역점을 둔 것은 중화학공업, 특히 기계공업이라는 사실을 상기시키고 있다.

다시 말해 우리도 양국을 모방하여 중화학공업, 기계공업을 육성하고 경제를 자유화, 무역을 자유화하여야 한다고 주장하고 있다. 또 일본의 농산물의 가격지지 정책이 가지고 오는 재정적 및 사회적 부담을 피하기 위하여 우리나라는 마땅히 아예 처음부터 농산물의 수입 자유화를 서두르자고 주장하고 있는 것도 흥미있는 일이라 하겠다.

우리나라를 60년대 초반의 일본이나 50년대 후반의 서독과 비교한 다는 것은 얼마든지 좋은 일이고, 이들 양국의 경험으로부터 교훈을 얻는다는 것은 얼마든지 환영할 만한 일이다. 그러나 필자의 생각에 는 우리나라와 같이 가난한 나라에서 계획을 담당하는 당국에 있어서 는 마땅히 '선천하지우이우(先天下之憂而憂)'하는 신중한 자세가 부 질없는 낙관론에 선행되어야 한다고 믿는다. 그러므로 정부당국이 당 연히 하여야 할 일은 비단 이 양국의 당시의 1인당 소득과 현재의 우 리나라의 1인당 소득의 크기를 비교—이런 비교는 항상 상당한 오차 와 위험을 내포하고 있다—할 것이 아니라, 우선 양국과 우리나라의 차이를 먼저 고려했어야 옳았을 것으로 생각한다. 여기에서 평론할 수는 없으나 서독, 일본과 한국은 유사점보다는 차이점을 훨씬 더 많 이 가지고 있다고 생각한다.

서독과 일본은 오랜 세월을 통하여 정치 경제 사회 전반에 걸쳐 골 고루 근대화의 전환을 이루었으며, 이 저력은 일조에 길러진 것이 아 니다. 산업구조도 그들의 경제규모에 합당한 모형으로 이루어진 것이 다. 우리가 쉽게 오해에 빠지는 것은 서독과 일본이 해외시장에서 성 공하여 경제적 성공을 이루었다고 보는 점이다. 이것은 옳지 못한 견 해이다. 해외시장에서 먼저 성공한 것이 아니라 국내에서 우선 성공 한 것이다.

일본과 서독의 경제규모는 한국과 달라 국토의 면적으로 보아 한국 의 3~4배에 이르고 있으며, 인구로 보더라도 모든 산업의 내수시장이 충분히 뒷받침되어 있다. '린더(Linder)'의 이론처럼, 자본집약적 산업의 성공 여부는 국내시장을 전제로 해서만이 제대로 규모의 경제를 살릴 수 있다는 점을 감안한다면, 한국의 산업구조를 발전시키는 데 있어 많은 중화학공업을 동시적으로 추진한다는 것은 위험하다고 보겠다. 특히 일본은 GNP에 대한 수출의 비중이 10% 정도에 그쳐 그 국내시장이 엄청나게 큰 데 비하여 우리나라는 국내시장이 작아서 많은 중화학공업의 수입대체화의 추진이 어려운 여건에 놓여 있는 것이다.

우리나라의 중화학공업은 수출을 겨냥하여 육성되어 왔다. 다시 말해서 수출을 증대시키고자 하는 의도가 중화학공업의 육성정책의 이면에 숨어 있는 것이다. 특히 기계공업, 전자공업 및 조선공업은 노동집약적 내지 기술집약적 공업이며, 따라서 한국에게 비교우위가 있을 것이라는 전제하에서 수출을 목적으로 동시적으로 또 대대적으로 이들 업종에 투자가 이루어진 것이다. 이리하여 1986년에는 기계류의 수출만으로 100억 달러를 달성하고 전자공업에 있어서는 세계 제5위의 생산국으로 되어 수출 90억 달러를 달성할 것이 계획되고 있는 것이다.

만약 이 계획대로 되어서 우리나라가 앞으로 5년 후에 세계일류의 중화학공업국이 된다면 그것을 환영하지 않을 이유는 물론 없다. 그러나 우리의 기술수준과 기업의 상태, 국제시장에 있어서의 전망 등을 살펴 볼 때, 이 중 화학공업에 대한 기대는 과잉이라고 결론짓지 않을 수 없고, 이에 대한 의구는 이미 여러 면에서 현실로 나타나고 있는 것은 주지의 사실이다.

한국이 경공업분야에서 비교우위를 확보하고 수출의 급성장을 성공적으로 이룬 것은 역사적으로 보면 우리가 소비재 경공업분야에서 수입대체의 과정을 효율적으로 마쳤다는 데서 그 이유를 찾을 수 있다. 많은 학자들은 한국의 경제성장의 요인을 분석함에 있어서 수출과 수입대체를 완전히 상호 배타적(mutually exclusive)인 두 가지의 다른 정책방향인 양 개념화하고 통계적으로 이를 증명하여 수출위주의 경제정책이 한국경제 발전에 큰 기여를 했다고 주장한다.

위의 실증적 연구에서는 우선 수입대체의 경제발전 기여도가 몹시 저평가되어 있다. 그 이유는, 우선 통계적 처리에 있어서 어떤 상품이 지금은 수출이 가능하므로 수출의 기여도가 크게 잡히지만 그 상품은 어떤 일정 시기 이전에는 수입대체의 과정을 거쳤다는 동태적(動態的) 변화과정에 대한 평가가 되어 있지 않다는 것을 유의하여야 한다.

이러한 수입대체의 중요도에 대한 저평가와 수출의 중요성에 대한 과대평가가 중화학공업의 기초단계에서 수입대체의 단계를 무시하고 막바로 수출을 시도하려는 정책을 유도하게 되었는데, 이것은 전후를 도착(倒錯)한 생각이라 하지 않을 수 없다.

중화학공업을 단시일 내에 수출산업화 하자는 이론의 또 하나의 근거는 규모의 경제성이다. 한국은 어떤 이유에서든 중화학공업을 전반적으로 성취해야 하는 것을 대전제로 하고 보니 그 중화학공업의 경제성이 문제시된다. 따라서 생산품의 단위생산비가 문제가 되고, 그 단위생산비를 내리려고 보니 대규모의 설비가 필요하게 되며, 대규모의 설비로부터 나오는 공급은 국내수요를 훨씬 능가하므로 중화학공업은 처음부터 수출산업으로 되어야 한다는 이론이 나오게 된 것이다.

중화학공업을 수출산업화 한다는 궁극적 목표에는 이론이 없으나, 문제는 그것이 수출산업으로 되기 전에 거쳐야 할 내연적 과정을 거쳐야 한다는 데 있다. 기술수준을 높이고 기계류가 우선 국내시장이나 외국시장에서 질적인 면에서 인정을 받는 과정을 생략할 수가 없는 것이다. 그런데도 불구하고 이 필요한 과정을 다 생략하고 지난날에 가발이나 합판의 수출에 있어서와 같이 외자를 도입하여 공장을 세우고 막바로 대량수출을 함으로서 일약 선진국의 대열에 끼겠다고 구상한다는 것은 크게는 경제발전에 대한 인식의 부족을 나타내고 작게는 중화학공업의 성격에 대한 이해의 결여를 보여주는 것이라 하겠다.

중화학공업을 막바로 수출산업화 하여 이것을 통하여 1986년에는 500억 달러의 수출을 달성하려고 하다 보니 자연히 제품 자체의 부피와 덩어리가 큰 것, 이를테면 터빈이나 발전기 및 건설 중장비 등의 조립생산에 주력하지 않을 수 없고, 자질구레한 '볼트', '너트' 등의 생산에 대하여는 소홀히 하지 않을 수 없을 것이다.

그러나 궁극적으로 중요한 것은 발전기나 중장비 그 자체가 아니라 너트 볼트가 아닐까 생각한다. 너트 볼트와 같이 무수히 많은 부품이 저질이라면 아무리 허울이 좋고 덩어리가 큰 제품이 나온다고 해도 질적인 면에서 보잘것 없을 것이다.

한국에 도입된 기술이나 플랜트 등은 대체로 에너지 다소비형이라 전문(傳聞)한다. 이런 기술들이 과연 앞으로의 에너지의 전망, 그리고 공해 환경의 견지로 보아 바람직하다고 할 수 있을지 의심이 가지 않을 수 없다.

성급한 중화학공업화의 추진은 경공업을 너무도 빨리 사양산업시(斜陽産業視) 하려는 견해와 유관하다. 임금이 상승함에 따라 단순노동 집약적인 산업의 국제경쟁력이 상실되어 가는 것은 당연하다고 하겠으나 경공업 전부가 이에 해당된다고 볼 수는 없는 것이다. 일본이

1970년 초까지도 섬유 분야에서 많은 수출이 이루어졌다는 점을 생각하면 우리나라의 경공업의 사양화에 대한 통속적 견해는 마땅히 재검토되어야 할 것이다. 같은 섬유산업 내에서도 단순노동력의 임금이 상승함에 따라 비교우위가 저하되는 것이 있을 수 있고, 반대로 증대되는 것도 있을 수 있다.

따라서 비싼 비용을 지불해야 하는 산업간의 조정, 다시 말해서 경공업을 줄이고 중화학공업을 추진하는 산업조정정책보다는 별도 비용이 들지 않는 산업적 조정이 바람직한 정책방향으로 보인다. 조급한 산업 간의 조정, 즉 중화학공업화 정책은 엄청난 금융지원 등에 의해 인프레정책이 되기 쉬워 오히려 임금수준의 상승을 가속화하여 현재의 경공업의 비교우위조차도 더욱 빨리 약화시킬 위험성을 내포하고 있다.

3) 산업별 현황과 문제점

앞에서 이미 지적한 바와 같이 우리나라는 최근에 와서 중화학공업의 여러 부문에 걸쳐 수평적으로 동시에 투자를 하였다. 구체적인 산업을 보면, 소재(素材) 중화학공업으로는 시멘트, 철강, 석유화학, 특수강, 비철금속 및 제련 등에 투자되었고 소비재 중화학공업으로는 가전제품, 자동차, 칼라TV 등에 투자되었다. 완성자본재 중화학공업으로는 플랜트수출을 위한 섬유기계, 공작기계, 조선, 발전설비, 건설 중장비 등에 투자되었다. 이러한 대규모 투자는 현재의 우리나라의 경제규모에 비하여 벅찬 투자이며, 수요 면에서도 판로가 협소하여 과잉생산시설 능력으로 가동률이 저하되고 기업의 부실화를 초래하게 되었다.

물론 위에서 열거된 모든 산업이 잘못 투자되었다는 것은 아니다. 전자산업은 어느 정도 국제경쟁력을 보유하고 있으며, 앞으로도 우리나라 수출에서 큰 역할을 담당할 것으로 기대되고 있다.

그러나 이 산업에 있어서조차도 전반적 기술 수준, 새로운 디자인의 개발, 애프터서비스의 제공 등에 뒤지고 있으며, 또 미국을 비롯한 선진제국의 시장에 있어서의 수입규제에 직면하여 고경(苦境)에 처하고 있어 현재 일부 전자산업은 칼라TV의 국내시판에 기대를 걸고 있는 실정이다.

시멘트산업은 충분한 내수가 존재하고 기술이나 건설규모가 모두 국제적이어서 수출경쟁력은 강하다 하겠으나 이것은 어디까지나 자원집약적인 산업이어서 원래가 우리나라 수출산업으로 큰 기대를 걸 수는 없는 산업이다.

비교적 늦게 시작된 철강산업도 국내의 수요가 많을 뿐 아니라 국제경쟁력도 있다고 하겠으나 이 산업 역시 우리나라의 수출의 유망주로 볼 수는 없을 것으로 생각된다.

자동차공업은 기술수준의 미달로 국제경쟁력은 아직 별로 없다. 이 산업은 내수의 기반은 다소 있으나 이 산업이 활발한 수출산업으로 성장할 가능성에 대하여는 도저히 낙관할 수가 없다. 기술수준도 문제이지만 규모의 경제가 가장 현저하게 작용하는 이 산업에 국제수준으로 볼 때에는 영세(零細)하다고 볼 수밖에 없는 수 개의 자동차회사가 할거(割據)하고 있다는 사실 자체가 생산성의 획기적 향상의 전망을 어둡게 하고 있다. 생산비는 높을 수밖에 없고 규모의 경제는 도저히 살아날 수가 없을 것이다. 자동차회사의 통합, 외국회사와의 제휴 등의 어떤 획기적 발전의 계기가 마련되지 않는 한, 자동차산업도 결국 국가의 보호 하에 겨우 존재할 수 있는 영원한 유치산업으로 될 우려마저 있다고 생각한다.

뿐만 아니라, 장기전망에는 자동차산업을 크게 육성하는 것으로 되어 있고 그 국내의 보급도 장려하는 정책이 펴지고 있는 면이 있는가 하면, 자동차 사용자에 대하여는 기회 있을 때마다 세제와 가격상의 조치로 불리한 정책을 써왔으니, 정책의 일관성도 찾기 어렵다고 해야 할 것 같다.

조선은 국제적인 경쟁력은 있으나 세계적인 조선소의 가동이 완전히 되어 있지도 않은 마당에 또 대규모의 조선시설을 건립한다는 것은 적어도 시설확장의 타이밍이라는 점에서 볼 때 문제가 되지 않을 수 없다.

이상과 같이 우리나라의 중화학공업의 각 업종은 모두 제각기 문제를 안고 있는 것 같지만, 그 가운데서도 가장 큰 문제를 지니고 있는 업종은 기계공업이다. 이 기계산업은 기술수준이 낙후하여 애로가 많고, 또한 해외시장에의 판로가 매우 제한되어 있으며, 투자의 회임기간이 길다. 이러한 특성에 비하여 우리나라는 충분한 자본의 축적도 되어 있지 않을 뿐만 아니라 충분한 내수시장의 발달도 없으므로 현 상태에서는 몹시 어려운 산업이라 하겠다. 이들 기계산업의 재무구조를 보면, 자기자본 비율이 평균 16%에 불과한 상태이고 자기자본에 대한 부채비율이 500%를 넘고 있어 정부의 정책적 지원에 거의 의존하고 있음을 알 수 있다. 더욱이 같은 종류의 시설에 대기업들이 중복투자를 하고 있어 과당경쟁과 판로의 부족을 심화시키고 있다.

이렇게 투자된 기계산업은 끝내 국민경제의 큰 부담이 될 것임에 틀림이 없다. 따라서 이 분야에 대한 투자는 방위산업으로 시급한 것을 제외하고는 시기가 성숙될 때까지 추진을 보류해야 하며, 시기가 성숙되면 기업의 주도권에 따라 자율적으로 추진되어야 한다. 정부는 무리하게 중화학분야에 투자를 유도하기 전에 중화학공업의 기반이 될 수 있는 기업의 정신적 자세를 함양시키거나 기술수준을 고양시키는 데 주력해야 할 것이다.

원칙적으로 정부는 적어도 수입경쟁적이거나 수출경쟁적이 될 수 있는 몇 가지 분야에만 엄격히 국한시켜 시한부적인 보호정책을 마련하고, 지원정책으로는 정책금융이나 보호관세보다는 시한부적인 직접보조금을 지출하고 점차 감소시켜 나가는 방향으로 나가는 것이 바람직할 것이다.

3. 산업정책의 방향

이상에서 논의된 바를 요약하여 앞으로의 산업정책의 방향을 다음과 같이 도출(導出)할 수 있다.

(1) 한국은 지금까지 일종의 불균형성장의 과정을 밟아왔다. 지금 경제에 조성되고 있는 여러 가지 불균형은 앞으로 균형으로 수렴(收斂)되도록 산업정책이 구상 입안되어야 한다.

(2) 농민의 소득은 아직도 도시근로자의 그것에 비하여 낮다고 보아야 하며, 앞으로 이 격차를 좀 더 좁히도록 해야 할 것이다. 농민의 소득증대를 위하여 지원하되 현재보다 월등히 더 많은 지원은 불필요할 것이다.

(3) 농산물의 수입자유화가 너무 무궤도, 무원칙하므로 좀 더 신중히 추진되어야 한다. 농업에는 무조건 비교우위가 없다는 견해는 재검토되어야 한다. 수입대체화를 이룩하여야 할 농산물도 많다. 농업은 원칙적으로 국가의 적절한 선에서의 보호의 대상이 되어야 한다.

(4) 그 밖에 농민을 위하여 농외 소득원을 마련해 주고 농업의 기계화를 추진하고 농업여건의 변화에 따른 제반 정책수단을 강구하여야 할 것이다.

(5) 공업육성에 있어서는 기업의 주도권이 강조되어야 하는 반면, 기업행위에서 오는 손익은 기업인 스스로에게 돌아가야 한다. 국가적으로 극히 중대한 사업계획을 제외하고는 모두 기업인들이 판단하여 사업을 착수할 수 있게 하고 지금까지 이행되어온 인프레적 금융지원은 억제되어야 한다. 정부의 강력한 지원에 의해 형성된 비교우위는 결코 장기적으로 지속될 수 없는 것이며 안일한 기업운영의 자세만 조장할 뿐이다.

(6) 중화학공업의 육성을 위한 유인(誘因)은 개별적 산업에 많은 차등을 둘 것이 아니라 네가티브 리스트 제도(Negative List System)를 도입하여 꼭 억제할 산업만을 제외하고는 어떠한 산업이든지 혜택을 받을 수 있게 하여 잠재적 비교우위 산업의 성장을 저해하는 일이 없어야 할 것이다.

(7) 정부가 꼭 개입해야 할 사업은 그 수를 최소화하며, 사업을 시행하기 전에 엄격한 계획심사를 실시하여야 할 것이다.

(8) 경공업을 사양시(斜陽視)하지 말아야 하며, 중화학공업과 차등을 두는 지원정책을 삼가야 한다. 오히려 경공업 부문의 고가 품목과 높은 기술수준의 신상품의 개발에 유인책을 마련하여야 할 것이다.

(9) 기계공업에 있어서는 신규투자를 억제하고 이미 투자된 부문도 과감히 통합하거나 수익성이 적은 부문은 그 용도의 변경도 고려해야 할 것이다.

(10) 중화학공업의 직접적이고 무분별한 수출산업화 정책을 중지하고 내수를 기초로 하여 점진적인 기술향상을 도모하여야 할 것이다.

급격한 수출산업화 정책은 대규모의 유휴시설을 만들어 낼 가능성이 있다.

(11) 산업 내의 특화를 강조하여 각 산업 내에서 우리가 할 수 있는 부문부터 시작해야 할 것이다. 무리한 국산화의 추진을 삼가고 외국과의 산업조정에서 오는 충돌을 피해야 할 것이다.

(12) 위에서 열거한 정책방향은 차별적인 정부의 지원정책을 축소하는 것을 강조하고 있는데, 이는 우리나라 경제의 이중구조, 즉 내수와 수출, 대기업과 중소기업, 공업과 농업의 격차를 줄이는 데 기여할 것이며 이들 간의 상호보완 관계를 높이며 산업의 연관효과를 증대시키는 작용을 할 것이다.

제6장 소득과 부의 분배에 관한 정책

1. 경제발전과 소득분배

고도성장에 따른 부작용 가운데는 물가의 앙등, 공해의 만연(蔓延)과 환경의 오염, 가치관의 전도, 소득분배의 불균형 등 심각한 문제가 많다. 그 가운데서도 경제의 능률을 저해할 뿐 아니라 사회계층간의 감정의 대립을 첨예화(尖銳化)함으로써 사회불안 조성의 직접적인 원인이 될 수 있는 것이 소득분배의 문제이다. 심한 소득의 불균형은 국민으로 하여금 경제성장의 과실은 일반국민과는 무관한 것이라는 인식을 가지게 할 수도 있다. 이렇게 될 경우, 이미 고심참담(苦心慘膽)하여 쌓아올린 개발의 의의가 없어질 뿐 아니라, 이 보고서에서 기회 있을 때마다 강조하고 있는 '국민의 경제하려는 의지'를 마모(磨耗)시킴으로써 앞으로의 성장잠재력을 크게 잠식하게 될 것은 말할 나위가 없다.

제3장에서도 이미 언급한 바와 같이, 지금까지 한국의 경제정책의 기본철학 중의 하나는 '선성장(先成長) 후분배(後分配)'이었다. 개발도상국은 어느 나라를 막론하고 자본의 축적이 미약하므로 우선 경제에서 생산되는 잉여분을 나누어먹기 식으로 분배할 것이 아니라 확대재생산을 위하여 축적하고 투자의 주체인 기업으로 하여금 그것을 재투자하도록 하여야 하며, 이러는 과정에서 소득이 불평등하게 분배되는 것도 불가피하다는 것이다. 금일의 선진국의 발달의 자취를 보아도

산업혁명의 초기에 있어서는 소득이 불평등하게 분배되었다가 경제가 장기간에 걸쳐 발전하는 과정에서 불평등분배 현상은 자연히 완화되는 추세를 보였다고 주장하는 '선성장 후분배 이론'은 우리나라와 같은 개도국이 그 개발 초기에 소득의 불평등분배를 경험하는 것은 당연하며 또 시일이 지나가면 이 문제는 자연히 해결될 것이라는 기대에 입각하고 있다.

이 이론은 일견 그럴 듯하면서도 그 타당성은 상당히 수정되어야 할 이유가 몇 가지 있다.

첫째, 선진국에 있어서의 소득불평등화 과정은 매우 오랜 시일을 두고 자연발생적으로 일어났으므로 그 불평등화가 사회심리에 미친 영향도 비교적 부드러웠는 데 비하여 후진국의 경우는 소득의 불평등화가 짧은 기간 동안에 훨씬 더 현저하게 일어나는 것이 보통이다. 왜냐하면, 소득의 불평등화는 부분적으로는 시장원리의 작용에 의하여 일어나기도 하지만 많은 부분이 정부의 인위적인 정책의 결과로 빚어지기 때문이다. 따라서 후진국의 불평등화의 정도와 과정은 선진국의 그것에 비하여 보다 급속하고 충격적인 면을 지닐 수 있으며, 그것이 사회심리에 미치는 영향 또한 심각한 일면을 보이는 것이 일반적이다.

둘째, 소득이 일단 불평등하게 분배된 이후에는 그것이 다시 자연발생적으로 평등하게 분배된 예는 세계 각국의 경제사회사에서 아직 찾아볼 수 없다는 점에 유의하여야 한다. 선진국에서는 발전의 후기에 소득의 불평등화가 어느 정도 완화된 것이 사실이지만, 그것은 결코 자동적으로 이루어진 것이 아니라 많은 우여곡절을 거쳐서 서서히 이루어진 것이다. 즉, 고소득층이 무자비한 자본축적의 노력을 포기하고 근로계층에 대하여 복지증진을 위한 조치를 취하는 데 동의하게 된 이면에는 점증(漸增)하는 사회불안을 진무(鎭撫)하기 위하여 정부와 사회지도자들이 가한 끈질긴 압력의 작용이 있었다는 것을 명기(銘記)하여야 한다. 다시 말해서, 선진국의 경우를 보더라도 일단 불평등하게 분배된 소득의 분배는 자동적으로 다시 평등화로 환원한다고 가정할 이유는 없는 것이다. 남미제국이나 인도와 같이 소득의 격차가 심하게 된 나라에서 다시 소득의 평등화를 이룩한다는 것이 얼마나 어렵고 고통스러운 것인가를 우리는 익히 보아왔다. 따라서 소득분배문제에 있어서는 우선 소득의 불평등분배를 어느 정도 미연에 방지한다는 장기적인 안목을 지니는 것이 극히 중요한 일이다.

셋째, 선진국의 소득분배가 불평등하게 된 것은 19세기였는데 비하여 우리는 지금 20세기의 후반에 살고 있다는 사실을 명심하여야 한다. 마치 금일의 후진국의 소비성향이 19세기의 개도국의 그것과 같지 않고 오히려 금일의 선진국의 그것과 비슷하듯이, 오늘의 후진국의 소득분배에 대한 정책도 19세기의 선진국의 그것을 답습할 수는 없는 것이다. 싫든 좋든 오늘의 세계는 복지국가의 세계이고 따라서 후술하는 복지문제에 있어서나 소득분배의 문제에 있어서나 국민의 관심과 기대는 크게 고조되어 있으며, 이것을 외면할 도리는 없는 것이다.

한국의 소득분배의 현황은 어떤가? 주지하는 바와 같이 소득분배에는 노동, 자본 및 토지 등의 생산요소에 대한 보수(報酬)가 국민소득에서 차지하는 몫의 상대적 크기를 나타내는 이른바 '기능적 소득분배'와 사회의 소득계층(이를테면, 최고소득계층, 최저소득계층 등)에 대한 소득의 몫의 상대적 크기를 나타내는 '계층별 소득분배'의 두 가지가 있다. 우리의 관심의 대상이 되는 것은 후자, 즉 계층별 소득분배에 관한 문제인데, 이 문제에 관하여는 경제이론도 별로 개발된 것이 없고 실증적 연구결과도 매우 희소하다. 한국의 계층별 소득분배에 관하여는 몇몇 국제기관과 외국학자들이 주로 통계적 연구의 결과, 한국은 소득분배면에서 많은 개도국 가운데서도 비교적 평등하다는 점에서 모범적인 나라라는 결론을 얻은 바 있다.

한국사회의 본질에 대한 기본적 이해도 없이 통계적 수법의 조작을 위주로 한 이들 주장을 반박할 포괄적인 통계적 자료의 제시는 어려우나, 소득이 현재 불평등하게 분배되어 있으며 또 빠른 속도로 불평등도가 심화되고 있다는 시정(市井)의 광범위한 느낌을 뒷받침할 이유는 얼마든지 있다고 보아야 할 것이다. 필자는 한국의 소득분배는 근래 빠른 속도로 불평등화 하고 있다는 견해에 동의한다. 또 이러한 견해를 가진 사람들이 가지는 공통적인 우려, 즉 소득분배의 불평등화의 심화는 사회불안을 조성할 수 있다는 우려가 건설적으로 받아들여져야 한다고 생각한다.

일반적으로 말해, 어떤 국민경제가 균형적 발전을 하고 있을 때에는 소득분배의 불균형문제는 일어나기가 어려울 것이다. 왜냐하면 각 부문의 균형적 발전이란 결국 각 부문에 있어서의 생산의 증가율이 서로 비슷하다는 것을 의미하는 것이며, 생산은 결국 소득을 의미하는 것이기 때문에 국민경제의 균형적 발전과 소득분배는 양립하는 것이 보통일 것이다. 물론 경제의 각 부문이 균형있게 발전한다고 해도 그 부문 속에서 각 소득계층의 소득의 불균형이 생길 수는 있다. 그러나 경제의 불균형성장의 경우보다는 균형성장의 경우에 소득분배의 형평이 이루어지기가 쉽다는 것은 상상하기 어렵지 않다.

이미 제5장에서 지적한 바와 같이, 한국의 경제정책은 일종의 불균형 성장론에 의하여 구상되고 집행되어 왔다. 불균형성장이란 국민경제의 특정 부문을 여타 부문에 비하여 우선적으로 육성하는 정책이며, 이러는 과정에서 정책우선 부문에서 활동하는 기업이나 생산요소에 대한 부와 소득의 편중분배가 일어났다는 것은 당연한 일이다. 이러한 불균형성장정책에 의하여 우리나라의 경제는 지난 20년 동안 심한 구조적 변화를 가지고 왔다. 농업부문에 비하여 공업부문이 급팽창하였다. 공업부문 가운데서도 내수부문에 비하여 수출부문의 발전이 크게 이루어졌다. 중소기업의 발전이 비교적 정체하고 있는 가운데 대기업은 유례없는 대약진을 하여 단시일 내에 국제규모의 재벌기업이 대두하게 되었다. 이러한 불균형성장은 곧 소득과 부의 불균형적 분배의 토대 위에서 이루어진 것으로 보아야 할 것이다.

지난날에 있어서 불균형성장의 가장 두드러진 측면은 급속한 공업화에 필요한 투자의 촉진을 위한 정책, 수출증대를 위한 지원 및 최근에 있어서의 중화학공업육성을 위한 지원들을 들 수 있다. 이들 각종 지원은 주로 화폐금융정책과 재정정책을 통하여 이루어진 것이다. 따라서 소득분배에 가장 직접적인 원인을 조성한 정책으로는 여러 가지를 들 수가 있겠으나 그 중에서도 가장 중요한 것은 화폐금융정책, 재정정책이라고 생각된다. 그러므로 제2절에서는 화폐금융정책이 소득분배에 미친 영향을, 제3절에서는 재정정책이 소득분배에 미친 영향에 대하여 서술하려 한다.

2. 화폐금융정책과 소득분배

본 절에서는 한국의 경제발전 과정에서 화폐금융정책이 소득과 부의 분배에 미쳤을 것으로 생각되는 영향에 관하여 분석하고자 한다.

우선 첫머리에서 강조하고자 하는 것은, 화폐금융정책은 이자율의 책정과 같이 소득의 흐름에 대하여 영향을 미치는 경우도 있으나, 대출을 통하여 소득의 흐름(flow)이 아니라 직접적으로 자산 또는 부채의 '스톡(stock)'의 양의 크기에 영향을 미치는 측면이 더욱 두드러진다는 점이다. 다시 말해서, 화폐금융정책은 소득의 분배에도 영향을 미치는 것은 물론이지만, 부의 분배에 또한 심대한 영향을 미친다는 것이며, 따라서 본 절에서는 이 두 가지 측면에 대하여 분석을 할 것이다.

본 절의 분석은 대체적으로 계량적이 아니라 연역적인 방법을 취한다. 계량적인 방법을 뒷받침할 만한 충분한 통계자료가 없을 뿐 아니라, 부분적으로 입수된 통계숫자조차도 인용을 생략한 이유는 이 보고서의 여타 체제와 균형을 맞추고자 노력한 결과이다. 특히 본 절에서 역점을 두고 서술하고자 하는 것은 주로 인플레이션에 의한 강제저축의 자본축적 방법이 소득분배에 미치는 영향, 그리고 대기업이나 수출기업에 대한 편중대출 및 저이자율 정책이 소득과 부의 분배에 미치는 영향에 관한 것이다.

1) 인플레이션

한국의 인플레이션의 요인에는 여러 가지가 있겠으나 대체로 가장 중요한 요인으로 꼽을 수 있는 것은 경제개발의 과정에서 나타난 투자—저축의 갭(gap)이라 할 수 있다. 이 갭은 항상 통화팽창을 통하여 보전되었으므로 한국의 인플레이션은 통화량의 팽창에 연유한다는 견해는 일반적으로 타당성을 가진다.

인플레이션이 소득과 부의 분배에 영향을 미칠 수 있는 길에는 대체로 세 가지가 있다고 볼 수 있다. 첫째, 인플레이션은 화폐적 자산을 가진 자로부터 화폐적 부채6)를 가진 자에게 부를 재분배한다. 쉽게 말해서, 인플레이션은 채권자로부터 채무자에게로 소득과 부를 재분배한다. 따라서 인플레이션이 얼마만큼의 부와 소득의 재분배를 가져오는가는 경제주체들의 자산과 부채 구조에 달려 있다고 볼 수 있다.

그러면 한국경제에 있어서 어떤 계층이 채권자이며 어떤 계층이 채무자인가? 말할 나위도 없이 기업부문은 채무자들이고 가계부문에는 채권자들이 많다. 따라서 인플레이션은 부와 소득을 가계부문으로부터 기업부문으로 재분배한다. 상식적으로 누구나 다 아는 바와 같이, 인플레이션이 있는 경우 채권을 갖는 것보다는 채무를 많이 지면 질수록 유리하다. 우리나라의 기업 특히 담보제공 능력이 많은 대기업이 가급적 많은 부채를 지도록 노력한 것은 인플레를 통한 일종의 자본이득을 얻자는 의도의 발현이며, 실제로 이것이 재벌기업의 자본축적에 주요 경로가 되었음을 모르는 사람은 없다. 따라서 이 점으로 미루어 볼 때, 인플레이션은 매우 역진적으로 소득과 부를 재분배하였음을 짐작케 한다.

둘째, 인플레이션이 있다 할지라도 모든 생산요소의 가격이 다 똑같이 상승하는 것은 아니므로 그 가격이 크게 상승하는 생산요소의 소유자의 소득은 그 가격이 비교적 완만하게 상승하는 생산요소를 소유한 자의 소득에 비하여 빨리 올라갈 것이다. 다시 말해서 인플레이션은 전자에게 유리하게, 후자에게 불리하게 소득을 재분배한다.

생산요소의 가격의 변화는 무엇에 의하여 일어나는가? 말할 나위도 없이 수요와 공급에 의하여 일어난다. 수요의 증가가 공급의 증가

---

6) 화폐적 자산 및 화폐적 부채라 함은 그 액면가격이 물가수준의 변동에 관계없이 고정되어 있는 자산 및 부채를 말한다.

를 상회하는 생산요소의 가격은 빨리 상승하고 그렇지 못한 생산요소의 가격은 완만하게 상승하거나 오히려 하락할 수도 있다. 한국의 인플레의 진행과정 동안에 그 가격이 가장 많이 상승한 생산요소는 토지 및 부동산이다. 인플레이션은 토지 및 부동산의 소유자에게 극히 많은 부와 소득을 준 반면, 이와 같은 재산을 갖지 못한 사람의 부와 소득은 수탈한 결과를 빚었다고 할 수 있다. 토지와 부동산은 누가 많이 소유하고 있었는가? 그것은 어느 면으로 보나 비교적 부유층이라고 볼 수 있다. 이 점으로 보아도 한국의 인플레이션은 지금까지 줄곧, 그리고 최근에 와서는 더욱 현저하게, 부와 소득을 역진적으로 분배하였으며 중산층의 육성을 어렵게 만드는 경제적 사회적 효과를 가지고 왔다고 볼 수 있다.

또 인플레의 과정을 통해 임금의 상승은 생산물의 가격의 상승에 뒤짐으로써 인플레이션이 있으면 실질임금은 떨어지고 이윤은 늘어난다는 것이 일반적인 가설이다. 강력한 노동조합이 존재하지 않으며 노동조합이 임금결정에 미치는 영향이 미약한 우리나라에 있어서는 적어도 1976~1978년의 기간을 제외한 기간 동안에 이 가설이 타당하였던 것으로 간주된다. 즉, 우리나라의 인플레이션은 상기 1976~1978년 동안을 제외하고는 근로소득자에게 불리하고 자본소득자에게 유리하게 소득을 재분배한 것으로 보아도 무방하리라 생각한다. 이 점으로 보아도 우리나라에 있어서의 인플레이션은 소득과 부를 역진적으로 분배한 것으로 보아야 할 것이다.

마지막으로 인플레이션이 소득이나 부에 미치는 영향을 보면, 이것은 여러 계층의 지출 또는 소비구조와 소비재의 상대가격 변화에 달려 있다. 왜냐하면 인플레이션은 서로 다른 계층의 실질구매력에 서로 다르게 영향을 미칠 것이기 때문이다. 예를 들어 저소득계층이 주로 구매하는 재화(財貨)가 고소득계층이 주로 구매하는 재화보다 그 가격이 빨리 오르게 되면 인플레이션은 소득의 역진적인 재분배를 가져 올 것이다. 따라서 명목소득의 상대적 크기에 변화가 없다고 하더라도 인플레이션은 실질구매력의 상대적 크기를 변화시킬 수 있는 것이다.

우리나라의 경우, 저소득층의 주요 지출대상 품목으로 되는 생필품, 그리고 고소득층의 지출대상 품목인 사치품의 가격변화를 한국은행의 경제통계연보를 통하여 고찰해 보면, 1966년에 비하여 1977년 현재 생활필수품의 하나인 농수산품의 가격은 무려 7배로 상승하였고 연탄 및 전력가격도 4.5배로 상승하였음에 반하여, 자동차의 가격은 겨우 2배로 인상되었고 가전제품 가격은 거의 보합세를 보이고 있는 실정이다. 같은 식품이라도 상대적으로 고소득층이 더 많이 수요 한다고 볼 수 있는 가공식품 값이 3.5배로 되어 그 상승의 정도가 농수산품 전체가격 상승의 약 반에 해당하는 것은 인플레이션의 역진적 소득재분배의 단면을 여기서도 나타내 주는 것이라고 할 수 있다.

이와 같이 한국의 인플레이션은 여러 가지로 소득을 역진적으로 재분배해 왔다. 여기서 한 가지 간과할 수 없는 것은 인플레이션에 적응할 수 있는 능력이 각 계층 간에 차이가 있다는 점이다. 즉, 고소득층은 주로 그들이 경영하는 기업의 재무구조를 통하여 인플레이션에 혜택을 받아왔다는 것은 이미 설명한 바와 같거니와, 고소득층이면 고소득층일수록 인플레이션으로 인한 실질소득의 손실을 피할 수 있는 능력과 재력을 더 많이 가지고 있다는 점이다. 흔히 고소득층일수록 상대적으로 화폐적 자산을 적게 보유하고 토지나 부동산 등의 비화폐적 자산을 많이 보유하여 이에 대한 투기를 함으로써 인플레이션으로 인한 부의 감소를 피하는 경향을 보이는 데 반해, 가난한 노동자들일수록 이렇게 할 능력이 제한되어 있어 화폐적 자산을 상대적으로 많이 보유함으로써 인플레이션으로 인한 손실을 보는 예가 많은 것이다.

2) 편중대출과 저이자율 정책

한국에서는 경제개발을 위한 자금의 수요가 절대적으로 많고 부족한 저축 때문에 자금의 공급은 이에 미치지 못하므로 항상 자금의 초과수요가 존재해 왔다. 정의상 자금의 초과수요는 현실이자율이 균형이자율보다 낮은 경우에 생기는 것이므로 이론적으로는 이자율을 균형이자율로 높임으로써 이를 해소시킬 수 있지만 수출주도형 고도성장정책을 위해 저이자율을 견지한다는 것은 불가피한 것으로 여겨져 왔다.

자금의 초과수요가 생기면 부족한 자금을 할당하기 위해 배급제도가 필요하다. 이를 담당한 화폐금융당국은 자금의 실수요자를 선정함에 있어 배급받은 자금을 곧 투자에 쓸 준비가 되어 있고 또 투자수익을 비교적 많이 올릴 수 있는 가능성이 많다고 생각되는 저명 기업을 선호할 것은 당연한 일이라 하겠다. 이리하여 지난 10여 년간 대기업들이 저이자율로 많은 대부를 받아왔다는 것은 널리 알려져 있는 사실이다.

금융통계자료는 미비한 상태에 있고 그나마 존재하는 것들도 대개는 공식적으로 발표되지 않고 있어서 설득력 있는 자료를 대기는 힘들지만, 우리나라에서 대기업 편중적인 대출이 이루어져 왔다는 사실을 모르는 사람은 거의 없다.

상위 20위에 드는 차입자들과 상위 100위에 드는 차입자들이 각각 전 금융기관 대출금의 약 20%와 1/3이상을 차지하고 있다는 것은 놀

랄만한 사실이다. 또 하나 주목해야 할 것은, 그 기업들은 그들이 받은 편중대부의 크기에 비하여 부가가치 창출에 공헌하는 정도는 상대적으로 별로 크지 않다는 것이다. 이것은 대부받은 자금이 반드시 생산적인 곳에만 쓰이고 있지 않다는 하나의 방증(傍證)이라고 볼 수 있다.

그러면 그처럼 많은 대부를 받은 기업은 대부금을 어떤 용도로 썼는가? 생산을 위한 투자에 그 대부금의 상당부분이 쓰인 것은 말할 나위가 없지만, 생산을 위한 투자보다도 훨씬 더 확실하고 이율이 높은 부동산 등에 대한 투자의 기회가 목전에 있는 이상, 이 기회를 포착하지 않을 이유가 없었을 것도 또한 자명한 일이라 하겠다. 기업은 당초의 자기 자본이나 대부받은 자금으로 공장부지를 포함한 부동산을 구입해 놓고 그 부동산을 담보로 하여 시설자금이나 운전자금을 얻기 위하여 또 추가로 대부를 받는 방식으로 자본의 증식을 이루었던 것이다. 이리하여 기업의 생산활동으로 인한 이윤은 적어도 부동산의 가격상승을 통한 자본이득은 많게 되었다. 대기업의 비업무용 부동산은 이렇게 축적되었고 재무구조가 나쁜 부실기업에도 이러한 부동산이 많다는 것은 저간(這間)의 사정을 말해주는 것이라 하겠다.

기업은 이와 같은 프로세스를 통하여 한편으로는 부동산을 통한 자본이득과 한편으로는 대부원리금의 실질부담의 감소라는 이중의 이득을 얻게 되었다.

부동산투기가 한창 성행할 때 서울 변두리 지역의 지가는 1년에 3배 정도로 대폭 증가한 곳도 있다고 하며, 건설부가 조사한 평균 토지가 상승률을 기준으로 하여도 70년대에 들어서 지가는 8배 이상이나 증가한 것으로 나타나고 있다.

일부 기업들은 또한 연 10% 이내의 저리로 받은 대부금을 재원으로 하여 대금업도 벌인다고 알려져 있다. 그 정도가 얼마나 되는지는 알 수 없으나, 이것이 상당한 정도로 성행되던 행태였음을 부인할 도리가 없다. 사채시장에서의 이자율을 연 36%로 잡을 때 은행에서 대여 받은 대부금을 사채시장에서 활용하면 이차율(利差率) 26% 이상이라는 재산수익을 누릴 수 있는 것이다. 이에 더해서 수출용 상품을 도급(都給)받아 생산하는 중소기업의 대부분이 종합무역상사 또는 대기업으로부터 생산품을 인도한 날로부터 상당 시일이 지난 후에야 그 대금을 받을 수 있다고 할 때, 이곳에는 이미 실질적인 대금업이 형성되는 것이다. 이때 대기업은 중소기업을 실질적으로 지배하게 되어 경우에 따라서는 원료를 조달하기 위해 또는 밀린 노임을 지불하기 위해 불리한 조건으로 대기업에게 약속어음을 발행한 후, 결국에 가서는 대기업에 흡수당하는 경우를 흔히 보는 것이다.

이상에서 설명한 바와 같이, 한국의 화폐금융정책은 비단 장기적 성장을 가로막는 비효율적인 투자를 조장하였을 뿐만 아니라, 소득분배라는 관점으로 보아서도 매우 역진적인 소득 및 부의 분배를 가지고 옴으로써 국민경제의 장기적 발전에 대하여 바람직하지 못한 효과를 나타내 왔다. 이와 같은 화폐금융정책은 이미 설명한 바와 같이 산업정책의 금융적 표현인바, 우리는 이 보고서에서 경제성장 및 산업의 육성에 대한 정책의 기조를 전환하여야 한다는 것을 역설하여 왔다. 필자는 소득분배라는 관점에서 볼 때에도 이 정책기조는 일대 전환을 맞이해야 할 것이라는 것을 다시 한 번 강조하고자 한다. 즉, 지금과 같은 정책기조가 계속되는 한, 산업의 불균형은 더욱 심화될 것이고, 또 소득의 불평등이 더욱 현저하게 나타날 것이며, 이것은 어느 측면으로 보든지 바람직하지 못하다.

3. 재정정책과 소득분배

위에서도 여러 번 지적한 바와 같이, 우리나라는 그간 수출증대를 통한 고도성장에 역점을 두었기 때문에 재무정책, 즉 조세 및 재정지출정책도 산업건설을 위한 투자지출과 이를 위한 세수조달(稅收調達)의 극대화에 최우선 순위를 두어 왔다. 따라서 국민생활의 질적 향상을 위한 사회개발비나 소득분배의 평등화를 위한 지출은 극히 미미하였고, 세제의 공평성 원칙도 무시되어 왔다.

본 절에서는 먼저 현재의 세제가 소득분배의 불균형과 조세의 불공평에 미치는 영향을 살펴보고 재정지출의 한 형태로서의 부(負)의 소득세제를 검토한 다음, 현재 및 미래의 소득재분배를 바람직한 방향으로 유도하기 위한 재정지출에 대해 논의하기로 한다.

1) 조세와 소득분배

소득 및 부(富)의 재분배를 위한 재정정책은 조세와 지출의 양측면에서 쓰이는 것이 보통이나 그 중에서도 더욱 중요한 것이 조세정책이다. 선진국의 역사를 보더라도 전통적으로 조세정책이야말로 소득분배의 평등화를 위한 가장 강한 정책이 되고 있다.

(1) 종합소득세

IMF 연구진에 의하면, 1979년 현재 우리나라 소득계층별 실효 세부담은 다음과 같다.

첫째, 소득세는 가구총소득에 대한 실효 부담률로 계산해 보면 누진적이다(0.05%~6.67%). 둘째, 법인세의 경우는 전가(轉嫁)가 전혀 없다고 가정하면 비례세(比例稅)에 가깝고 부분적인 전가를 가정하면 역진적 내지 비례세의 성격을 띤다. 셋째, 간접세는 두드러진 역진성을 나타낸다. 예를 들면 1977년 7월에 도입된 부가가치세는 최저소득계층의 5.5%에서 최고소득계층의 3.91%로 세 부담이 내려가는 역진성을 보여주고 있으며 관세도 최저소득계층의 4.31%에서 최고소득계층의 2.18%까지 대단히 역진적이다. 결론적으로 최저소득층이 부담하는 간접세의 4종목(부가가치세, 관세, 영업세, 물품세)의 합계가 그들 총소득의 13.81%에 이르렀다는 사실만으로도 간접세가 얼마나 무거운 부담을 지우는가를 알 수 있으며, 이들 소득의 15.7배에 달하는 최고소득층의 4종목 합계부담률이 9.58%밖에 되지 않는다는 사실은 우리나라 조세체계가 근본적으로 고소득층 저율과세, 저소득층 고율과세 형태임을 입증하고 있다.

또한 1967년부터 1975년까지의 분배국민소득에 대한 평균 조세부담률을 살펴보면 부동산소득이 2.6%, 배당이자소득이 4.1%, 사업소득이 7.5%, 근로소득이 4.0%로서 주로 저소득층에 귀속(歸屬)되는 근로소득의 부담률이 고소득층에 귀속되는 부동산소득 혹은 배당이자소득에 비해 중과(重課)되고 있는 편이다. 과세소득 포착률을 보더라도 근로소득이 43.6%, 배당이자소득 37.2%, 사업소득 25.7%, 부동산소득 12.1%로서 징수가 용이하다는 이유만으로 저소득층에 귀속되는 근로소득에 조세부담이 집중되고 있다.

따라서 조세의 형평 기능을 강화하기 위해서는 세제의 개선방안이 매우 시급하다. 구체적으로는 인적 과세인 종합소득세제의 특성을 살리고 간접세의 역진성을 완화시키기 위해서는 종합소득세의 재조정, 인적 공제액의 인상 및 인적 공제항목의 추가가 바람직하다.

전자의 경우, 종합소득의 분포가 인원 구성면에서는 극히 낮은 소득계층에 집중되어 있고 소득 구성면에서는 극히 높은 소득계층에 집중되어 있는 현저한 소득격차를 나타내고 있으므로—1976년의 경우, 월 10만원 이하의 과세소득 인원은 전체 과세대상자의 72.0%에 달했지만, 이들의 총과세 소득은 20%였고, 한편 월 100만원 이상의 과세소득인원은 전체의 0.74%에 불과했으나 이들의 총과세소득도 20%에 달했었다. 하위소득층에 대하여는 보다 저율(이를테면 4~5%)의 낮은 세율로부터 완만한 누진율을 적용시키고 고소득층에 대해서는 비교적 폭이 큰 누진율을 적용시키는 방책이 바람직하다.

그러나 종합소득세율을 검토해 보면 실효부담율이 방위세, 주민세 등을 가산할 경우 최고세율은 매우 높은 수준에 달하므로 이는 근로 의욕의 저하를 방지하기 위해서라도 하향조정이 바람직하다고 생각된다.

후자의 경우, 인적공제 항목이 최저생계비를 보호하기 위한 것이라면 교육비공제, 의료비의 완전공제, 보험공제 등의 항목이 추가되어야 한다. 또한, 인적공제에 대한 물가연동제의 채택이 검토되어야 한다.

현행 종합소득세제 하에서는 소득공제액이 비현실적으로 작고 공제항목도 많지 않아 높은 인플레이션 구조 하에서 정액소득자가 실질소득면에서 보다 어려운 처지에 놓이게 된다. 다음으로 인적자본의 형성 및 소득기회의 부여라는 측면에서 교육에 대한 공제혜택은 중요한 의미를 갖게 되는데, 1977년의 경우 전도시 가구당 월평균 교육비의 지출이 가계 총지출에서 차지하는 비중이 6%나 되었다는 사실을 감안할 때, 소득공제의 혜택이 절실함을 알 수 있다.

(2) 재산세수(財産税收)

소득분배의 평등화와 관련하여 충분한 검토가 요구되는 것은 상속세 및 재산세에 관한 것이다. 현재 우리나라의 세수(稅收) 가운데 세수가 적은 세가 상속세와 재산세인데, 근로소득세의 고과세 경향에 비하여 이는 매우 바람직스럽지 못한 현상이며, 시급히 시정되어야 할 것으로 생각된다.

상속세 및 증여세가 총세수(總稅收)에서 차지하는 비중은 0.4%에 지나지 않아 그 세수상 중요성은 극히 미미한 형편에 있다. 선진국의 경우, 이 세목이 소득 및 부의 평등화에 있어 가장 기본적인 중요성을 가지는 것과 비교할 때, 우리나라에 있어 상속세의 세수가 이렇게도 낮다는 것은 결국 부 및 소득의 평등적 분배를 이룩할 뜻이 미약한 탓이라고밖에 해석할 수가 없다. 이 세수가 이토록 낮은 이유는 상속자산의 가액이 낮게 나타나 있다는 데 있는 듯하다. 1977년 20개의 복합기업의 총매출액이 GNP의 39%라는 사실만 상기하더라도 상속세 및 증여세수의 결함(缺陷)은 대규모 재벌의 상속재산의 위장분산, 탈루(脫漏) 및 세무행정의 불합리성 등에 원인이 있는 것으로 보인다. 이에 대한 조속한 조사와 연구가 이루어져야 할 것이다.

상속세와 아울러 재산세제(財産稅制)에도 많은 문제가 있다. 현재 우리나라의 토지 과세는 지방세인 재산세, 취득세, 공한지세(空閑地稅) 및 국세인 양도소득세가 있으나 비현실적인 과표동결 효과, 세수행정의 불합리성 등으로 인하여 토지의 안정적인 공급이 실현되지 못하고 있다. 토지에 대한 투기를 억제하고 토지 이용의 효율성을 향상시키기 위해서는 기업의 비업무용 토지 소유를 억제하는 제반 구조가 취해져야 할 것이고, 토지 과세의 과세표준액을 시가주의(時價主義)에 입각하여 현실화하여야 한다. 또 도시계획, 공공투자 및 용도변경 등에서 발생되는 개발수익이 특정 토지소유자들에게 불로소득으로 사유화하지 않도록 대만의 경우와 같은 토지증가세 제도의 도입이 검토되어야 한다.

(3) 조세 감면제도의 개선방향

1977년도의 내국세 감면액을 보면 총 4,537억 원에 달하는 규모로서 이것은 동년의 총 내국세 징수액 1조 6,752억 원의 27%에 이르는 금액이다. 감면내역 가운데 특히 외화획득사업 목적에 대한 감면액(약 55%)이 높은 것은 물론 수출산업의 육성에 주력한 결과이다. 또한 관세 감면액도 4,145억 원으로 총 관세징수액 3,859억 원을 웃돌고 있다. 관세감면액 내역 가운데 역시 수출목적에 의한 감면액이 가장 크게 나타나고 있다. 따라서 내국세 및 국세의 감면액을 실제 징수액과 대비해 보면 감면액 총규모는 8,682억 원으로 징수액 2조 611억원의 무려 42%에 달하고 있다. 이같이 막대한 규모의 세수 결함은 개인 소득세에 대한 부담을 증대시켜 소득재분배에 악영향을 끼치고 있다.

공평부담에 의한 소득재분배 기능을 강화하고 1980년대의 사회개발 투자 재원을 마련하기 위해서는, 첫째 감면혜택에 편승한 부실기업을 정리하여 국제경쟁력을 제고하며, 둘째 각종 감면대상 산업에 대한 우선순위를 재검토하고 총량적인 범위도 재조정하여 그 감면의 범위를 대폭 축소하여야 할 것이며, 셋째 감면 방법도 원칙적으로 직접감면에서 준비금 제도나 특별상각(特別償却) 등 간접감면 방법으로 전환하고 일시적으로 일어나는 지원의 필요에 대해서는 보조금 지출 정책에 의하여 수행되어야 할 것이다.

감면대상의 우선순위 검토에 있어서는 과거의 수출지원 편중에서 탈피하여 중공업 지원 강화로 개편하되, 그 지원 분야는 기업재무구조의 견실화(堅實化)를 위한 내부저축 장려, 기술개발, 산업합리화, '에너지' 절약 등으로 추진되어야 할 것이다.

일본이 경험한 조세지원체제의 역사적 변천이 우리에게 적절한 교훈이 된다고 생각된다. 일본은 1970년대에 있어서 저축에 대한 세제상의 장려가 49%, 수출은 20%에 그쳤다. 1975년에 접어들어서는 수출에 대한 장려는 완전히 종결되고 그 대신 기술개발에 대한 지원(20%)이 저축장려(계속 49%)를 뒤따랐다. 돌이켜 보건대 오히려 이러한 조세지원의 체제가 장기적으로 일본의 수출경쟁력을 제고(提高)한 것 같이 보인다. 우리는 1975년에 들어와서도 수출에 대한 조세지원이 전체의 무려 58%를 차지하였다.

일본과 비교하여 우리의 조세지원정책에 있어서 또 다른 취약점으로는 우리가 일본보다 물가상승률이 높음에도 불구하고 감가상각율이 낮아 상대적으로 자본잠식이 커지는 가능성이다. 이 점을 개선하기 위해서는 감가상각율의 상향조정이 요구되는 것이다. 결론적으로, 기업의 체질강화를 위해 기업의 내부유보를 확충시키고 새로운 기술을 계속 혁신할 수 있도록 하는 조세감면제도의 개편이 절실히 요청된다.

2) 재정지출과 소득분배

(1) 부의 소득세제 도입의 검토

경제발전의 부산물로 나타나는 극빈층에 대한 생활안정 대책과 사회불안을 조성하는 소득격차 현상을 완화시키려는 조처로서 재정지출 면에서 갖가지 형태의 사회보장제도가 구상될 수 있다(예를 들어, 사회보장세의 시행 등). 그러나 사회보장제도란 제9장에서 설명하는 바와 같이 극히 복잡하고 비효율적인 면이 많고 오히려 경제발전을 저해할 뿐 아니라 그것이 표방하고 있는 소득분배의 형평마저 저해하고 있는 실정에 있다는 점을 감안하여, 최근 미국을 비롯한 선진국에서 관심의 대상이 되고 있는 '부(負)의 소득세(Negative Income Tax)'의 도입을 신중히 검토할 필요가 있다고 생각된다.

부(負)의 소득세란 면세수준 이하의 소득계층에게 빈곤의 정도에 따라 비례적으로 보조금을 지급함으로써 실질적인 사회보장 혜택을 주려는 것이다. 예컨대 최저기준 소득을 5만원, 법정세율을 50%로 하는 부(負)의 소득세제는 5만원 이하의 소득자에게 그 부족액의 50%에 해당하는 부(負)의 소득세, 즉 보조금을 지급하는 것이다.

이와 같은 부의 소득세제는 사회보장제도가 기본적으로 극빈층에 집중되어 중간빈곤층에 재정부담이 전가된다는 결점을 지니고 있으나 복잡한 행정체계를 수반하는 여러 가지 형태의 사회보장제도를 통일화시킴으로써 사회보장제도가 갖는 관료적 성격을 배제시키려는 취지에서 시도된 것이다. 우리나라에서는 이의 실시가 시기상조일지도 모르나 사회보장제도의 비효율에 시달리고 있는 선진국이 이 제도의 채택을 고려하기 시작하고 있다는 점을 감안하여, 지금부터 그 현실성 여부를 검토하는 것이 바람직하다. 부의 소득세제는 다른 무엇보다도 다음과 같은 장점을 지니고 있는 것으로 판명되고 있다. 첫째, 보조금이 빈곤자 혹은 그 가족에게 직접적으로 제공되므로 실질적인 빈곤구제책으로 유효한 수단이다. 둘째, 더욱 빈곤한 자에게 더 많은 보조금이 지급되는 등의 합리성을 지닌 정책수단이다. 셋째, 현금으로 혜택을 줌으로써 수혜자가 필요한 지출항목에 대한 선호에 따라 보조금을 배분할 수 있으므로 수혜자의 이익을 극대화한다. 넷째, 보조금 지급의 한계점인 최저기준소득을 조절하여 수혜자의 폭을 보다 확대하거나 소득을 보다 세분하여 계층화하고, 단계적 한계세율을 적용함으로써 보조금의 배분에 대해 효과적인 조절을 가하는 탄력성이 있다.

(2) 재정지출과 소득재분배

선후진국을 막론하고 최근 재정지출의 규모는 확대되어 가고 있다. 왜냐하면, 일반적으로 선진국은 고소득을 바탕으로 하여 복지국가를 지향하고 있으며 후진국은 급속한 경제성장과 산업근대화를 추진하고 있는데, 이러한 과정에서 정책수행을 위한 경비는 증대할 수밖에 없기 때문이다. 우리나라도 예외는 아니다. 수출주도형 고도성장정책의 강행은 자연히 정부의 역할을 크게 만들었으며 따라서 재정지출은 확대될 수밖에 없었던 것이다.

우리나라의 재정지출 규모는 1977년 현재 3조 3,000억원이었다. 이는 GNP의 약 20% 수준이었는데, KDI의 보고에 의하면, 1991년에는 이 비율이 24.4%로 증대할 것이라고 한다. 그런데 1977년에 있어서 기능별 재정지출의 대(對) GNP비율을 살펴보면 일반 행정비 3.8%, 국방비 6.2%, 사회보장관계비 1.4%, 교육비 3.2%, 경제사업비 3.9% 및 기타 0.0%로 구성되어 있다.

이 중 사회보장관계비는 구체적으로 사회보장 및 복지, 주택 및 사회개발, 기타 지역사회사업 등에 의해 쓰이는 비용을 말하는데, 몇몇 선진국과 비교할 때(1974년 현재 미국 9.2%, 영국 14.9%) 그 비율이 대조적으로 미미하다. 우리나라도 최근 사회보장관계비가 계속 증가하고 있긴 하나 이의 급속한 확장은 경제발전으로 야기된 여러 가지 사회문제 해결을 위해서도 필연적인 것이라고 생각된다.

그러나 소득분배와 관련해서 필자가 특히 강조하고 싶은 것은 교육비에 대한 지출이다. 불변시장가격으로 따질 때 교육이 GNP에서 차지하는 비중은 1962년의 3.8%에서 1977년의 2.1%로 떨어지고 있다. 이는 정부나 일반국민이 상대적으로 교육에 대한 투자, 특히 공적 투자에 소홀해 왔음을 보여주는 증거이다.

　　교육은 백년지대계(百年之大計)라 하여 예부터 이를 중요시했지만 우리나라 국민은 거의 대부분이 교육을 인생에 있어서 하나의 발판으로 생각해 왔고 또 현재도 이에 대한 인식은 거의 절대적이라고 할 수 있어서 다른 어떤 사회 보장제도보다도 교육을 훨씬 갈망한다고 여겨진다. 보다 훌륭한 의무교육, 중고등교육의 내실화, 그리고 대학교육의 광범위한 보급 등을 위해 정부는 노력해야 하고, 특히 국민의 창의성을 장기적으로 키워줄 수 있는 교육풍토를 조성하기 위해 온 힘을 기울여야 할 것이다.

　　교육은 중요한 생산요소인 노동을 키워주는 역할을 하지만 그보다 더 중요한 것은 미래소득의 재분배를 해주는 것이다. 그러나 교육의 투자효과는 단시일에 나타나지 않으므로 민간들은 이에 기꺼이 투자하려 들지 않을 것이므로 이 분야에의 정부의 건설적인 개입은 소득재분배를 위해 절실히 필요하다고 믿어진다.

4. 소득분배의 균형화를 위한 정책방향 ―요약―

　　1. 우리나라의 경제정책은 지금까지 선성장 후분배의 개념에 따라 추진되어 왔다. 그러나 후진국의 발전과정에 있어서는 소득분배의 불평등은 선진국의 발전과정에 있어서보다 더 급속하고 충격적으로 나타난다. 우리나라에 있어서도 소득분배의 형평화를 위한 노력은 더이상 천연(遷延)할 수 없는 지경에 달한 것으로 생각된다.

　　2. 흔히 경제성장이 있으면 자연히 소득의 분배는 평등화된다고 생각하는 사람도 있으나, 결코 그런 것이 아니다. 소득의 평등적 분배를 위한 정부와 국민의 꾸준한 노력이 있어야 비로소 어느 정도의 성

과가 거두어질 수가 있는 것이다.

3. 한국의 소득분배의 현황에 대하여는 자료의 미비 및 연구의 불충분으로 확실한 것을 알 수 없다. 흔히 외국의 기관이나 학자들은 매우 불완전한 자료에 입각한 통계적 분석을 통하여 한국의 소득분배는 비교적 평등하다는 결론을 얻고 있으나, 이 결론에는 신빙성이 희박하다. 오히려 한국의 소득과 부의 분배는 불평등의 길을 치닫고 있다고 보는 것이 진실에 가깝지 않을까 생각한다.

4. 한국의 소득분배를 불평등하게 만드는 가장 큰 원인은 인플레, 불균형 성장정책, 대기업과 수출기업에 대한 편중대출, 저이자율 등이라고 볼 수 있다. 이러한 요인들은 모두 가계부문보다는 기업부문에게 유리하게, 그리고 영세기업보다는 대기업에게 유리하게 소득을 재분배해 왔다. 따라서 앞으로 우선 소득분배를 평등화 하기 위해서는 인플레를 수속(收束)하고 대기업보다는 중소영세기업에 대한 대출을 늘리도록 하는 것이 바람직하다.

5. 우리나라의 조세제도 및 그 운영방식도 소득분배의 불평등이 조장되는 방향으로 운영되어 왔다. 우선 조세면으로 본다면, 역진적인 면이 두드러진다. 특히 간접세 체계는 역진적이다. 종합소득세의 전면 재검토가 바람직하다(본문 참조). 재산세수(財産稅收)는 너무 미약하여 이것도 뚜렷한 역진성을 보이고 있다. 상속세, 증여세 및 재산세 등을 강화할 필요가 있다.

6. 조세감면의 폭이 너무 광범하다. 수출 및 외화획득사업 등을 위한 조세감면의 축소가 바람직하다.

7. 부의 소득세 제도를 신중히 검토해 봄직하다.

8. 우리나라에 있어서는 정부의 지출면에 있어서도 저소득층을 위한 것은 적다. 앞으로 저소득계층에 혜택이 더 많이 가도록 지출구조

를 개선하여야 한다. 특히 중요한 것이 교육에 대한 투자를 확대하는 것이며, 제9장에서 논하려고 하는 기본방향 하에서의 복지정책을 수행하기 위한 지출을 상대적으로 증가시켜야 한다.

제7장 금융운영 및 금융제도 개선에 관한 정책

1. 금융 및 금융제도의 추이

금융은 자금의 융통을 의미하며, 금융시장·금융기관·금융통화당국 등은 모두 자금순환을 원활하게 할 목적으로 만든 제도이다. 이러한 제도가 그 기능을 제대로 발휘해서 자금이 여유 있는 경제주체로부터 이를 필요로 하는 경제주체로 순조롭게 융통될 수 있을 때 비로소 자본주의적 경제발전은 자생적 성장궤도에 오르게 된다.

우리나라는 금융부문의 발전이 실물부문의 발전에 훨씬 뒤지고 있으며 금융제도는 구조적인 결함 때문에 그 기능이 크게 제약되고 있다는 것이 일반적인 견해이다. 즉, 화폐 및 그 밖의 금융자산의 축적이 국민총생산에서 차지하는 비중을 나타내 주는 금융연관비율이 60년대 초기의 일본의 경우만도 못한 실정일 뿐 아니라 금융부문은 민간이 선호하는 금융자산을 공급함으로써 민간의 저축을 유도 동원하지 못하고 있고, 대출면에 있어서도 금융기관과 대부분의 자금수요자와의 관계는 거의 차단되고 있는 것이다.

이러한 금융제도의 문제점의 원인은 어디에 있는가? 우선 현대적인 의미에서의 금융제도를 가져온 역사가 일천한 탓도 있겠으나 무엇보다도 중요한 원인은 정부주도하의 고도성장정책에서 찾아 볼 수 있다.

1962년 제1차 경제개발계획이 착수된 이래 정부는 경제의 모든 부문에서 주도적인 역할을 해 왔다. 특히 고도성장에 필요한 투자수요를 민간의 금융저축으로 충당할 수가 없었으므로 해외로부터의 자본도입과 통화증발에 의한 인플레이션적 내자조달의 수단으로 충당하지 않을 수 없었다. 이와 같은 수단으로 국내외 저축은 정부계획상의 우선부문에 배정되었고, 또 많은 경우에 정부는 특정 기업을 지정하여 그 투자를 수행하게 되었다. 물론 조달된 국내외 저축은 시장기구에 맡겨 배정될 수도 있었겠지만, 개발계획은 꼭 그것을 실현하여야 한다는 기본입장을 견지한 정부는 직접배정 방식을 택하였던 것이다. 이것은 즉 국내여신에 있어서는 신용할당 방식의 채택을 의미하며, 할당은 개발계획의 투자재원 배분기준에 따라 이루어졌다. 신용할당은 초과수요 때문에 이루어지는 것이며, 초과수요는 이자율이 균형수준보다 낮게 책정되었기 때문에 발생하는 것이다. 즉, 정부는 투자재원을 배분하는 데 있어서 1965년 이후의 몇 해를 제외하고는 줄곧 저이자율 정책을 고수하였다. 이는 투자주체의 금리부담을 덜어주기 위한 것이었으나, 낮은 대출금리는 은행경영상 낮은 예금금리를 필요케 하였고, 낮은 예금금리는 금융자산 보유와 저축을 저해하여 금융기관은 충분한 자금을 조달할 수 없었다. 금융기관을 통한 내자동원이 어렵게 됨에 따라 통화량 증발에 의한 자금공급은 계속될 수밖에 없었고, 이는 다시 인플레이션을 유발하여 실질금리의 저하를 초래하였으며, 따라서 금융자산 소유는 더욱 감소되는 악순환의 연속을 가져다 주었다.

한편, 고도성장을 위한 과다한 통화공급과 금융시장의 마비는 무엇보다도 안정을 위한 통화신용정책의 효과를 제약하게 되어 아무리 경제의 안정이 문제가 되어도 정책당국은 간접적인 수단에 의하여 유동성을 조절할 길이 없었으며, 성장을 희생하면서 안정을 도모할 수 있을 만큼 강력한 금융긴축을 감행할 수도 없었다.

한국의 일반은행은 정부에 의하여 소유되고 지배되어 왔다. 금융기관의 자율성을 허용한다면 저금리 하에서 신용할당의 권한은 금융기관이 갖게 되는데, 이는 강력한 중앙집권적 성장정책을 추진하는 데 방해가 될 것이기 때문이었다. 그러나 금융기관의 공기업화는 자율적이고 창의적인 경영을 어렵게 하였으며, 더구나 정부에 의한 자의적인 신용할당은 여러 가지 부조리의 소지를 배태(胚胎)하게 하였다.

이와 같이 정부주도하의 경제운영의 방식에 따라 금융기관은 점차 정부의 자금을 배급하는 창구로 전락하였으며, 상업은행은 모두 점점 개발은행의 역할을 수행하는 것으로 업무의 내용이 바뀌었다. 이 경향은 70년대에 접어들면서 중화학공업이 크게 추진되며 소요자금이 격증함에 따라 더욱 더 현저해졌다.

관청에 의하여 자금이 배정되는 제도 하에서는 자금배정에 있어 조정역할을 담당하는 이자율의 역할은 없어지게 된다. 따라서 이자율은 언제나 기업의 금리부담이라는 측면에서 그 고저가 평가되게 된다는 것은 당연한 이치이다. 이것이 당연하다면 정부의 지정 하에서 정책사업을 추진하기 위하여 편중대출을 받고 있는 대기업의 금리부담을 경감시켜 주기 위해서라도 실질이자율을 낮게 유지하게 되는 것 또한 당연한 이치이다. 1965년에 이자율의 인상이 있은 후 점차로 인하되어 인플레 하에서 실질이자율이 낮게 유지된 것은 우연한 일이 아닐 것이다. 이와 같은 금융의 운영방식이 금융 중개기관으로서의 은행 및 기타의 금융제도의 순조로운 자생적 발전을 저해하는 원인이 된다는 것은 월등한 상상력이 없이도 능히 짐작할 수 있는 일이다. 정부에 의한 투자사업의 추진 및 신용할당이란 성장도식의 금융적 표현이 곧 금융기관의 위축이라 하겠다.

혹자는 여기에서 두 가지 질문을 던질 것이다. 첫째, 위에서 본 바와 같은 금융기관의 관영은 지난날의 경제성장을 과연 크게 제약하였는가? 1960년대와 1970년대의 고도성장을 보면 금융산업의 낙후에 의하여 영향받은 것이 크다고 할 수 없지 않겠는가? 둘째, 금융산업의 체질이 개선되지 않는다면 앞으로의 경제성장은 어떤 영향을 받을 것인가?

첫째의 물음, 즉 지난날의 성장은 얼마만큼 금융에 의하여 제약을 받았는가에 대한 대답은 다음과 같다. 즉, 외연적 성장의 초기에 있어서는 우리 경제의 산업구조는 극히 간단하고 투자대상도 명확하였고 그 규모도 적었었다. 외연적 성장시대에 가장 효험이 빠른 성장방식은 국내의 금융저축의 증대와 내자동원을 통한 투자보다도 외자도입을 통한 성장이었기 때문에 금융에 대한 관의 통제의 비효율이 비교적 적게 나타날 수 있었다. 둘째, 외연적 성장의 초기에 있어서는 오늘에 비하여 금융에 대한 정부의 지배가 그 폭과 심도에 있어 비교적 유연하였고, 1964년의 환율인상, 1965년의 금리인상 등의 조처가 보여주듯이 비교적 시장원리를 존중하는 방향으로 정책의 기조가 추진되었기 때문에 금융의 관영이 자아내는 비효율이 비교적 적었다고 볼 수 있다.[7]

둘째의 질문에 대한 대답은 다음과 같다. 금융기관에 대한 정부의 지배 및 금융의 관영이 계속된다면, 앞으로는 이것이 내연적 발전에 대한 커다란 장애요인으로 될 것이다. 이것은 작금에 나타나고 있는 여러 가지 현상을 보아도 부연을 필요로 하지 않을 정도로 명백한 일이다. 이제 외연적 성장의 요인은 상당히 소진되었고 내연적 성장을

---

7) 1965년의 금리인상은 단순한 인상이 아니라 역금리제도를 채택한 것이었기 때문에 이 역금리로 말미암은 폐해는 대단히 컸다는 것은 지적되어야 한다.

뒷받침하기 위한 저축의 증대 및 투자효율의 향상은 지금까지의 금융 운영방식으로는 도저히 가망 없는 일이다. 한마디로 말해서 금융기관 이 현재와 같은 모양을 하고 있는 이상 저축과 투자가 공히 부진할 수밖에 없을 뿐 아니라 양자를 연결시켜 주는 기능이 제대로 수행되 지 못할 것이다. 위에서도 지적한 바와 같이, 우리나라의 금융관련 비율은 외국에 비해 현저히 낮을 뿐만 아니라 금융부문의 성장이 실 물부분의 성장에 상당히 뒤져 있다. 자본주의적 경제발전이 장기적으 로 순조로이 진행되어온 나라치고 금융부문의 발전이 우리나라처럼 뒤지고 있는 나라는 없다는 사실을 감안하면 금융제도의 정상화 없이 장기적 성장을 기대키는 어려워 보이며, 우리의 금융제도의 합리적 개편 및 그 운영방식의 전환은 매우 시급한 과제라고 하지 않을 수 없다.

이리하여 금융제도 개편에 관한 많은 의견과 방안이 제시되어 왔 다. 정부 당국에서도 심각하게 이 문제를 검토하고 있으며, 각 연구 기관들도 이에 대한 많은 연구결과를 내놓았다. 이들 연구 및 개편방 안은 대부분 금융의 자율화, 또 은행의 민영을 골자로 하는 것이며, 이에 부수(附隨)하여 이자율에 관한 정책방향, 은행의 조직, 기구 및 대형화를 위한 방안 등 다채로운 구상이 제시되어 왔다.

금융에 관한 전문가들이 이구동성으로 금융의 자율화 내지 정상화, 또는 은행의 민영화를 주장하고 있는 것과는 대조적으로 정부에 의한 금융의 지배는 근래 더욱 강화되는 추세를 보이고 있다. 정책금융의 폭은 오히려 확대되고 있다. 이러한 결과는 결국 정부의 금융개입의 다원화 및 보편화를 불가피하게 하였고, 근래에 와서는 정부의 각 부 처가 모두 은행대출의 권한을 확보하게 되었다. 이렇게 은행대출을 하지 않는 부처가 드물다는 기현상이 일반화됨에 따라, 중앙은행을 비롯한 모든 금융기관에 거의 절대적인 권위를 가지고 통화금융을 관장하는 재무부조차도 그 기능이 오히려 축소되는 상황에 놓이게 되었다.

상공부는 각종 산업투자, 수출지원 금융, 유통근대화 지원금융(그 밖에도 많음), 교통부는 관광진흥, 보사부는 의료시설지원, 항만청은 선박상환 지원, 노동청은 체불임금 해결 지원, 내무부는 취락구조 개선사업 지원, 수해복구사업 지원, 건설부는 공단조성 지원, 해외건설 지원, 농수산부는 영농자금 지원 등등, 일일이 열거(列擧)할 수 없을 정도로 다양한 지원금융이 이루어지고 있다. 그 밖에도 생필품생산 지원, 공해대책 지원, 산업합리화 지원, 중소기업 지원, 지방자치단체 지원, 저탄(貯炭)자금 지원, 석유수입자금 지원, 방위산업 지원 등 필요에 따라 언제나 금융에 개입할 수 있는 항목이 손쉽게 추가되는 것이 관례화 되었다. 심지어는 도산한 기업, 주인이 없는 기업에 대하여도 대출이 이루어지는 경우마저 있게 되었으니, 이것은 사실 금융이라기보다는 재정이라고 보아야 할 성질의 것이다. 우리나라의 금융은 부지불식간에 그 재정화의 경로를 밟고 있는 것이라 하겠다.

이와 같이 금융의 재정화 현상이 급속히 추진되고 있는 현실에서 금융의 자율화나 민영화가 이루어질 수 있다고 생각하는 것은 항상 탁상공론에 그칠 수밖에 없고, 이것이 그 다양한 제안과 연구의 한계효용을 항상 영(零)으로 만드는 이유가 되고 있다. 정부의 영향력이 민간경제 활동의 모든 분야에 미치고 있는 한, 정부가 금융부문에서만 쉽게 손을 뗄 수는 없을 것이다.

더구나 정부는 최근에 와서 더욱 수출산업, 중화학부문 및 방위산업의 육성에 박차를 가할 기본방향을 견지하고, 사회개발을 위해서도 의욕적인 투자를 계획하고 있다. 이 모든 것을 동시에 달성하고자 할 때에는 정부는 국내저축의 부족으로 인하여 발권력에 의한 내자동원을 계속 밀고 나가지 않을 수 없을 것이며, 자원배분의 수단인 신용할당권을 포기할 수는 없을 것이다.

2. 금융제도 개편의 방향

금융의 재정화(財政化) 경향을 막고 자본주의적 경제발전의 정상적인 도정(途程)에 오르기 위하여 금융제도의 개선에 관한 많은 논의가 있어왔다. 한국은행, 한국개발연구원, 경제과학심의회의 등의 기관에서 이 문제에 대하여 여러 번 많은 제안을 해왔다.

이처럼 많은 제안이 이루어져 왔음에도 불구하고 그 어느 하나도 채택되지 못하였다는 사실은 우리나라 금융제도의 개선이 얼마나 어렵게 되어 있는가를 웅변으로 말해주고 있는 것이다.

이 보고서의 여러 곳에서 지적하고 있는 바와 같이, 우리나라의 금융제도와 금융운영은 바로 실물경제에 관한 정책의 금융적 표현이므로, 전자에 수정이 이루어지지 않는 한 금융의 개혁이란 이루어질 수도 없고 또 이루어진다고 해도 별 소용이 없을 것이다. 따라서 진정한 의미에 있어서의 금융의 정상화가 이루어지기 위해서는 이 보고서에서 제시하는 신경제정책의 기본방향의 채택이 선행되어야 할 것이다. 수출목표 달성주의의 완화, 중화학공업정책의 수정을 포함하여 정부의 역할이 광범하게 전환되어야 하는 것이다. 여러 번 주장하는 것이지만, 우리 경제는 그 규모면에서 크게 성장하였고 구조면에서 고도화되어 정부는 경제의 모든 측면에 간여할 능력도 없으며, 간여한다고 해도 기대한 목적을 달성할 수 없으므로, 앞으로의 경제운영은 될 수 있는 한 시장기구에 맡기는 방향으로 방향타를 돌려야 할 것이다. 이럴 때에야 비로소 민간의 소유와 경영에 의한 금융기관을 생각할 수 있고, 금융의 정상화를 도모할 수 있을 것이다. 금융제도 개선에 관한 종래의 연구 결과는 거의 모든 금융부문은 실물경제의 발전에 영향을 미칠 뿐만 아니라 금융의 자유화는 실물자산 스톡의 배분의 효율화, 신규저축 플로우의 투자로의 효율적 배분 및 실물저축 자체를 촉진할 것이라는 이론에 입각하고 있는바, 여기에 일리는 있다. 즉, 실물부문에서의 목표 수정이 늦게 되면 금융제도만이라도 개편함으로써 실물부문의 발전에 영향을 미칠 수도 있기 때문이다.

그러나 무엇보다도 먼저 확실히 인식되어야 할 사항은 금융의 정상화란 장시간을 요하는 일이라는 사실이다. 금융산업이란 원료를 생산시설에 투입하면 당장에 제품이 나오는 제조업과 달라서 국민 대다수의 자산관리에 대한 태도의 변화 없이는 이루어질 수가 없는 것이며, 자산관리에 대한 관념은 일조일석에 바꾸어질 수 없는 것이다.

금융부문의 정상화란 곧 경제 전체의 정상화를 의미하는 것이다. 따라서 금융부문의 정상화는 우리가 이 보고서에서 제안하는 3년~5년이라는 조정기간 동안에 경제 전체의 체질개선을 이룩하기 위한 노력의 일환으로 일보일보 착실히 이루어져야 할 것이며, 쾌도난마(快刀亂麻)의 방법은 거의 절대로 없을 것이다.

1) 인플레의 수속

언제, 어디에 있어서나 인플레와 금융과는 수화상극(水火相剋)의 관계에 있다. 인플레가 활발하게 진행되고 있는 과정에서 금융산업이 확고하게 착근(着根)하는 법은 없는 것이다. 따라서 어떤 제도를 앞으로 어떻게 개편하든지 간에 금융산업의 육성을 위해서는 인플레의 수속이 하나의 절대적 필요조건이 된다.

인플레의 수속의 필요성이 이렇게 명백한데도 불구하고 인플레를 퇴치하는 방법은 쉽사리 발견되지 않는다는 것을 우리는 익히 보아왔고 선진국에 있어서도 대동소이한 사정에 있다. 인플레의 수속에 관하여는 이미 제4장에서 논의되었지만 여기서는 금융의 정상화에 관련하여 한 가지만 지적하고자 한다. 우리나라에서는 재정부문이나 해외부문에서 조출되는 인플레이션 요인을 금융부문이 상쇄(相殺)하는 역할을 수행할 것을 강요당해 왔다. 총 재정규모는 매우 빠른 속도로 팽창하여 인플레이션 요인으로 작용하여 왔고 근래에 와서는 해외부문에서 또 인플레이션 요인이 조출되었는데, 이들 인플레이션 요인을 금융부문, 특히 정책금융이 아닌 일반금융부문이 상쇄하는 방향으로 정책이 집행되어 일반 금융부문은 심한 긴축을 당할 수밖에 없는 처지가 되었다. 이렇게 되면 다른 부문에서 생긴 인플레이션 요인 때문에 금융부문은 위축될 수밖에 없는데, 앞으로는 이런 방식을 지양하고 오히려 금융 이외의 부문에서 긴축을 철저히 강화하여 금융부문에 대한 긴축은 상대적으로 완화하는 것이 인플레이션의 수속이나 금융부문의 발전에 이바지할 것으로 생각된다.

2) 이자율 정책

은행금리를 올려야 한다는 의견은 간헐적(間歇的)으로 항상 대두되는 의견이며 최근에 와서는 이것이 경제정책상의 하나의 큰 문제나 되는 듯 크게 훤전(喧傳)되고 있다. 인상론의 근거는 말할 나위도 없이 이것이 금융예금을 늘리고 또 투자의 효율을 높이는 바람직한 결과를 가지고 온다는 것이다. 모든 금리를 다 올리지 못할 경우에는 서민의 예금금리만이라도 인상해야 한다고 한다. 이 이론에는 물론 일리가 있다. 이에 대하여 인상 반대론자는 금리인상은 상당한 인상이 아닌 한 금융저축의 증가에 별 영향이 없을 것이며, 기업의 금리부담을 가중시키는 동시에 자본시장의 발전을 저해한다는 주장을 한다. 이 주장에도 일리가 있다.

요는 이와 같이 일리가 있는 주장이 되풀이 반복되어 주장되고 백가쟁명(百家爭鳴)으로 의견이 속출함에도 불구하고 금리는 요지부동이니, 이는 경제정책이 매우 신중한 탓인가? 아니면 어떤 다른 사유가 있는가?

우리나라의 공정금리가 매우 비신축적이 된 근본 이유는 금융정책이 신중해서라기보다는 이 이자율의 조정이라는 정책수단의 중요성이 그리 크지 않게 되어 있는 데 그 이유가 있다. 이는 분명히 하나의 역설적인 해석처럼 들릴지 모르지만, 사실 이유는 분명히 그런 것이다. 그러면 이것이 왜 이렇듯 중요한 것처럼 비등(沸騰)하는 논의의 대상이 되느냐 하면, 다른 모든 금융정책수단을 쓸 수 없게 되었으니 이것만이라도 조절해 보자는 궁여지책이 나올 수 있기 때문이다.

앞으로의 경제정책이 이 보고서에서 주장되고 있는 신경제정책의 기조를 채택할 경우, 금리는 당연히 신축성을 가져야 할 것이며, 그때가 되면 금리의 조정이 지금보다는 더 손쉽게 이루어질 수 있을 것이다. 또 그때가 되면 금리의 조정을 기획원이나 어떤 정부기관에서 할 것이 아니라 중앙은행과 금융통화운영위원회에서 하도록 해야 할 것이다.

금리자유화의 방안으로 기준금리제도의 도입이 고려될 수 있다. 이에 따르면, 정책당국은 기준금리를 설정하고 경제여건의 변화에 따라

이 금리를 조절한다. 이때의 기준금리는 상환기간 1년을 기준으로 한 예금은행 일반대출과 사채(社債)금리로서 불변가격 GNP성장률의 과 거 및 분기간의 가중평균치로 결정되는 실질이자율과 GNP 디플레이 터의 과거 및 분기간의 가중평균치로 결정되는 예상 물가상승률의 합과 일치하는 수준이 되어야 한다.

기준금리는 정책당국이 매 분기마다 자동적으로 조절하며, 금융기관은 기준금리 ± α%의 범위 내에서 대출기간, 신용도, 대출의 위험도 등을 고려하여 자율적으로 대출금리를 결정할 뿐 아니라 예금금리도 비슷한 방법으로 결정한다. 제2금융권과 사채시장의 금리도 기준금리를 중심으로 일정한 범위 내에서 시장의 수급에 따라 결정되도록 유도한다. 또한 정책당국은 금융시장의 자금사정에 따라 간접적인 정책수단에 의해 금융시장에 개입하여 금리의 안정을 도모하고 이자율 수준과 금리구조가 안정되면 금리를 완전히 자유화하는 것이 바람직하다.

3) 자금의 운용

다음으로 금융정상화를 위해서 조달된 자금이 어떻게 운영되어야 할 것인가의 문제가 있다.

우리나라는 소위 정책금융이 전 대출에서 차지하는 비중이 80%에 육박하고 있다. 따라서 이를 조속히 축소시키고 일반금융의 비중을 제고시키는 것이 요망되는데, 앞으로 모든 정책금융은 국민투자기금에 포함하여 단일창구를 통해 운영하는 것이 바람직한 것으로 생각된다. 수출지원, 금융지원을 포함한 단기운전자금도 기금에 통합하여 공급하자는 것인데, 기금의 재원조달을 위해서는 금융기관의 기금출

연율(基金出捐率)을 인상하고, 시장이자율에 맞추어 국민투자기금채권을 발행하여 일반에 공모하는 것이 좋을 것 같다. 국민투자기금 채권이자율과 기금에 의한 대출이자율 간의 이차(利差) 보상은 정부예산으로 충당하는 것이 바람직하다.

한편, 정부의 정책적인 지원을 필요로 하는 사업의 투자규모는 기금의 범위 내에서 결정토록 하고, 국내 외화자산의 운용도 이 기금에 포함시킨다.

일반금융은 정부의 간섭 없이 상업원칙에 따라 운영하며, 부동산담보방식을 지양하기 위하여 신용보증기금의 확대운영이 요청된다. 또 보증기금의 위험분산을 위하여 재보험공사나 보험회사 등의 재보험제도를 고려할 수 있으며, 신용대출의 확대를 위해 전문적인 신용조사기관을 금융기관 산하에 두거나 혹은 단자회사나 금융기관 공동출자에 의한 회사 등의 형식으로 설립할 수 있을 것이다.

4) 중앙은행과 시중은행

지금까지 논의된 인플레이션의 수속, 금리기능의 회복, 정책금융과 일반금융의 재조정 등을 성공적으로 달성하기 위해서는 제도적인 뒷받침이 필요하다.

먼저 고려할 것이 관계 입법의 재정비이다. 금융관계 입법은 금융의 여러 기본법들 이외에 각종의 임시법이나 특별조치법이 매우 잡다하여 기본법의 정신을 위축, 동결시키는 조항들이 포함되어 있다. 이러한 것들은 제정 당시의 특수한 상황에 대처하기 위한 것이었다고 그 명분을 인정할 수 있지만, 그간의 경제변동에 비추어 볼 때 그 당위성이나 유효성이 상실되었거나 앞으로의 금융정상화에 위배되는 것으로 판정되는 한 과감히 정리되어야 할 것이다. 보다 구체적으로 중앙은행과 시중은행의 정상화를 위해서는 어떤 제도적 뒷받침이 필요한가를 알아보자.

한국은행은 통화의 관리와 통화신용정책의 수립, 집행이라는 뚜렷한 목적하에 설립되었으나 1962년의 한은법 개정 이후 그 주요 기능의 대부분이 재무부로 이관되었고, 오늘날 한국은행은 재무부의 한 산하기관처럼 되어버렸다. 경제성장정책을 추진하기 위해서는 독립된 중앙은행의 존재는 정부로 볼 때 거추장스러운 것이었을 수도 있다. 그러나 중앙은행이 금융정책의 수립과 집행에 있어서 자율성을 보장받지 못한다면 중앙은행의 존재가치는 없어지는 것이다. 재무부와 한국은행의 관계는 어디까지나 분업과 협조를 통해 이루어져야 하며 지배와 종속의 상태에 머물러서는 안 된다.

중앙은행의 정상이라 할 수 있는 금융통화위원회는 재무부와의 긴밀한 협의 하에 금융정책 수립에 참여하고 집행부인 한국은행은 정책의 집행과 감독을 담당하여야 하는데, 금통위의 정책결정에 있어서의 역할은 현재와 같은 사후적인 동의로부터 적극적인 참여로 개선되어야 할 것이다.

금통위의 강화를 위해서는 다음 두 가지 개편이 필요하다. 첫째로, 금통위의 장은 한국은행 총재가 겸하며, 재무부 차관이 재무부를 대표하는 당연직 위원으로 된다. 다만 재무부장관은 계속해서 금통위의 의결사항에 대해 재심 요구권을 행사할 수 있다. 둘째로, 정부투자기관, 예산회계 범위 내에서 한국은행을 제외시킴으로써 예산면의 독립성을 유지케 해 준다.

중앙은행의 독립성이 최소한도로도 보장되지 못한 상태에서는 인플레이션의 수속, 금리기능의 정상화나 정책금융과 일반금융의 재조정 등을 기대하는 것은 나무에 올라가서 물고기를 구하는 것과 별로 다를 것이 없다는 것을 누구나 다 쉽게 이해할 수 있을 것이다.

한편, 금융 중개기능의 효율성을 제고시키기 위해서 5개 시중은행과 일부 특수은행(외환은행, 중소기업은행, 국민은행)은 장기적으로는 민영화시켜야 한다. 민영화를 이룩할 수 있는 방안은 여러 가지가 있다 하겠으나 그 가운데서 비교적 설득력이 있어 보이는 방안 중의 하나로 지주(持株)회사의 설립을 통한 방법을 고려해 봄직하다. 이 방법에 의한 민영화를 위한 단계로는 (ⅰ) 정부기업으로 금융지주회사를 설립하여 5개 시중은행과 3개 특수은행의 주식소유, 관리 및 경영참여, 전산업무, 신용조사 등을 담당토록 한다. (ⅱ) 금융기관에 대한 임시조치법을 철폐한다. (ⅲ) 인사, 예산, 대출자금 운용 등에 대해 정부는 지주회사를 통한 경영참여에 그칠 뿐, 직접간여를 배제한다. (ⅳ) 정부소유 지주회사는 각 은행주식의 극히 일부, 예를 들면 10~15%를 제외한 모든 주식을 민간에게 처분한다. (ⅴ) 그러나 특정 개인 또는 단체의 주식소유 상한선을 낮게, 예를 들면, 10~15%로 설정하여, 민간과 정부지주회사를 중심으로 한 안전경영권을 확보한다. (ⅵ) 최종단계로 지주회사를 민영화하거나 발전적으로 해체시킨다.

그러나 지주회사의 설립을 통한 민영화의 방안에도 문제는 있을 것이니, 지주회사의 운영을 맡은 관리나 민간인들이 과연 금융의 정상화를 위한 노력을 추진할 수 있는 의욕과 식견을 갖춘 인사가 될 것인지, 자칫하면 또 하나의 거추장스러운 제도적 장치를 마련하는 데 지나지 않게 될지의 의문도 생기지 않을 수 없다.

요는 금융의 정상화를 위하여 필요한 것은 어떤 제도적 개선이라기보다는 정부의 산업정책, 성장정책, 투자정책 등 기본적인 정책방향의 전환이 아닌가 생각한다. 정부가 만약 앞으로 정책금융의 폭을 대폭 축소함으로써 금융의 재정화를 막는다면 이는 곧 금융에 대한 인사, 예산 및 경영에 대한 간여를 없게 한다는 것과 통하는 것이다. 따라서 금융의 정상화는 사실 이것을 할 의사가 정부에 있느냐 없느냐에 있는 것이지 민영화 자체에 있는 것이 아닐지도 모른다.

이와 같은 점을 감안하여 볼 때, 경제체질 개선을 위한 조정기간 동안에 시은(市銀)을 민영화하는 방침에는 원칙적으로 찬성한다. 그러나 이에 앞서 우리 경제 전체를 정상화하고 경제체질을 강화하기 위한 많은 조처를 취하면서 단계적으로 정책금융의 폭을 축소하고 현재의 제도의 테두리 속에서 금융기관의 자율적 운영을 훨씬 강화하도록 하는 것이 급선무가 아닌가 한다. 그리하여 민영화에 따른 여러 가지 부작용의 소지를 사전에 면밀히 파악하여 이에 대한 만전의 대비를 마련한 후에 궁극적으로 민영화해야 하지 않을까 생각한다.

금융의 정상화를 위하여 취할 수 있는 또 하나의 방향은 현재의 은행에 대한 정부의 간여폭을 단계적으로 축소하는 동시에 수 개의 민간은행을 설립하는 방법이다. 여기에는 물론 금융산업에 대한 재벌기업의 지배를 배제할 수 있는 장치가 필요하다. 이러한 민영은행이 설립되어 그 자율적 경영이 이루어질 경우, 이들 은행은 현재의 관영은행보다 효율이 높을 것이며, 이것은 장기적으로 자연히 기존은행의 효율을 촉진시킬 것이고 금융산업의 발전에 도움이 될 것이다.

5) 제2금융권

제2금융권은 단기금융회사(단자회사), 보험회사, 신탁회사, 종합금융회사, 자본시장 등으로 구성되는바 여기서는 주로 단기금융회사와 자본시장에 대해서만 언급키로 한다.

단기금융회사는 그간 자체 어음발행, 기업어음할인과 매매 등 주로 기업을 상대로 한 단기금융 업무를 중심으로 급속한 성장을 이루어 왔다. 일반은행이 정상화되지 못하고 정책금융 배급창구로 전락된 상태에서 단기금융회사는 오히려 진정한 의미의 금융업을 담당해 왔다고도 볼 수 있다. 따라서 제1금융권의 금융정상화가 본궤도에 오르기 전까지는 이들 단기금융회사만이라도 본연의 금융 업무에 충실할 수 있도록 이자율 결정에 신축성을 부여하여 일정한 폭 안에서 시세에 따라 자유로이 움직일 수 있게 해주고, 신용대출 기능을 강화하며, 기업의 신용등급에 따른 어음할인율 차등제의 도입도 고려해야 한다. 어떤 의미에서 이러한 조처들은 제1 금융권의 정상화를 위한 시험용으로 생각될 수도 있는 것이다. 자본시장은 잠재적 장기자본 동원능력의 중요성에 비추어 볼 때 금융정상화에 관한 논의에서 자연 커다란 비중을 차지할 수밖에 없다.

그런데 현재 자본시장에 만연되어 있는 지배적 무드를 간략하게 살펴보면, 첫째로 세계경제가 콘트라티에프류의 대(大)경기파동상의 하강국면에 처해 있어서 앞으로 저성장, 고물가가 2000년대까지 계속될 가능성이 있으며, 보호주의가 범세계적으로 짙어가고 있다. 둘째로 국내경제도 세계경제와 같은 파동을 타고 움직이면서 특히 에너지 등 자원의 고가 시대에 처해 있기 때문에, 조급하게 서두른 중화학공업에의 전환정책 등으로 수출부진, 국내 물가고(國內 物價高)가 앞으로 장기화될 우려가 있다. 셋째로 이에 대처하여 긴축정책이 여러 가지 곡절을 가질 것이지만, 그 기조만은 계속될 것이다. 따라서 많은 투자가들에게는 이 시장이 '악재' 투성이로 보일지도 모른다.

이와 같은 전망의 지배 하에서 지난 상당 기간에 걸쳐 증권시세는 크게 폭락해 왔으며, 액면가를 밑도는 주식들이 총상장주(總上場株)의

1/3을 넘어서고 있는 실정에 있고, 앞으로의 시황도 암울할 뿐이다. 따라서 고조되고 있는 불확실성 속에서 회사채 발행이 상대적으로 활기를 띠게 될 것으로 전망되는데 증권시장의 불황 타개를 위해서는 어떤 정책이 필요할 것인가?

1960년대에 정부가 취한 될 대로 되라는 식의 태도는 이 시장의 장래를 위해서 아무런 도움도 주지 못할 것이다. 현재 투자신탁과 연금기금의 애로를 덜어주기 위하여 구제책이 마련되고 있으나 이를 더 강화해야 할 것으로 보이며, 증권회사들의 도산방지를 위하여 안정기금의 설립이 시급한 것으로 생각된다. 왜냐하면, 첫째 자본시장은 장기적으로 국민경제가 필요로 하는 설비자금의 안정된 공급경로로서 육성해야 한다는 명제가 있고, 둘째로는 증권시장의 투자자 중에는 정년퇴직자나 별도의 소득원천이 없는 소규모 자금의 생활자 등 어떤 의미에서는 사회보장을 필요로 하는 선의의 투자자들이 많다고 알려진 만큼 이들을 구해야 한다는 사회후생적 관점이 있을 수도 있기 때문이다.

이러한 주식시장의 불황기에도 회사채 발행이 비교적 성황을 이루고 있는 것은, 수요측면에서 볼 때, 불황기에는 위험이 큰 수익보다 안정성을 택하여 일반국민은 물론 기관투자가들이 확정이자채(確定利子債)를 선호하게 되어 있기 때문이며, 공급측면에서 보아도 주식발행이 어렵고 은행금융의 긴축 때문에 채권발행의 필요는 클 수밖에 없다.

이러한 회사채발행을 원활케 하기위해서는, 첫째로 이자제한을 자유화하고, 둘째로 할인발행도 가능케 하고, 셋째로 투자자의 시간선호를 감안하여 3년 만기로 고정시키지 말고 1년 만기의 채권발행도 허용하며, 끝으로 채권의 유동성을 높이기 위하여 일정시한 후의 환매 조건부 발행제를 확대시키는 등의 개선이 필요하다.

6) 금융의 경기조절 기능

끝으로 금융당국이 통화신용을 조절함으로써 경기를 조절하고자 할 때 쓰이는 정책수단과 그 운영의 개선점에 대해 살펴보기로 하자.

정책당국은 직접적인 통화공급 조절을 위해서 높은 지준율(支準率)을 유지하고 있으나, 예금은행의 중앙은행 차입(借入)을 고려한다면 실효 지준율은 낮은 수준에 있으며 또 통화공급 조절의 효과도 약화되어 있다고밖에 볼 수 없다. 앞으로의 지준율 운영 방향은 근본적으로 예금은행의 수익성과 타 금융기관과의 경쟁성 유지를 위해 조절되어야 하며, 장기저축성 예금에 대한 상대적으로 낮은 지준율의 적용 및 금융기관간의 차등화 등 지준율의 세분화를 기하는 것이 바람직하다. 또한 정책수단의 다양화를 위해 한계지준율의 이용은 계속되어야 하며, 재정증권이나 금융채 등 단기금융자산의 다양화에 따라 통화안정 계정을 폐지하는 한편 예금은행의 제2차적 지불준비 제도(secondary reserves)를 고려해야 한다.

공개시장조작 정책은 통화신용정책의 기본수단으로 활용하는 것이 바람직하지만 이에 앞서 금리의 자유화와 대상 증권의 확대가 선행되어야 한다. 또한, 통화안정증권의 발행규모는 점차적으로 축소하되 정부의 단기재정증권으로 대치하고, 시장에서 자동적으로 소화할 수 있는 실세(實勢)할인율의 적용과 일반공모의 확대가 수반되어야 한다. 이러한 조치는 일반의 정부단기증권 소유를 초래하여, 금융기관의 제2차적 지불준비와 결합되면 공개시장조작의 선행조건을 만들어 줄 수도 있을 것이다.

그러나 통화신용정책에 기대를 걸기 위해서는 무엇보다도 중앙은행 창구를 통한 정책금융, 특히 수출금융의 축소가 선행되어야 한다. 정책금융은 반(反) 경기조절적 성격을 갖고 있는데 우리나라에서는 이의 비중이 매우 높아서 단속적으로 시도되었던 안정을 위한 통화신용정책은 항상 실패로 끝났으며, 이러한 실패는 안정화 정책에 대한 기업의 저항력을 강화시키는 한편 국민의 정책불신을 조장하였다. 따라서 통화신용정책의 유효성 제고를 위해서는 무엇보다도 국내저축의 여력을 고려하지 않은 과거의 투자정책이 재검토되어 정책금융의 비중이 낮춰져야 하며, 둘째로는 이자율의 자유화에 의한 금융시장의 가격기구 기능 회복 및 금융기관의 자율적 운영이 선결되어야 할 것이다.

3. 신경제정책 하에서의 금융운영과 금융제도 — 요약 —

1. 우리나라의 금융산업은 크게 낙후되어 있으며, 앞으로 이 산업의 진흥이 이루어지지 않는다면 우리 경제의 내연적 성장을 이룩하기 위한 필수조건인 금융저축의 증대, 투자효율의 향상 등은 도저히 이루어지기 어렵다. 따라서 금융제도를 개선하고 그 운영방식을 개혁한다는 것은 우리나라의 경제정책의 당면한 하나의 큰 과제이다.

2. 금융산업이 이와 같이 낙후한 근본 이유는 정부의 산업정책, 수출정책, 성장정책 등에 있다. 따라서 이들 실물부문에 있어서의 정책이 개혁되지 않는 한 금융제도의 개선은 있을 수도 없고 있을 필요도 없다. 이 보고서에서 제시되고 있는 신경제정책의 기본방향이 채택되어야 할 것이다.

3. 금융의 정상화를 달성하기 위해서는 많은 시일과 노력이 소요될 것이다. 인플레를 수속하고 이자율의 기능을 살리게 하여야 한다.

4. 정책금융의 폭은 단계적으로 축소하여야 한다. 모든 정책금융의 자금은 국민투자기금에 통합하여 운영한다. 이에 필요한 제반 조치를 강구하는 것이 바람직하다.

5. 중앙은행과 금융통화위원회의 자율성은 절대 보장되어야 한다. 금리 및 금융에 관한 기타 정책의 수행은 중앙은행을 통하여 이루어져야 한다.

6. 민간은행은 궁극적으로는 민영화되어야 한다. 다만 민영화는 많은 부작용을 수반하는 것이므로 앞으로 경제조정기간 동안에 이들에 대하여 가능한 모든 대책을 강구한 연후에 실행에 옮겨야 한다. 민영화가 이루어지기 전에 은행의 자율운영의 폭을 확대하여야 한다. 새로운 민간은행을 몇 개 창설하는 안도 바람직하다.

7. 제2금융권에서 단자회사 등의 자율성을 보장하고 이자율의 결정 등에 신축성을 부여하여야 한다. 자본시장에 대하여는 불황을 타개할 수 있는 방안을 채택함이 바람직하다. 회사채 발행을 원활히 할 수 있도록 제반 조처를 강구하여야 한다.

8. 경기조절의 기능을 수행할 수 있게 하기 위하여 지준율운영(支準率運營)의 개선, 공개시장조작을 하기 위한 준비조치가 취해져야 한다. 무엇보다도 정책금융, 수출금융 등 반(反) 경기조절적 성격을 갖는 금융의 폭이 축소되어야 한다.

제8장 무역 및 국제수지에 관한 정책

1. 무역정책

한국의 경제는 제1차 5개년계획이 시작되는 1962년 이전에 있어서는 대외거래가 극히 미약하였다. 기본 모습은 이조 시대의 쇄국(鎖國), 일제시대의 대일예속(對日隸屬), 그리고 해방 이후의 대미의존(對美依存)의 테두리 속에서 실질적 쇄국의 형태를 벗어나지 못한 것이었다. 사실 당시의 우리나라의 경제는 가난한 자급자족형 농업국이었으며, 따라서 외국과 교역을 할 바탕도 거의 없었다. 1961년만 해도 우리나라의 수출은 겨우 4천만 달러 정도에 불과하였는데, 그 주종품목은 대부분 일차산품에 국한되고 있었다.

그러나 한국과 같은 부존자원이 빈약한 나라가 발전하기 위해서는 해외시장에 눈을 돌릴 수밖에 없고 따라서 국민경제의 활로의 타개를 수출에서 구하게 된다는 것은 거의 숙명적인 일이었다.

제1차 5개년계획 이후로 수출을 위주로 하는 성장정책이 채택된 것은 이 숙명적 체질을 그대로 인정한 것이었다. 앞으로도 한국경제의 발전은 대외관계의 진전 속에서 이루어져야 한다. 한국경제발전에 대한 수출의 중요성은 앞으로도 계속될 것이다.

1960년대에 있어서 수출의 확대는 곧 고용의 증대와 고도성장을 가져다 주었다. 저렴한 노임으로 고용되는 인력을 이용하는 거의 모든 경공업은 당장에 상당한 국제경쟁력을 지내게 되었고, 이에 따라 한국수출의 증가는 눈부신 바가 있었다.

수출량 목표달성을 비롯한 경제에 대한 관청의 간여폭의 확대가 배태(胚胎)하는 비능률과 모순은 60년대 후반부터 서서히 심어지기 시작하고는 있었으나, 그래도 60년대는 한국경제—뿐만 아니라 세계경제가 일반적으로 다 그랬지만—의 성장의 황금기였다.

70년대 후반서부터 우리나라 수출산업 전반에 걸쳐 경쟁력이 약화되기 시작하였다. 종래의 대종 수출산품이었던 섬유, 의류 및 기타 경공업제품의 경쟁력이 약화되기 시작하였다. 그 반면, 새로 수출산업으로 등장한 중화학공업은 부실상태에 놓여 있고 이들의 국제경쟁력은 아직도 매우 취약하다. 이대로 간다면 우리나라의 수출은 조만간 크게 둔화되지 않을 수 없을 것이며, 수출 주도의 성장도 지속되기가 어려울 것이다.

이와 같이 국제경쟁력이 약화된 이유는 무엇인가? 우선 종래의 수출산업이었던 경공업부문에서의 경쟁력의 약화 현상은 생산성의 증가를 상회하는 노임의 상승, 성급한 사양시(斜陽視)가 빚은 경공업에 대한 투자의 저조 및 해외에 있어서의 수입규제 등을 들 수 있다.

새로 수출산업으로 등장한 중화학공업의 국제경쟁력이 배양되지 못하고 있는 이유는 기술의 저위와 고급인력의 부족, 자금의 부족 및 중공업에 대한 기업의 인식의 부족 등을 들 수 있을 것이다. 그리고 육성업종의 선정, 기업의 지정, 생산품의 선택, 자금의 지원규모에 이르기까지 보편화되어 있는 정부의 간여가 빚은 비효율 등은 생산성의 향상을 원천적으로 가로막는 요소가 되고 있다. 이 모두가 수출산업으로서의 일부 중화학공업의 현황과 전망에 대한 근본적인 재검토의 필요성을 시사하고 있다.

1) 수출정책

이와 같이 국제경쟁력이 약화됨으로써 우리나라의 수출이 크게 애로를 겪고 있는 이유는 역시 경제발전에 있어서의 수출의 역할에 대한 이해 부족에 입각한 수출정책에 있다고 생각된다.

현재까지의 수출에 대한 정책이 입각하고 있는 기본방향을 요약하면 대략 다음과 같다. (1) 우리나라의 발전은 수출을 통하여 이루어진다. 따라서 수출목표의 달성은 모든 경제정책에 우선한다. (2) 수출의 증대를 위하여 모든 지원을 다 한다. 수출에 대한 금융지원은 여신한도를 초과하여도 무방하다. (3) 앞으로 우리나라의 수출은 중화학공업제품을 중심으로 이루어져야 한다. 중화학공업의 건설도 처음부터 수출을 겨냥하여 이루어져야 한다.

이상의 기본방향은 (3)을 제외하고는 외연적 성장단계에 있어서는 대체로 타당한 방향이었다고 할 수 있다. 그 당시에 있어서는 수출의 증대는 곧 고용의 증대와 소득의 증대를 수반하였다. 따라서 제1, 2차 5개년계획 기간을 통하여 수출목표의 달성을 경제정책의 기본으로 삼고 행정력으로 이것을 독려(督勵)하였던 것은 이론적으로나 현실적으로나 타당한 정책이었다.

그러나 외연적 성장의 종언(終焉)과 더불어 이 정책의 타당성은 급속히 퇴조한다. 제품이 고급화되어야 하고 소요 기술이 높아야 되는 내연적 성장 시대의 수출은 단순가공으로 많이 생산해서 싸게 팔더라도 억지로라도 수출목표를 달성하는 식의 전략으로는 도저히 제대로 되지 않는다. 이제는 제품의 값이 문제가 아니라 그 질이 문제가 되는 시대를 맞은 것이다.

이미 노동공급이 무제한으로 많은 시대는 지났다. 이제는 한국의 국제경쟁력의 바탕은 마땅히 비숙련노동의 저임에서 구할 것이 아니라 고수준의 기술과 고도의 생산성에서 구하여야 하는 것이다.

경제의 양상이 이와 같이 달라졌음에도 불구하고 우리나라의 수출정책은 행정적 독려를 통한 수출목표의 달성이라는 종래의 방식을 더욱 강화하고 있다. 이 정책이 국민경제에 대하여 어떤 영향을 미치느냐에 대하여는 성장에 대한 수출의 기여가 이제는 마이너스가 되고 있는 부분이 있다는 최근의 보도의 함축성을 음미하면 누구나 쉽사리 짐작할 수가 있다. 즉, 수출목표의 달성으로 말미암아 한국경제는 국민소득의 일부를 무상으로 아무런 보람도 없이 해외에 누출시키는 결과를 빚고 있다. 심지어 어떤 특정 수출품의 경우 그 수출품에 함유되어 있는 수입원자재의 가격보다도 더 낮은 가격으로 수출이 이루어지는 경우도 있다고 전문(傳聞)한다. 일부 기업은 수출액을 분식(粉飾)하기 위하여 사술을 쓰다가 법망에 걸리기도 했다.

이와 같은 형태는 수출로 말미암아 국민소득은 해외로 유출되었고, 기업은 그것을 보상받기 위하여 금융상의 혜택은 물론 그 수출목표의 달성을 지상시(至上視)하는 당국으로부터 여러 가지 양보를 얻는데 있어 대정부 교섭력을 강화하게 됨은 논리적으로 당연한 일일 것이다. 뿐만 아니라 전기(前記)와 같은 수출로 인한 손실은 항상 내수부문에 있어서의 가격인상으로 보전되어 국내 소비자에게 전가되는 동시에 국민경제의 안정기반을 교란하는 일인(一因)이 되었다.

최근에 와서는 인플레로 인한 실질소득의 감소로 국내의 판매가 부진하게 되자 굴지(屈指)의 대기업들조차도 종업원들에게 현물로 급여를 대체하는 사태가 빚어지고 있다.

경제적으로 타당성을 잃은 수출목표 달성을 위하여 당국과 기업이 가진 모든 자원이 투입되면 장기적으로 수출의 기반이 되는 기술의 향상을 위한 정책의 채택이 지연되고 그만큼 장래에 있어서의 수출기반을 상실하지 않을 수 없게 된다. 또 무리한 수출로 말미암아 안정기반이 붕괴되어 내연적 성장의 필수조건이 되는 저축의 증대 및 금융산업의 발전을 저해하게 된다.

제3장에서도 지적하였지만 경제가 외연적 성장단계에 있었을 때에는 수출은 곧 성장의 엔진이라는 유명한 마샬(A. Marshall)의 명제가 그대로 들어맞는다. 수출이 이루어짐으로써 소득이 증대하는 것이다. 그러나 경제가 외연적 성장의 단계를 넘어서게 된 마당에서는 마샬의 이 명제는 새로운 각도에서 해석되어야 한다고 필자는 생각한다. 즉, 이 명제는 수출이 순조롭게 이루어진다면 그것은 성장에 도움이 된다는 뜻이며, 어떤 일이 있더라도 수출만 하면 곧 성장이 있을 것이라는 뜻으로 해석하여서는 아니된다.

내연적 성장시대에 있어서는 수출을 하면 성장이 되는 것이 아니라, 오히려 그와 반대로 성장을 할 수 있는 까닭에 수출이 되는 것이다. 왜냐하면, 내연적 성장시대에 있어서는 수출을 하기 위해서는 기술의 향상 또는 기업운영 및 국민경제의 운영의 합리화를 통하여 국민경제 전체에 있어서 생산성이 제고되어야 하며, 생산성의 제고란 곧 국민경제 전체의 발전을 의미하는 까닭이다. 따라서 우리는 내연적 성장시대에 있어서는 수출이 성장의 원인이라기보다는 오히려 그 결과로 보는 것이 진실에 가깝다고 할 수 있다. 이것은 우리가 올바른 정책방향을 정립하기 위하여 꼭 명심하여야 할 기본명제라 할 수 있다. 이 기본명제에 입각하여 볼 때, 우리는 우리나라에서 경제학자나 실무가를 막론하고 흔히 수출산업과 내수산업을 구별하여 정책을 구상하고 집행하는 버릇은 지양되어야 한다고 생각한다. 흔히 수출산업은 그 성장에 대한 기여도가 크다고 인정하여 모든 지원을 아끼지 않고 내수산업은 성장에 대한 기여가 없으므로 의당 지원이 적어도 좋다고 생각하는 버릇이 있는 것 같다.

물론 편의상 수출산업 및 내수산업을 구분하는 것은 무방하다 하겠으나, 전자만이 성장에 기여하고 후자는 성장에 대하여 아무런 기여도 하지 않는다고 생각한다면 그것은 큰 오해라 하지 않을 수 없다. 내연적 성장시대에 있어서는 수출산업과 내수산업을 준별(峻別)하는 것은 의의가 없다.

앞으로 문제의 초점은 수출목표가 달성되느냐 않느냐에 둘 것이 아니라 생산성이 증가하느냐 하지 않느냐에 두어야 하며, 생산성의 향상은 내수산업을 포함한 모든 산업에서 이루어져야 한다.

필자는 결코 수출의 중요성을 부인하려고 하는 것은 아니다. 수출이 우리나라의 경제의 활로라는 것은 필자도 믿고 있다. 다만, 여기서 주장하는 것은 수출의 의의를 좀 더 정확히 알고 그 지원방법은 현실에 맞게 하여야 한다는 것을 주장하고 있을 따름이다.

수출은 기업의 자율적인 이윤추구의 과정에서 이루어져야 하는 것이며, 관(官)에서 정해진 수출목표의 달성을 위하여 이윤추구의 원칙의 작용이 무시되어서는 안 될 것이다. 70년대 후반기에 접어든 이후로 가장 시급히 자유화되어야 할 영역은 수출의 자유화라 할 수 있다. 왜냐하면 수출의 자유화 없이 기타의 경제체질의 개선이나 조정을 행할 여지는 없기 때문이다.

내연적 성장시대에는 수입의 자유화가 바람직한 것이 아니라 바로 수출의 자유화가 이루어져야 한다. 수출의 자유화 없이 수입의 자유화란 아무런 소용이 없고 오히려 바람직하지 못한 부작용만 남기게 되는 것이다.

우리나라에 있어서는 수출에 대한 지원이 많아 왔던 것으로 인식되고 있다. 수출목표의 달성이 모든 경제정책에 우선하였던 것을 상기할 때, 이렇게 생각하는 것은 당연하다. 수출을 위해서라면 다소의 안정기반의 교란도 감수해야 한다는 정책방향을 보더라도 이것은 당연한 추리이다. 그러나 우리나라의 수출지원은 많은 것 같으면서도 장기적으로 실속이 있는 지원은 그리 많지 않다. 수출에 대한 포상은 많았다. 수출기업에 대한 특혜도 많았다. 그러나 이들은 모두 올바른 수출지원이라고 볼 수는 없다.

우리나라에 있어서의 다른 지원이 거의 다 그렇다시피 수출지원도 거의 금융지원에 그치고 있는 감이 있다. 수출업이 필요로 하는 지원은 근본적으로 그들의 생산성을 높여서 국제경쟁력을 배양하는 데 도움이 되는 것이라 할 수 있다.

국제경쟁력을 높이는 지원이란 어떤 지원인가? 기업과 국민경제의 생산성을 높이는 모든 간접적인 지원을 의미한다. 고급인력의 양성, 직장에서의 교육에 대한 지원, 국제시장에 관한 정보의 수집 및 전파, 수출산업에 대한 투자의 촉진을 위한 조세상의 지원, 수출절차의 간소화를 통한 오버헤드(overhead)비용의 절감 등 여러 가지가 있을 것이다.

사실 한국경제의 현황에 비추어 볼 때 가장 큰 수출지원은 인플레의 수속(收束)이다. 이 보고서에서 제창하는 신경제정책 — 수출자유화를 포함하여 — 의 채택은 수출에 대한 가장 중요한 지원이 될 것이다. 그 밖의 구체적인 수출지원책은 별도의 연구를 요하며, 여기서는 생략하도록 한다.

2) 수입정책

우리나라의 수입정책은 그 방향감각을 잃고 있는 것 같다. 60년대 초반만 하더라도 수입은 원칙적으로 좋지 못한 것으로 인식되어 왔다고 볼 수 있다. 그것이 60년대 중반부터 도입된 자유화 정책에 의하여 수입규제의 완화 조처가 부분적으로 이루어지고, 그 후 국제수지의 양상에 따라 어느 정도의 조정이 이루어졌으나, 60년대에 있어서는 표면상으로는 적어도 수입은 바람직하지 못한 것으로 인식돼 있었다.

국내 산업을 보호하기 위하여 소비재의 수입은 항상 엄격히 규제받고 있었다. 60년대를 통하여 수입은 수출 못지않게 크게 증가하였는데 그 이유는 외자도입에 있었다. 당시의 기업은 앞을 다투어 외자도입을 하였고, 더구나 1965년에 채택된 역금리제도에 의하여 외자도입이 크게 촉진되었다.

수출에 대한 독려는 곧 수입 증가의 허용으로 나타나게 되었다. 수출을 증가시키기 위하여 수출업자에게 수입권을 부여하고, 또 수출원자재 등의 수입에 있어서는 일정 비율의 "로스(loss)율"의 인정으로 인하여 수출의 증가에 비례하여 수입이 증가하게 되었다. 이리하여 수입의 증가는 항상 강세를 보였고 수출의 극적인 증가에도 불구하고 무역수지의 적자폭은 좀처럼 좁혀지지 못했다.

70년대에 와서도 수입에 대한 관념 ― 즉 소비재의 수입은 억제하고 자본재 내지 원자재의 수입은 허용 내지 장려하는 기본방향 ― 에 있어서는 별로 변동이 없었다.

그러나 1976년경부터 상기 철학에 상당한 변화가 있기 시작하였는데 그것은 곧 1977년부터 몇 차례에 걸친 수입자유화 정책에 의하여 구체화되었다. 이 수입자유화 조치로 인하여 수입이 크게 증가하였고 근래에 와서는 학계와 경제계의 일각에서는 수입자유화에 찬성하는 여론이 많이 일고 있다. 수입은 원칙적으로 좋지 않다는 전통적 관념이 돌변하여 수입은 원칙적으로 바람직하다는 것으로 되어 수입제한의 주장이 진부하고 낙후한 것으로 여겨지게 된 것이다. 이와 같은 세론에 따라 취해진 수입자유화 정책에 의하여 기계와 원자재의 수입은 물론 사치품과 농산물을 포함하는 많은 소비재들이 대량 수입되어, 작금에 보는 무역수지 적자폭의 급격한 확대현상을 빚는 원인의 하나가 되었다.

필자의 견해에 의하면, 이 수입자유화정책은 원리적인 면에서 일리가 있기는 하나 현실적인 면에서 수입자유화의 대대적인 추진은 한국경제 현황에 대한 정확한 이해의 결여에 입각하고 있다. 자유화의 폭이 너무 지나치다고 생각된다.

첫째, 수입자유화론은 한국의 수출 능력에 대한 암묵적(暗黙的)인 과대평가에 입각하고 있는 것 같다.

원래 수입에 대한 기본원리는 매우 간단하다. 한마디로 말해서 수입은 우선 수출능력에 의하여 제한받는다. 수출의 신장이 불충분한 마당에 수입만 늘 수는 없는 것이다. 따라서 수입자유화 이론의 논거는 결국 수출능력에 대한 낙관론에 있다고 볼 수 있다. 수출은 앞으로도 활기있게 신장할 것이므로 수입은 대폭 자유화하여도 무방하며, 오히려 수입을 자유화하여 경제체질을 개선하여야 수출산업의 국제경쟁력이 강화되고 나아가서는 수출도 증가할 수 있다는 것이 수입자유화의 이론의 골자이다.

수출신장에 대한 낙관적인 견해는 1977년 사상 처음으로 실현된 경상수지의 흑자에 의하여 뒷받침되었다. 1976년에 이례적으로 수출이 신장하였고, 1977년에는 중동지방에 대한 건설수출의 붐이 일어나자, 많은 경제학자와 정부당국은 그것이 곧 경상수지의 흑자기조의 달성이라고 속단하였다. 과거에는 외화를 어떻게 벌어들이느냐가 문제였지만 이제부터는 어떻게 이것을 쓰느냐가 문제라고 생각하였다. 수입자유화, 이것은 경제성장을 촉진하고 경제체질을 강화하고 물가 안정에 도움이 되는 일석삼조의 묘방인 것처럼 인식되었다.

사실은 국제수지가 적자기조로부터 흑자기조로 전환되었다는 생각은 속단에 지나지 않았다. 우선 수출의 지속적 증가는 낙관을 불허하는 상황이 전개되고 있었다. 이 보고서에서 일관되게 지적하고 있는 바와 같이, 70년대 초반에 벌써 외연적 성장의 요인이 거의 사라지고 아직 내연적 성장의 기반이 굳게 마련되지 못한 마당에서 중화학공업 제품을 주축으로 하는 수출의 빠른 증가의 가능성은 아직도 불확실한 실정에 있다.

채산성(採算性)을 무시한 정부의 독려에 의한 수출이 지속될 수는 없는 것이다. 중공업제품의 수출 부진, 그리고 경공업부문에 있어서 조차도 급격히 상실되고 있는 국제경쟁력을 감안할 때 수출능력은 결코 과대평가할 수 없는 형편에 있었던 것이다.

수입자유화의 주장이 입각하고 있는 한국경제에 대한 둘째의 오해는 외자도입의 효용에 대한 낙관론에서 파생한다. 한마디로 말해서 수입초과가 되면 빚을 지면 된다는 견해이다.

빚을 짐으로써 성공적으로 외연적 성장을 이룩한 기억이 살아있다. 그러나 필자의 견해에 의하면, 이 보고서에서 여러 군데에서 개진하고 있듯이, 외자의 한계효용은 근래에 와서 크게 떨어져가고 있다. 그 한계효용이 높다면 우리나라의 중화학공업 — 그것은 대부분 외자에 의하여 건설되는 것이다 — 에 아무런 문제가 없을 것이 아닌가? 물론 외자는 수용태세가 잘 갖추어지고 있는 경제에 대하여 경제발전을 촉진시키는 경우도 있지만, 문제가 되는 것은 내연적 성장이 외자에 의하여 시발될 수는 없다는 데 있는 것이다.

수입자유화론의 또 하나의 이론적 근거로는 수입자유화를 통하여 국내 산업을 국제경쟁에 노출시켜 생산성을 향상시키는 기업의 노력을 유도한다는 것이다. 이 이론은 가장 유력한 자유화론의 논거이며, 본보고서의 기본정신이라 할 수 있는 경쟁원리의 도입과도 합치되는 이론이라 할 수 있다. 따라서 이 이론에 대하여서는 필자도 원칙적으로 찬성한다.

그러나 문제가 되는 것은 이 이론이 원칙적으로 옳다고 하더라도 현실적으로 수입의 증가가 우리나라의 경제체질을 개선하는 데 당장 큰 도움이 되리라고 생각할만한 근거는 희박하다는 데 있다. 한국기업에 있어서의 생산성 향상을 도모할 수 있는 기본 바탕은 잘 잡혀져 있지 않은 마당에 수입이 증가한다고 해서 곧 그것이 국제경쟁력을 향상시키는 데 도움이 될 수는 없을 것이다. 경제체질을 개선하려는 자세와 준비가 되어 있어야 비로소 수입자유화의 실(實)이 거두어질 수가 있는 것이다.

수입자유화 이론이 1977년경부터 급격히 득세하는 배경에는 물가 안정을 위하여 수입의 자유화가 바람직하다는 견해가 유력해졌기 때문이다. 여기에도 물론 일리가 있다는 것을 인정한다.

그러나 제4장에서도 역설한 바와 같이, 물가의 안정을 위해서는 어디까지나 재정금융상의 긴축을 통하여 이루어져야 함에도 불구하고 수출의 강력 독려와 중화학공업의 강력 추진으로 인하여 이것이 불가능해짐으로써 국내적 요인으로 말미암은 통화량의 증가를 억제할 수 없게 되자, 결국 수입자유화라는 수단을 통하여 물량의 공급을 늘리는 동시에 통화량을 환수해 보자는 이론이 설득력을 가지게 된 것이다. 중동에 대한 건설업체의 진출로 말미암은 통화량의 급격한 증가에 따라서 인플레의 요인이 축적되었던 당시의 상황에 비추어 수입의 증대를 통한 통화량의 환수가 필요하다는 견해에는 우선의 일리는 있었던 것으로도 믿어진다. 그러나 근본적으로 무역에 관한 정책은 어디까지나 산업구조에 대한 정책의 일환으로 고려되어야 하고 이것이 물가정책의 일환으로 쓰여서는 아니된다.

전술한 바와 같이, 수출과 중화학공업의 추진을 통하여 원천적으로 물가를 상승시키는 요인을 조성해 놓고 나서 이번에는 수입의 자유화를 통하여 사후적으로 일어나는 물가의 앙등을 막으려고 드는 것은 올바른 정책구상이 될 수가 없는 것이다.

이상에서 논한 바를 종합해 보건대 수입에 대하여는 기본적으로 보수적인 자세를 가지는 것이 무난할 것이다. 수출능력이 그처럼 큰 일본에서도 수입에 대하여는 매우 보수적이라는 것은 우리에게는 타산지석이 될 만하다고 생각된다. 농산물과 많은 식료품 및 사치품 등의 수입폭을 증가시킬 필요는 없을 것이다. 수입을 함으로서 물가를 안정시키겠다는 생각을 버리고 물가는 우선은 재정금융의 긴축과 수출의 조정을 통하여 이룩하도록 함이 바람직하다.

끝으로 수입에 관하여 한 가지 지적하고 넘어가고자 하는 것은 곧 대일무역의 역조(逆調)이다. 대일무역의 역조는 정부와 기업의 온갖 노력에도 불구하고 근래에 와서 급격히 확대되는 추세를 보이고 있어, 1976년에는 13억 달러, 1977년에는 17억 8천만 달러였던 것이 1978년에는 무려 33억 달러에 달하게 되었다. 이와 같은 추세가 바람직하지 못하다는 것이 항상 지적되고 수입선을 다변화하여야 한다는 상식적인 대책 방법이 반복 제창되어 왔음에도 불구하고 이 추세가 더욱 악화되고 있는 이유는 어디에 있는가? 그 근본 이유는 물론 일본경제의 강대한 발전과 개발도상에 있는 인국(隣國)인 우리나라의 개발노력에 있다고 생각되지만, 한 가지 잊어서는 안 될 것은, 우리나라가 단기적으로 수출을 극대화 하려고 하면 할수록 대일무역의 역조는 심화되지 않을 수 없다는 사실이다. 다시 말해서, 대일무역 역조의 급격한 심화는 수출목표 달성정책과 밀접히 연관되어 있다는 것이다. 단시일 내에 수출을 하자니 손쉬운 일본 기계와 기술을 들여서 일본 이외의 지역에 수출을 꾀하지 않을 수 없다. 그 대신 일본에게는 수출이 잘 되지 않는다. 왜냐하면, 일본 기계와 기술을 가지고 생산한 것이기 때문에 일본 상사들은 자국으로 제품을 역수입하는 경우는 드물기 때문이다.

여기서 필자는 수출자유화의 또 하나의 이유를 발견하게 된다. '수입선의 다변화'라는 상식적인 정책은 수출이 자유화되지 않는 이상 어디까지나 구두선(口頭禪)에 불과하게 될 것이다.

2. 외자 및 기술도입 정책

흔히 '경제협력'이라는 아름다운 표현 하에 개도국에 들어오는 선진국의 자본(그것이 차관이든 직접투자든 막론하고)은 개도국의 경제발전에 어떤 공헌을 한다고 믿어지고 있는가?

첫째, 외자는 개도국이 필요로 하는 자본을 공여(供與)함으로써 노동의 고용을 증대시킨다.

둘째, 개도국의 수출을 증대시킨다.

셋째, 개도국의 기술(생산기술 및 경영기술 등)을 향상 시킨다.

이밖에도 개도국의 원료공급선의 확보 및 제품판로의 개척 등의 이익을 가지고 온다는 점 등을 들 수 있으나, 이들은 모두 위의 세 가지 점에 수렴(收斂)될 수 있는 성질의 것이다.

외자는 그것을 공여하는 선진국 기업의 견지로 보면 개도국의 경제 발전을 위해서가 아니라 어디까지나 기업의 이윤극대화를 위한 전략의 일환으로 개도국에 공여되는 것이다. 따라서 선진국 기업의 외자 공여의 동기는, 첫째, 선진국에 고임금으로 인하여 사양화(斜陽化)되어 가는 노동집약적 업종에 소요되는 자본 또는 기술을 후진국에 수출함으로써 이윤을 얻기 위한 경우와, 둘째, 자본집약적인 업종, 또는 기술집약적인 업종이라 할지라도 개도국에서 쉽사리 그 기술을 모방 내지 복제할 수 없는 경우에 후진국에 그 제품의 시장을 확보하기 위한 경우의 두 가지로 볼 수 있을 것이다.

이와 같이 경제협력에 있어서는 개도국의 이익과 선진국의 이익이 서로 합치되는 경우도 있고 또 서로 상반되는 면도 있을 것이다. 따라서 후진국은 외자가 그들의 장기적 발전에 도움이 되도록 수용태세를 갖추어야 할 것이다. 무조건 외자를 배척(排斥)하는 태도는 유해하지만, 그 반면에 너무 외자에 의존하는 심리 또한 유리할 것은 없다.

1960년대의 외연적 성장시대에 있어서는 외자의 도입은 우리나라의 경제발전을 위하여 상당한 역할을 하였다는 것은 위에서도 여러 번 지적하였다. 외자기업이 고용을 확대하고 수출을 증대시키는 데 있어 중요한 공헌을 한 것이다.

그러나 이제 고용의 확대를 통해서가 아니라 기술의 증진을 통한 성장을 이룩하여야 할 마당에 들어서서는 외자의 역할은 그만큼 축소되지 않을 수 없다. 중공업 부문에 있어 외자를 효율적으로 쓰기란 매우 어려운 일일 것이다. 우선 그것을 쓸 수용능력이 잘 갖추어져야 한다. 제3장에서도 말했지만, 외자를 도입하는 기업의 경영에 대한 자세가 잘 확립되어 있어야 하고, 생산·판매 등 모든 면에 있어서의 기술과 능력이 구비되어야 한다.

기술적 측면에 대한 지식이 크게 제한되어 있는 필자는 우리나라가 건설하고 있는 중화학공업의 기술적 측면의 세부에 대하여는 평론할 자격은 없다.

다만, 상식적인 측면에서 몇 가지 관찰을 피력하고자 한다.

우리나라 중화학공업의 건설을 담당하고 있는 기업은 자금 면에서나 기술면에서나 관리 면에서나 아직 충분한 능력을 갖추었다고 볼 수가 없는 것만은 사실이다. 거의 모든 중화학 업종들은 막대한 액의 외자를 쓰고 있고 자기자본은 전체 시설자본의 적은 일부분(1/4 내지 1/5)에 불과하다. 이들 기업은 자기의 위험부담을 통해서가 아니라 정부로부터의 권유에 의하여 다분히 피동적으로 이들 사업을 전개하고 있다.

자기자본을 가지고 자기의 위험부담 하에 소요기술의 내용, 제품의 판로 등에 대한 충분한 검토를 하였더라면 착수하지 않았을 업체도 있지 않았을까 생각된다.

중화학공업의 건설에 대한 당국이나 기업의 기본 사고는 경공업의 건설시대에 있어서와 근본적으로 다름이 없는 듯하다. 요는 외자를 들여와서 공장을 건설하고 수출을 해서 원리금을 갚는다는 것이다.

외자의 효용에 대하여 일반적으로 과신하고 있다. 최근에 있어서 국제수지의 역조(逆調)가 심화되고 있는데도 이에 대한 우려의 소리가 비교적 적은 것이라든지, 수출의 전망이 그리 밝지 않은데도 불구하고 수입자유화의 여론이 여전한 것은 모두 결국은 외자도입의 효용에 대한 과잉기대를 반영하는 것이 아닌가 한다.

그러나 경공업시대에 있어서와 중공업시대에 있어서의 외자의 역할은 여러 가지 면에서 서로 다르리라 생각된다.

첫째, 경공업시대에 있어서는 기업의 외자 수용태세가 그리 큰 문제가 되지 않았다. 단순가공 형태의 공정에 대하여는 소요기술도 그리 크지 않았고 제품이 곧 생산되어 수출될 수 있었으므로 자금의 문제도 크게 대두되지 않았었다.

그러나 중공업에 있어서는 기업의 외자 수용능력이 매우 중요하게 된다. 소요기술의 수준이 높고 경험과 전통이 있어야 한다. 자본의 회임기간도 길어서 제품이 판매될 때까지의 시설 내지 운전자금의 소요량이 막대하다.

이와 같은 점을 고찰해 볼 때, 현재 우리나라 중공업 건설에 투입되고 있는 외자의 효율은 전보다는 낮을 것으로 생각된다.

경제는 궁극적으로는 생산성의 향상을 통하여 발전한다. 외자는 이것을 잘 이용하면 생산성의 향상에 도움이 될 수 있다. 반면에 무분별한 외자도입은 생산성의 향상에 오히려 저해가 될 수도 있다. 우리는 앞으로 우리가 필요한 양질의 외자를 계속 도입하되, 경제발전에 대한 외자의 역할을 다시 한 번 깊이 성찰할 필요가 있다.

끝으로 한 가지 검토하고자 하는 것은, 전통적으로 외자도입에 매우 보수적인 자세를 견지하던 일본이 근래에 와서는 외자도입의 폭을 넓히고 기술도입도 많이 하게 되었다는 것을 어떻게 해석해야 옳으냐에 관한 것이다.

논자(論者)에 따라서는, 일본을 모범삼아 우리나라도 더욱 적극적으로 외자를 도입해 기술을 도입하여야 한다고 주장할 것이다.

그러나 일본이 외자도입을 한다는 것은 일본에게 그만큼 그것을 소화하고 수용할 능력이 있기 때문에 하는 것이다. 일본은 기술도입을 옛날부터 매우 적극적으로 추진해 왔다. 일본이 외자도입을 더 하게 되었다고 해서 외자에 대한 그들의 자세가 기본적으로 달라졌다는 것을 의미하는 것은 아니다.

누누이 말했지만, 필자는 외자 자체에 대하여 반대하는 것은 절대로 아니다. 다만 강조하는 것은, 경제의 내연적 성장을 외자에 의존하여 안일하게 달성할 수는 없다는 것이다.

3. 환율정책

50년대의 저환율정책이 1964년의 환율 현실화가 있은 이후부터 우리나라의 대미불(對美弗) 환율은 간헐적으로 상승되어 왔다. 이 프로세스는 1974년 12월에 $1 = W484의 환율을 정할 때까지 계속 되었었다. 즉, 그때까지 대체적으로 국내물가의 상승과 미국물가의 상승의 차이만큼 환율의 상승이 이루어진 것이다.

1977년 이후로 국내의 물가가 엄청나게 상승하였음에도 불구하고 환율은 그대로 고정되고 있다. 현재 우리나라의 수출업계에 있어서는 환율인상을 간절히 바라고 있다.

수출에서의 채산(採算)의 악화를 환율의 인상으로 보전하자는 것이다. 또 학계에 있어서도 환율은 적어도 실세에 맞게 조정되어야 하며, 일종의 변동환율제의 채택과 같은 소폭적 인상을 반복하는 정책이 바람직한 것으로 주장하는 견해도 있다. 일부에서는 또 우리의 환율을 미불(美弗)에 고정시킬 것이 아니라 우리의 주요 무역상대국의 통화의 어떤 가중평균(加重平均)에 고정시켜야 한다는 견해도 있다.

환율에 관한 정책의 방향을 논하기 위해서는 우리나라의 환율의 역할이 과연 무엇이냐를 검토하여야 한다. 환율은 말할 나위도 없이 외화(이를테면 달러)에 대한 수요와 외화의 공급에 의하여 결정되는 것이며, 외화에 대한 수요는 우리나라의 수입 수요를, 외화의 공급은 수출을 반영하는 것이기 때문에 적정환율은 이 양자 간에 균형을 이루어주는 환율이라 할 수가 있다.

우리나라의 환율은 이러한 환율의 본연적 역할을 잘 수행하지 못하고 있다. 앞으로 수출과 수입, 그리고 자본거래에 대한 정책방향을 확실히 세우고 나서는 환율도 결국 적정수준이 되도록 조정하여야 한다.

다만 여기서 주의하여야 할 사항은, 그 수요와 공급 자체가 정책에 의하여 결정된다는 사실이다. 따라서 환율의 적정수준을 객관적으로 도출하는 것은 이론적으로나 현실적으로나 매우 어려울 것이다.

환율에 대한 정책의 기본방향은, 필자의 의견에 의하면, 가급적 쉽게 변동시키지 않는 것이 바람직하지 않을까 생각한다. 우리가 원하는 것은 물론 수출이다. 그러나 그 수출은 국내기업의 생산성의 증대를 통하여 이루어져야 하며, 단순한 환율의 상승을 통하여 겨우 이루어지는 것이 되어서는 아니된다. 이 점에 관하여도 일본의 경험이 우리에게 좋은 참고가 되지 않을까 생각한다. 일본은 1949년에 $1 = ¥360의 환율을 정해 놓고 많은 입초(入超)를 경험하면서도 이 환율을 고수하였던 것이다. 일본의 경제와 기업은 모든 노력을 다하여 생산성을 증가시킴으로써 4반세기 동안 이 환율을 고수하여, 마침내 절하(切下) 아닌 절상(切上)을 가지고 오게 하였던 것이다. 우리나라에서도 국민이나 기업은, 수출의 애로가 생긴다고 해서 곧바로 환율을 조정한 지난날의 타성을 청산하고 생산성의 증가를 이룩하기 위한 모든 노력을 다하도록 하여야 할 것이다.

4. 대외경제정책의 방향 - 요약 -

1. 우리나라의 수출산업의 국제경쟁력은 상당히 약화되고 있다. 수출산업을 포함한 전 산업의 생산성의 향상으로 이 국제경쟁력의 약화현상을 극복해야 한다.

2. 지금까지의 수출정책 즉 관(官)의 독려에 의한 수출목표의 달성을 위한 정책은 득보다 실이 많으므로 당연히 지양되어야 한다. 수출은 자유화되어야 한다. 내연적 성장단계에 들어와서는 수출이 성장에 선행하는 것이 아니라 오히려 성장력이 발휘됨으로써 수출이 이루어지는 것으로 생각해야 한다.

3. 수출 지원의 방식도 지금까지의 방식처럼 주로 수출액의 증대를 위한 금융상의 지원보다는 수출산업의 생산성을 높이는 방향으로 지원의 내용을 점차 전환하여야 한다. 이 보고서에서 제시한 신경제정책의 채택이 곧 간접적인 수출지원의 방향이 될 것이다. 구체적인 수출지원의 내용은 시의(時宜)에 맞게 별도로 강구되어야 한다.

4. 근래 수입자유화에 대한 여론이 크게 대두되어 있어, 이 세론에 따른 수입자유화 정책으로 인하여 국제수지가 악화되는 경향에 있다. 수입자유화 이론은 원칙적으로 타당한 면도 있으나 현실적으로는 우리나라 경제에 대한 몇 가지 오해에 입각하고 있는 듯하다. 수입자유화는 신중히 하여야 하며, 아직은 비교적 보수적 자세를 가지는 것이 바람직할 것이다.

5. 우리나라의 대일무역의 역조(逆調)는 해마다 심화되는 과정에 있어, 그 장기적 함축은 어느 면으로 보든지 바람직하지 못한 바 있다. 이 추세의 근본 이유 중의 하나는 바로 수출목표를 위주로 하는 정책

목표에 있다고 할 수 있다. 여기에 수출자유화의 필요성이 또 한 번 발견될 수 있다.

6. 외자의 한계효용은 근래 점차 떨어지고 있는 것으로 평가된다. 내연적 성장을 이룩하는 것은 어디까지나 국내경제의 자체적 노력에 의하여야 하며, 외자에 지나치게 의존하여서는 안 된다.

7. 환율은 외화에 대한 수요와 공급을 반영하는 수준에서 결정되어야 한다. 그러나 그 수요와 공급이라는 것도 다분히 정책에 의하여 결정되는 것이다. 가급적 환율은 변동시키지 않는 것이 바람직하다. 환율의 상승을 통한 수출의 증대가 바람직한 것이 아니라 국민경제의 생산성의 향상을 통한 수출의 증대가 있어야 한다. 이 점에 관하여는 일본의 경험이 좋은 참고가 된다.

제9장 복지증진에 관한 정책

1. 복지정책의 불가피성

최근까지 우리나라에 있어서는 성장 과실의 분배는 성장을 저해하게 되므로 선진국 대열에 참여하게 되기까지는 소득의 재분배나 사회복지는 시급하지 않다는 것이 일반적인 통념이 되어 왔다.

그러나 70년대 후반에 들어오면서부터 지속적인 고도성장의 결과로 1인당 국민소득 수준이 크게 상승하였으나 성장과 분배욕구간의 마찰현상이 나타나 복지를 무시한 성장일변도의 정책을 고집할 수 없게 되었다. 소득수준이 낮고 실업률이 대단히 높았던 60년대 초의 외연적 성장의 초기 단계에 있어서는 고율의 성장은 곧 취업기회의 확대를 통하여 소득의 증가와 국민복지 증진에 동시적으로 기여할 수 있었다. 그 당시에는 우선 공해의 문제, 환경의 문제도 없었고, 도시도 크지 않았고 산업화에 따른 근로자의 계층은 형성되지 않았었다. 그 당시에 있어서는 성장이 곧 복지의 증진이었다. 따라서 성장 중심의 개발전략은 높은 인플레와 상대적으로 낮은 임금 하에서도 국민의 저항에 부딪침이 없이 추진될 수 있었던 것이다. 그러나 최근 경제적으로 비약적인 발전을 이룩하였음에도 불구하고 고도성장 과정에서 배태(胚胎)된 각종 불균형이 누적되어 성장에 대한 회의(懷疑)와 염증이 대두되었다.

일인당 소득이 1천 달러 수준을 넘어서고 앞으로 멀지 않은 장래에

5천 달러 수준에 달하게 되리라는 정부의 전망에 고무(鼓舞)되어 국민의 기대수준은 크게 상승한 반면, 경제발전의 현실은 이 기대와는 다른 방향으로 치닫고 있는 감이 있다. 물가의 급등 및 이에 편승한 투기와 이로 인한 일부 계층의 불로이득 등은 일반 국민들의 심리를 허탈감에 빠지게 하였다. 소득수준은 절대적으로 높아졌으나 토지와 주택의 가격이 앙등함으로서 주택 구득(購得)에 대한 서민의 적년(積年)의 숙망(宿望)이 무산되었다. 소득수준의 향상 이상으로 교육비가 늘어가고 주택비가 늘어가고 있는 마당에서 경제하려는 의욕에 균열을 느끼지 않을 수 없고, 누구를 위한 경제성장이냐는 의문이 제기되는 것은 이해할 만한 일이라 하겠다. 일단 기본적인 생활수요가 충족되고 나면 보다 나은 생활을 위한 교육, 주택, 의료, 환경, 문화 등에의 욕구가 대두되며, 경제성장은 이들 복지수요의 충족을 위한 수단으로 인식되지 않을 수 없게 된다. 이렇게 되면 경제성장이라는 수단을 위하여 복지라는 궁극적 목표가 끝내 희생될 수밖에 없게 되는 것이다.

우리나라에 있어서도 복지에 대한 관심은 정책당국에 의하여 여러 번 표명되었다. 제4차 5개년 계획을 보아도 복지의 증진이 이 계획의 기본목표로 되고 있다. 그러나 실제에 있어서는 복지—이 개념이 무엇을 의미하는 것이든 간에—에 대한 고려는 항상 경제성장이나 수출증가의 목표에 밀려 그 실현을 위한 노력이 지연되고 있다.

지금부터라도 일방적인 고도성장 정책을 지양하고 국가의 목표와 현실에 맞는 복지정책의 방향을 정립함으로써 국민경제의 장기적 성장잠재력을 배양하는 동시에, 모든 국민이 성장의 혜택을 균점(均霑)하고 행복한 생활을 즐기면서 빛나는 문화를 창달할 수 있는 기반을 마련하도록 해야 할 것이다. 복지에 대한 원시적 고려 없이 오직 경제성장만을 고집하는 경우, 성장이 빚는 불균형은 더욱 악화되어 빈부간, 사회계층간 대립이 심화될 것이다. 마침내 국가가 이에 대하여 무엇인가 대책을 강구하지 않을 수 없게 될 경우, 부담은 부담대로 커지고 문제는 문제대로 심각해져서 비용과 능률의 면에서 곤란이 극대화되고 있음을 발견하게 될 것이다. 따라서 인간이 인간다운 생활을 할 수 있도록 지원하고 이를 기초로 성장대열에의 국민적 참여가 촉진되고 성장잠재력이 보육되도록 한다는 관점에서 단기적인 비용·수익분석에 집착하지 말고 원시적이고 합리적인 정책적 배려가 베풀어지도록 해야 할 것이다.

2. 복지와 복지정책

근래에 와서 '복지국가'라는 표현이 많이 쓰이고 있다. 거의 모든 나라의 사회·경제정책은 이 복지국가의 실현을 표방하고 있다. 그러나 이 '복지국가'의 개념은 아무데에도 명확히 천명된 데가 없다. 우리나라에 있어서도 전술한 바와 같이 복지국가의 건설이 경제정책의 목표로 명시되고 있으나 무엇이 복지국가의 내용이냐에 관하여는 아무런 명확한 개념의 정립이 없다. 그러나 어쨌든 우리는 앞으로 어떤 의미에 있어서든지 '복지'에 대한 고려를 떠나서 경제정책을 구상하고 운영할 수 없는 단계에 도달하였으므로, 이 시점에서 이 '복지'의 내용에 대한 검토를 행함으로써 앞으로의 복지정책의 방향을 정립하도록 하여야 할 것이다.

이 보고서에서 '복지'나 '복지국가'에 대한 장황한 논의를 할 겨를은 없다. 다만 한 가지 분명한 사실은 무엇이 '복지'이며, 무엇이 '복지정책'이냐에 대하여는 어떤 객관적인 기준도 없고, 국제적으로 보편타당한 통념도 없다는 사실이다. 복지의 개념 또는 복지정책은 나라에 따라 또 시대에 따라 다르다. 따라서 우리나라에 있어서의 복지정책은 어디까지나 우리의 경제나 사회의 실정에 맞게 입안되고 집행되어야 한다는 것을 명심하여야 할 것이다.

주지하는 바와 같이 '복지국가' 라는 어휘는 1870년대의 독일에 있어 '비스마르크'의 사회정책과 그것을 실현하기 위한 여러 가지 입법을 칭송(稱頌)하려는 의도하에 쓰인 것이다. 그 후 선진 자본주의국가들이 지향하는 바람직한 경제·사회제도를 지칭할 때에 이 복지국가라는 표현이 널리 쓰여 오늘에 이르고 있다. 무엇이 바람직한 사회·경제제도의 내용인가? 이 물음에 대한 대답은 결국 나라에 따라 다를 수밖에 없고 따라서 복지국가 내지 복지정책의 내용도 결국 나라에 따라 천차만별일 수밖에 없는 것이다. 다만 한 가지 복지국가의 개념 중에 공통적인 것이 있다면, 그것은 '복지'의 증진은 국가의 책임이라는 개념이다.

19세기 유럽에 있어서는 국가의 책임은 오직 개인의 생활과정에서 일어나는 충돌을 해결하고 질서와 안녕을 유지할 수 있는 규범을 제정, 실행하는 데 그칠 뿐이며, 경제생활이나 사회생활은 개인에게 방임되어야 한다는 자유주의가 풍미(風靡)하였다. 따라서 이 시대에 있어서는 개인의 빈곤이나 불행은 모두 그 개인의 책임으로 귀속할 것이기 때문에 정부의 간여로부터 개인의 자유가 확보되어야 한다는 것이 강조되었고 개인이 정부의 서비스를 받아야 한다는 관념은 없었다.

그러던 것이 산업사회가 진전됨에 따라 사회계층간의 이해관계가 첨예화되며, 자유방임의 원칙에 입안한 경제·사회정책이 개인의 자유를 옹호하는 것보다는 오히려 사회의 모순을 심화시키는 경향이 짙어지게 되고, 특히 최근에 와서는 공해의 방지와 환경의 유지 등의 문제가 부각됨으로써 국가에 의한 간여와 통제에 대한 필요성이 인식된 것이다. 한마디로 말해서, 근대국가에 있어서 국민생활의 안정, 계층간의 이해의 조정, 고용의 확보, 공해의 방지, 환경의 유지, 불우한 계층에 대한 보호 등 광범위한 영역에 걸쳐 국가가 일단의 책임을 진다는 것이 '복지국가'의 개념에 공통적인 점이라 할 수 있다.

따라서 우리는 이 시점에서 '복지국가'의 실현에 있어 정부가 하여야 할 일, 또 할 수 있는 일이 무엇이며, 어디서 어디까지가 정부의 책임이고 어디서 어디까지가 개인의 책임인가를 따져야 할 것이다. 한국 정부가 해야 하고 또 할 수 있는 일은 어떤 선진국의 정부의 그것과 여러 가지 면에서 마땅히 크게 다를 것이다. 일국의 복지정책은 사회계층의 형태, 계층간의 대립의 양상, 경제발전의 수준 등의 경제, 사회적 여건과 형평 및 사회정의에 대한 가치관, 바람직한 미래사회에 대한 기대 등의 심리적 내지 철학적 여건을 반영하지 않을 수 없다.

우리나라의 경우 경제발전의 수준은 아직도 일천(日淺)하며, 사회구조나 문화적 전통, 그리고 국민의 가치관 등은 서구의 그것과는 크게 다르다. 물론 산업화과정의 진전에 따라 사회구조와 의식 및 가치관 등의 서구화 현상이 있는 것만은 부인할 도리가 없다. 그러나 이와 같은 부분적 서구화 현상에도 불구하고 우리나라와 서구의 사이에는 아직도 여러 가지 면에서 현격한 차이가 있다는 것도 또한 사실이다. 따라서 80년대에 우리가 추구해야 할 복지정책의 방향은 어디까지나 우리 실정에 맞게 우리의 필요에 따라 정립되어야 할 것이다.

3. 복지정책의 기본방향

사람마다 '복지'를 내세우면서도 과연 우리나라의 실정에 맞는 복지의 내용이 무엇이냐에 관한 의견의 합치는 없다. 앞날의 복지정책에 대한 정부 인사나 식자간의 의견교환도 없고, 언론계나 업계에 있어서 조차도 활발히 문제를 제기하지 못하고 있는 실정에 있다. 이와 같은 철학의 빈곤, 문제의식의 공백 속에서 복지정책에 대한 방향을 구상하고 입안하는 인사들의 사고방식은 흔히 서구나 일본을 모방하려는 경향을 나타내는 것은 당연한 일이라 하겠다. 그러나 서구적 복지사상과 복지정책은 모두 그 나라들의 역사적, 문화적 배경 속에서 형성된 것이므로 이들이 무조건 우리나라에 도입될 경우 많은 모순과 낭비를 가지고 올 우려가 있다. 많은 복지정책은 서구제국에 있어서 조차도 비능률의 표본처럼 되어 있고, 이것이 크나큰 경제·사회문제화 되고 있다는 사실을 명심하여야 한다.

첫째로, 각종 급부(給付)가 소액단위로 수시로 이루어지기 때문에 낭비가 많고 효율이 낮아 기업이나 사회의 복지지출 부담이 급격히 증가되고 있음에도 불구하고 수혜 대상자의 생활향상에 실질적인 기여를 하지 못하고 수혜자는 항상 욕구불만에서 벗어나지 못하고 있다. 한편 복지급여만으로도 최저생활은 가능하므로 수혜자가 적극적으로 생계수단을 확보하려 하지 않고 습관적으로 실업보험에 의존하게 되어 근로의욕이 저하된다. 일하지 않더라도 실업보험금을 수령함으로써 기초적 의식주 문제는 해결할 수 있는 길이 열려 있으므로 아예 적게 먹고 놀면서 지내는 것이 편하다는 비생산적이고 퇴폐적인 생활태도가 조장되고 있는 것이다. 또한 복지제도의 종류, 지원 대상, 절차 등이 극히 복잡·다기화(多岐化)되어 복지제도 자체의 모순과 결합되어 예산상 낭비가 많고 실효성 있는 지원을 불가능하게 만들고 있다.

이와 같이 비효율적이고 비생산적인 복지제도를 분별없이 도입한다면, 우리는 마침내 아직도 취약한 국민경제의 성장잠재력을 미궁(迷宮)과도 같은 복잡다기(複雜多岐)한 이 제도에 얽매이게 할 우려가 있는 것이다. 반면에, 우리가 이미 번번이 지적한 바와 같이, 이제 우리는 복지를 무시한 성장일변도의 정책을 추진할 수 없게 된 것도 사실이다. 그렇다면 우리가 지향해 나아갈 복지정책의 방향의 정립을 결국 선진국에서 경험하고 있는 바와 같은 비효율을 수반하지 않으면서 우리 경제의 성장잠재력을 보육할 수 있는 복지의 개념을 정립하여야 할 것이다.

아직 내연적 성장의 기틀도 잘 잡혀져 있지 않은 마당에서 복지증진을 위하여 각종 복지급부(福祉給付)를 위한 제도를 확대한다면 이는 한정된 자원의 효율적 배분을 저해하게 되고 성장잠재력을 소모하는 결과를 가져온다. 특히 사회보장이 선진국 경우처럼 무차별적이고 획일적인 금전적 급부(給付)를 중심으로 이루어지는 경우 재원의 낭비와 함께 근로에 대한 유인(誘引)까지도 저해하게 되므로 이는 앞으로의 건전한 국민경제의 성장을 저해하게 되어 결국 복지정책의 기본정신마저도 저버리게 될 것이다.

이와 같은 관점 하에 필자는 현 단계에서 우리나라의 복지의 개념 그리고 복지정책의 기본방향에 대하여 대략 다음과 같이 생각하고자 한다.

(1) 우리나라의 복지정책의 시발은 어떤 특정 제도, 이를테면 연금제도나 보조금지급제도 등을 새로 마련하는 데 둘 것이 아니라 기존 정책이나 제도 중에서 복지에 역행하는 것을 과감히 정리하는 데에서

찾아야 할 것이다. 보고서에서 지적하고 있는 바와 같이, 지금까지 정부의 역할에는 국민의 복지와 무관한 것이 많으므로 우선 정부역할의 전환이 가장 시급한 복지정책이라고 보아야 할 것이다. 상세한 것은 각 장에서 밝혔으므로 여기서 다시 중언할 필요는 없을 것이다. 이와 같은 정부역할의 전환 없이 또 하나의 제도를 마련하여 관료적 운영의 비효율을 첨가한다면 능률은 누진적으로 저하되어 성공할 확률이 매우 적을 것이다. 복지정책이란 다른 경제정책 내지 사회정책과 따로 떨어져 있는 것이 아니라 모든 경제정책이나 사회정책 속에서 사람들의 행복을 저해하는 요소를 제거하고 그것을 조장하는 요소를 보육하는 데에서 찾으면 되는 것이다.

(2) 우리나라의 복지정책의 테두리는 적어도 현 단계에 있어서는 복지와 성장이 양립할 수 있도록 구상되어야 한다. 이는 결코 유속적(流俗的)인 성장론을 주장하는 것이 아니다. 일반적으로 알려져 있는 성장론이 유해하다는 것은 이미 위에서도 누누이 밝혔다. 필자의 주장이 입각하고 있는 문제의식은 오직 우리나라가 필요로 하는 것은 내연적 성장이라는 것과 내연적 성장이 달성될 수 없다면 복지정책이건 복지국가이건 아무런 소용이 없다는 것이다. 우리나라의 현 단계에서는 적어도 내연적 성장의 시발이 곧 복지정책의 시발이라고 필자는 믿는 것이다.

다시 말해서 80년대에 있어서의 복지정책은 내연적 성장의 요인을 보육하는 데 주안을 두어야 한다는 것이 필자의 기본견해이다. 내연적 성장의 요인은 제2장에서 천명한 바와 같이 ① 올바른 가치관에 입각한 경제하려는 의욕 ② 기술, 지식의 증대를 통한 생산성의 제고 ③ 저축의 증대 ④ 올바른 기업정신의 발로 등으로 요약된다. 이들 요인을 잘 보육할 수 있도록 조치를 취하고 제도를 마련하는 것이 복지정책의 기본이 된다고 믿는다.

(3) 이와 같은 기본방향을 취한다는 것은 현 단계에 있어서의 한국의 복지정책의 구상은 전략적이고 합목적적(合目的的)으로 이루어져야 한다는 것을 의미한다. 즉, 의타심이나 낳고 나태를 조장하는 직접적인 보조나 지원 등을 복지정책의 주요 내용으로 삼을 것이 아니라, 인적자원을 개발하고 이들의 활용을 통하여 내연적 성장을 이룩할 수 있도록 하는 동시에 복지를 증진시키도록 하여야 할 것이다.

우리나라는 아직도 경제발전의 초기에 있기 때문에 복지정책의 구상에 있어서도 이와 같은 전략적 고려를 떠날 수 없는 것이다. 우리나라와 같이 인력이 거의 유일의 자원인 나라에 있어서 인력의 개발 없는 복지정책이 어디에 있을 수 있겠으며, 자녀의 교육에 대한 가치를 무엇보다도 중요시하는 전통을 가진 사회에서 교육기회의 확대 없이 복지정책을 안출(案出)해 낼 도리가 어디에 있겠는가?

그리고 또 저축을 조장할 수 있는 여러 가지 방안도 성장과 복지를 양립시킬 수 있는 전략으로 중요시되어야 한다.

(4) 복지정책의 구상은 사전적(事前的)이고 예방적인 견지에서 이루어져야 한다. 복지정책이 소극적이고 사후적인 성장과정에서 비롯되는 각종 병폐(病弊)나 부작용의 시정이나 치료에 그쳐서는 안 된다. 성장에서 결과하는 복지상의 욕구 증대와 반비례하여 소득계층간 격차는 확대되는 경향이 있는바, 이렇게 되면 성장정책 의지와 국민욕망과의 마찰로 인하여 성장정책을 추진할 수 없음은 물론 사회계층사이의 대립과 갈등을 유발하여 사회적 안정을 위협하게 되므로 사회보장을 통하여 최저소득 수준이 확보되도록 함으로써 이를 예방하여야 한다.

다음으로는 산업사회의 발전과 비례하여 공해와 오염이 심화되고 자연의 균형이 파괴되어 생활환경이 심히 악화되고 있는 만큼 환경과 자연이 회복 불가능한 상태로까지 훼손되어 성장이 근본적으로 벽에 부딪히는 일이 없도록 사전에 공해·환경오염·자연훼손 등을 예방하여야 할 것이다. 재투자나 신규투자가 있어야만 확대재생산이 가능한 것처럼, 복지에 대한 욕구의 사전적 충족은 인간의 생활환경을 개선하여 인간이 더 나은 생활을 추구하도록 유인함으로써 내일의 재생산에 기여하게 된다. 따라서 복지정책이 사후적으로 복지수요증가를 따라가는 데 급급할 것이 아니라 적극적으로 인적·물적 환경을 개선하여 생활수준 향상에 대한 기대를 불러일으키고 근로의욕을 촉발하도록 해야 한다.

한편, 복지정책은 그 효과가 장기간에 걸쳐 서서히 나타나기 때문에 복지정책이 소홀히 되기 쉬운바, 이로 인하여 사회구조적으로 복지를 둘러싼 갈등과 대립이 제도화되고 인간소외 현상이 심화되는 경우 시정이 지난(至難)하게 될 뿐 아니라 국가나 사회의 부담이 가중되게 된다. 결국 소비 지향적이고 극단적인 이기적 사회가 되거나 빈부차이가 극심하여지기 전에 미리 복지정책을 통하여 예방하는 것이 보다 효율적이다.

(5) 한국의 복지정책은 한국의 문화전통을 살리도록 하여야 한다. 우리 사회에 가장 근접하고 실현가능한 모델을 선정, 재래의 전통과 융합하여 우리에 맞는 복지제도의 창조와 복지체제의 확립을 모색하여야 한다. 선진국의 경우는 가족이나 개별경제단위 등을 이용한 복지보다는 국가적 차원에서 종합적이고 획일적으로 복지제도가 관리·운영되는 것이 일반적이다. 우리나라에 있어서는 아직도 가족의 유대나 인근(隣近)의 상부상조의 전통이 남아있을 뿐더러, 국가나 정부가 복지에 관한 책임을 다 질 수 있는 재력이나 행정력이 제한되어

있으므로 국가가 복지에 관한 모든 책임을 지는 것보다 개별경제단위나 가족 등 기존공동체가 일차적인 복지를 담당하도록 하고 국가는 이를 지원하고 육성하는 것이 바람직한 방향이 아닐까 한다. 이로써 국가는 비효율적인 복지제도로 인한 부담을 줄이고 복지혜택이 실효 있게 베풀어질 수 있을 것이기 때문이다.

전통적으로 우리나라에 있어서의 복지문제는 가족 중심으로 해결하는 것을 원칙으로 하였고, 부락단위로 복지공동체가 형성되어 상호부조(相互扶助)와 협동조직을 키워 왔다. 따라서 우리나라의 가족제도를 살려 가족의 경제적 책임 하에 자녀교육, 병자의 간호, 노인의 보호 등 복지문제가 해결되도록 촉진하고 이웃, 부락 중심의 상호부조 기능을 살려 가족주의 또는 가족사회적 공동체 의식에 기초를 둔 사회복지체제를 발전시켜야 한다. 이렇게 함으로써 복지제도의 일원화로 생기는 행정상의 비능률·부조리로 인한 비용을 절감하여 복지의 효율성을 제고할 수 있다. 동시에 평화롭고도 안정된 가족과 사회는 단결력이 공고(鞏固)하여 인간소외 현상이 심화되기 쉬운 산업사회의 병폐를 막을 수 있는 좋은 처방이 될 수 있을 것이며, 물질적이고 형식적 관계에 앞선 정서적이고 공감적인 복지사회를 이룩할 수 있게 될 것이다.

반면 선진국의 제도를 맹목적으로 도입하게 되면 복지제도 자체의 맹점은 차치(且置)하고라도 1차적인 복지 책임을 지게 되는 가족제도나 공동체의 해체를 조장하게 되어 결국 이와 대체되는 새로운 무차별적이고 통일적인 국가적 복지체제의 도입이 불가피하게 되므로 과중한 국가부담만 초래할 뿐 진정한 복지사회 건설이 어려워질 것이다. 물론 가족제도를 살린 우리 실정에 맞는 복지사회의 건설은 그 자체가 비용을 수반하게 되고 복지상의 격차를 불가피하게 만드는 등

문제점이 있으므로 충분한 사전적 검토와 연구가 필요할 것이다. 우리 실정에 맞는 가족적인 기능을 살린 복지제도의 실현이 당장 곤란하다 하여 이에 대한 연구와 실천을 위한 노력이 소홀해지는 경우 선진국의 전철(前轍)을 밟게 되어 결국 더 많은 낭비와 부작용이 초래될 것임을 명심하여야 한다.

4. 복지정책의 몇 가지 내용

이상에서 우리는 한국경제 발전의 현 단계에서 복지정책은 내연적 성장을 조성할 수 있는 제반정책들과 양립할 수 있게 해야 한다고 주장하였다. 이 주장에 의하면, 이 보고서의 처음부터 끝까지 일관하여 주장되어 온 주요 정책방향은 복지정책의 내용이 되어야 한다는 것이 된다.

필자는 이 견해가 옳다고 믿고 있다. 필자는 한국의 복지정책은 다른 경제정책과 분리해서 생각할 수 없다는 점을 재삼 강조하고자 한다. 지금까지 이루어지고 있는 정책 가운데서 복지와 위배되는 것을 청산하고 지금까지 정부가 소홀히 다루어 온, 산업사회 형성 과정에서 나타나는 제반 문제들을 해결하려는 정책이 곧 복지정책임을 다시 한 번 강조하고 싶은 것이다.

다음에 우리는 정부가 하여야 할 몇 가지 중요한 정책에 관하여 언급하고자 한다. 다만, 우리나라의 복지정책의 내용은 다음에 열거하는 몇 가지에 그치는 것이 아님은 말할 나위도 없다.

1) 교육의 개혁

1960년대와 1970년대의 경제개발기간 동안에는 성장의 가시적 목표 달성에 치중한 나머지 교육에 대한 투자는 질과 양 양면에 걸쳐 낙후되었다. 앞으로의 경제·사회의 발전을 위하여 투자의 우선순위 가운데 수위를 점하여야 할 교육은 현재 모든 '산업' 중에서 가장 낙후한 산업이 되고 있는 감이 짙다. 의무교육조차도 제대로 실시되지 못하고 있는 실정에 있으며, 교육열이 높다는 도시에 있어서조차도 초등학교의 학급 평균 아동의 수가 66명 정도에 달하고 있으며, 교실의 부족으로 인하여 이부제의 실시가 광범위하게 이루어지고 있다. 중고등학교에 있어서도 시설투자는 매우 적을 뿐더러 교사에 대한 처우가 열악하여 교육자로서의 긍지를 상실케 만들고 있는 실정에 있으니, 이렇게 되어서는 내일의 우리나라를 짊어지고 나아갈 우리나라의 후진들의 양성이 제대로 될 수가 없는 것이다. 대학에 있어서도 국가의 투자는 아직 대단히 미흡하다고 하지 않을 수 없다. 국립지방대학에 대한 투자는 매우 부족하며, 대학 가운데서 가장 시설이 좋고 교원의 수와 질이 잘 갖추어져 있다는 서울대학교에 있어서조차도 투자의 양은 매우 부족한 실정에 있는 것이다. 대학에 있어서의 등록금의 수준은 국립대학에 있어서조차도 상당히 높은 편이고, 사립대학에 있어서의 등록금 수준은 선진국의 그것을 무색케 할 정도로 높다.

이렇게 볼 때, 우리나라에 있어서는 젊은이가 자기가 희망하는 학교에서 마음껏 교육을 받을 기회가 매우 협소하다는 것을 알 수 있다. 한국민이 교육을 중요시한다는 것이 하나의 신화가 되어 있는 것은 사실이지만, 교육에 대한 투자의 규모와 각급 학교의 교육의 실정을 살펴보건대, 교육에 대한 국가적 노력은 매우 부족하다고 하지 않을 수 없다. 오늘날 우리 경제에 있어서의 창의성의 발휘가 정체되고 생산성의 향상이 부족한 원인은 지난 외연적 성장기에 있어 미리 경제발전을 위한 교육의 중요성을 인식하지 못하여 교육에 대한 투자를 소홀히 하였던 결과라고 보아야 할 것이다.

생산성의 향상, 기술수준의 제고 등을 위하여 오직 이공계나 경상계의 대학정원만을 증가시킨다는 것도 단견(短見)이라 하지 않을 수 없다. 이공계나 경상계의 정원이 일차적으로 증가하는 것은 바람직한 일이지만, 기타의 계열을 지나치게 소홀히 여겨서도 아니된다. 비록 오늘에 있어서는 그 필요성이 크게 나타나지 않는 계열에 있어서도 멀지 않아서 상당한 수요가 생길 것에 대비하여 미리 인재와 인력을 양성하는 원시적(遠視的) 시야 없이는 교육에 대한 근본적 혁신이란 있기 어렵다. 교육 전반에 대하여 좀 더 아낌없는 투자가 이루어져야 한다.

앞으로 교육의 부족 상태를 지양하고 경제와 사회 및 문화의 창달(暢達)을 위한 인재를 양성하기 위하여 우리는 GNP의 일정 비율(예 4%)을 교육에 투입할 것을 입법화할 필요가 있다고 생각한다. 우리나라는 앞으로 경제제일주의나 수출입국으로부터 교육제일주의 내지 교육입국으로 국정의 중점을 전환하여야 할 것이다. 이와 아울러, 지금까지 경제와 교육간에 거의 아무런 관련도 없었던 지난날의 정책 운영을 탈피하여 양자가 서로 긴밀한 협조를 할 수 있는 체제를 구축하여야 할 것이다. 문교부는 경제와는 별로 관계가 없는 부처가 되어서는 아니된다. 또 교육정책의 수립이나 집행에 있어 지금까지처럼 경제학자의 참여가 거의 배제되어서는 아니된다.

교육투자의 규모의 확대와 아울러 중요한 사항은 교육내용의 쇄신과 교육운영의 개선이다. 이 보고서에서는 이들에 대하여 평론할 수는 없으나, 한마디로 말해서 우리나라의 교육은 창의성의 개발이라는 견지로 볼 때 질적으로 매우 뒤떨어진다. 초등학교부터 대학에 이르기까지 지식의 전수는 있으나 능력의 계발은 없다. 우리나라에 있어서의 이른 바 수재들은 시험을 치는 데 있어서는 우수하지만 자기의 독자적인 사고로 개성을 살려 창의성을 발휘한다는 점에 있어서는 선진국에 비하여 크게 손색이 있다.

초등학교부터 주입식 교육이 행하여지고 있다. 중학교와 고등학교를 통하여 수재(秀才)와 범재(凡才)가 한군데서 6년이라는 장구한 세월을 통하여 열악한 환경 속에서 열의와 긍지가 결여된 교사로부터 선택과목도 없고 월반도 없는 천편일률적인 교육을 받고 나면 각자가 타고난 개성은 거의 완전히 죽어버리고 수재가 범재로 되고 만다. 이들이 입시의 관문을 뚫고 대학에 들어오면 신체적으로 피곤하고 정신적으로 빈곤한 상태에 놓이게 되어, 결국 좌정관천(坐井觀天)의 협소한 기량으로 졸업하고 마는 것이다.

이와 같은 상태가 지속되어서는 우리나라는 도저히 일등국이 될 수가 없을 것이다. 교육의 내용이나 그 기본정신이 쇄신되지 않고서는 고식적(姑息的)이고 천박한 사고방식이 고쳐지기를 기대할 도리는 없을 것이다.

교육의 운영에 있어서도 문교부의 지휘와 감독의 폭이 과다하다. 각급 학교의 재량(裁量)이 좀 더 살도록 운영을 자율화, 분권화하여야 한다. 교육이라는 것은 기구를 조작하는 것이 아니라 인격과 인격간의 교류가 있어야 하는 과정이니만큼, 교육자의 재량 없이도 교육이 제대로 될 수 있기를 기대하는 것은 발(足)을 묶인 선수가 뛰기를 기대하는 것이나 다름없는 일이다. 필자는 이 모든 사항의 개선을 위하여 현 교육법의 대폭적인 개혁이 이루어지기를 기구(冀求)하여 마지 않는다.

2) 임금 및 근로조건의 개선

우리나라에는 지금까지 노동3법이 제정되어 근로자의 권익의 옹호를 위한 법적 테두리가 마련되기는 하였으나 실제에 있어서는 이들 법은 유명무실한 경우가 많았다. 임금에 대한 정책은 거의 일관하여 저임금정책이었다. 그 이유는 근로자의 임금 인상은 이윤의 감소를 수반하고, 이것이 나아가서는 투자재원을 잠식하여 성장을 저해할 뿐 아니라 국제경쟁력을 악화시켜 수출의 신장을 막는다는 것이 저임금 정책의 이론적 근거라 할 수 있다. 저임금정책이라고 해서 정부가 강제로 저임금정책을 집행한 것은 아니고 다만 노동에 대한 수요와 공급의 여건으로 말미암아 성립된 저임금을 그대로 승인 또는 방임하는 것을 말한다.

그러나 근년에 와서 노동력의 부족현상이 부분적으로 나타나고 기술자 및 고급인력에 대한 초과수요가 지속적으로 나타나 임금인상 압력이 일어나고 결국 임금의 전반적 상승을 유발하기까지 하고 있다. 소득수준 상승에 따라 임금의 추세(趨勢)적 상승은 불가피한데, 이를 억제하고자 하는 경우 인력의 개발 및 확보에 지장을 줄 뿐 아니라 노사간에 불필요한 마찰과 대결을 가져올 가능성이 많다. 따라서 앞으로는 임금의 상승을 억제하기보다는 인력의 개발에 주력하여 기술수준을 제고하여 1인당 부가가치생산성을 높이고 이로써 임금지불 가능성을 증대시키고 생산성의 범위 내에서 임금증가가 이루어지도록 유도해야 한다.

한편으로는 많은 미숙련노동자의 존재로 인하여 전체적인 노동사정은 상대적으로 공급이 풍부한 상태인 만큼 이들 미숙련노동자의 훈련·교육으로 취업가능성을 높여주어 노동력 공급부족 현상이 완화되도록 해야 한다. 이로써 저임금이 해소되어 근로자 생계가 보장되어 복지증진에 기여할 수 있고 아울러 임금상승에 따른 압력도 완화될 수 있을 것이다.

결국, 임금의 일반적인 상승은 점진적으로 이루어져야 할 것이나 복지증진과 관련하여 시급한 것이 임금격차의 축소 내지는 임금체계의 개선이다. 먼저 저임금 문제가 가장 현저하게 대두되고 있는, 지나치게 임금이 낮은 중견생산직 근로자의 저임에 집중적인 대책이 필요하다. 여기서 지나치게 저임의 업종이란 봉제, 가발, 완구 등 전통적인 저임금업종을 비롯한 각종 저임금업종과 직종이다. 이들에 대하여는 업종별 차등최저임금제를 고려할 필요가 있다. 최저임금제도에 대하여는 노총 등에서 생계비의 보장 등과 같이 지나치게 높은 수준의 최저임금을 요구하여 그러한 지불능력이 없는 업계의 맹렬한 반대에 부딪쳐 왔다. 업종별 임금수준에 큰 격차가 존재한다는 엄연한 현실을 감안할 때 전국에 일률적인 최저임금제도를 실시한다는 것은 비현실적이며 가능하지도 않다. 따라서 1단계로 업종별로 차등을 두는 최저임금제를 도입할 필요성을 검토하는 것이 바람직하다.

임금구조에 있어서 중견생산직 근로자의 임금상승이 사무직 전체나 대졸자 등 고급인력에 비하여 계속 상대적으로 정체되고 있다. 그러나 이들은 경력이 길고 가장이 대부분으로서 저임금에서 오는 고통이 가장 크고 생산에서도 주축을 이루는 사람들이다. 이들에 대하여는 기업의 지불능력에 상응한 임금이 지불되는 것이 이상적이다. 그러나 대졸자 및 사무직 등 고급인력의 부족에 따른 기업의 임금부담의 증가를 이유로 중견생산직 근로자들의 임금요구는 비교적 소홀히 다루어져 왔다. 그런데 이를 행정적으로 시정하는 데는 한계가 있으므로 노사간의 교섭에 의한 임금결정의 가능성을 높여 주어 기업 내에서 중견생산직에 대하여 어떤 형태로든 처우를 개선하도록 함이 바람직하다.

임금격차의 축소에 있어 또한 심각한 것이 학력간 격차와 생산직 대 사무직간의 격차이다. 그동안 행정적으로 많은 노력이 이루어졌으나 그간 경상계 및 이공계의 고급인력 부족으로 인하여 사무직 특히 대졸 초임자 등의 급여가 크게 상승함으로써 하후상박(下厚上薄)식의 임금구조가 형성된 것이다. 따라서 임금격차 축소 노력을 일층 강화하는 동시에 근본적인 원인이 되고 있는 고급인력 공급의 부족을 완화하기 위하여 대학입학정원제의 미숙한 운영을 시정하여 입학정원을 수요에 맞추어 대폭 증가시키고 계열별 정원도 재조정하여야 할 것이다.

한편, 실업보험이나 보조적인 직장이 마련되지 않은 상황에서 경기 감퇴 등을 이유로 무단해고 등을 자행하는 일은 사회복지를 위하여 극히 바람직하지 못하다. 일본에서와 같은 종신고용제는 불가능하다 하더라도 근로자가 경기에 관계없이 생계를 보장받아 안정된 생활을 할 수 있도록 하기 위하여 임금의 상승을 낮추는 일이 있더라도 일방적인 해고는 최대한 억제해야 할 것이다.

그동안 고도성장전략에 따라 지나치게 기업 위주의 정책에 치중하여 왔다. 근로자는 정당한 대우를 받지 못했음에도 불구하고 정부는 항상 기업가의 편에 서서 근로자를 잠재적인 불순세력으로 간주하는 듯한 인상을 주어 왔다. 노조활동에 대하여도 근로자의 권익향상이나 복지증진이라는 긍정적·생산적 측면에서보다는 기업활동을 저해하고 안보에 유해하다는 부정적인 고려가 우선하여 왔기 때문에 건전한 노조활동의 지원·육성은 지연될 수밖에 없었다.

그러나 앞으로의 노사관계는 지금까지의 전근대적인 지배·복종적 노사관계에서 벗어나 발전된 근대적인 양상으로 변하지 않을 수 없을 것이다. 우선 총취업자의 수가 크게 증가하고 그 중 임금근로자는 1990년까지에는 1,000만 명을 초과할 것이며, 조직근로자의 수도 현재의 약 100만 명에서 그 수배로 늘어날 전망이다. 이에 따라 근로자의 사회적 발언권이 커질 것은 당연하며, 따라서 노사관계도 주종관계로부터 대등관계로 변할 것이며, 또 이것이 경제·사회의 발전방향과 부합된다고 할 것이다. 그런데 노조원수가 늘어가고 이에 따라 노조의 단체교섭력이 증대되면 노조가 사회불안 요인이 될 가능성이 커질 것이라는 가정 하에 소극적이고 부정적 자세로 노동정책을 추진하는 경우 노사문제를 악화시키고 이의 평화적 해결을 곤란하게 하여 심각한 정치·사회 불안요인이 조성될 우려도 없지 않다.

따라서 노동조합의 순리적 발전을 통하여 성숙된 노사관계를 이룩하여 가도록 유도함으로써 노사관계가 심각한 대립관계로 발전되지 않도록 하여야 할 것이다. 이때 물론 사용자 측의 올바른 인식과 행동이 노사관계의 순조로운 진전에 대한 관건임은 두말할 필요가 없다. 노동조합의 역할은 임금인상, 근로조건 개선 외에도 불만이나 고정(苦情) 처리, 노사관계에 대한 각종 협의기능 등 중요한 것이 많으므로 노동기본권을 최대한 보장하는 것이 노사관계의 균형있는 발전을 위하여 좋으리라 생각된다.

기본권 중에서도 1차적인 것이 단결권인바, 일부 대기업에서 임금수준이나 복지시설이 여타기업보다 우월하다는 점을 들어 노조 창설을 반대하는 것은 건전한 노사관계 발전에 도움이 못되는 일이다. 근로조건에 관계없이 근로자들로서는 그들의 자주권, 생존권을 위하여 필요한 경우 이를 노조와 사용자간의 협의를 통하여 해결할 수 있는 길이 열려있는 것이 복지향상과 권익보장의 안전판이 될 것이기 때문이다.

또 중·장기적으로는 적법한 절차에 따라 파업권을 행사할 경우 이를 허용하고 만약 그러한 방법으로 질서 있게 하지 않거나 남용할 경우에는 처벌규정을 강화하여야 할 것이다. 파업권 인정을 계기로 노사쌍방이 좀 더 책임 있는 행동을 하도록 하여 기업의 능력에 상응하여 근로자의 권익이 보호되고 진정한 산업평화가 이루어짐으로써 근로자의 근로의욕이 제고되고 사회적 불안요인도 해소되어 성장에 기여하게 된다. 노조활동을 보다 활성화하고 노조운영을 민주화함으로써 근로자들이 사용자측과 대등한 위치에서 자율적으로 노사협조를 이루어야만 노조에 대한 불순세력의 침투와 이로 인한 극한적이고 파괴적인 투쟁이 예방될 수 있다.

끝으로, 근로자의 복지향상을 통하여 근로자의 직업관을 개발하고 정착시켜야 한다. 임금, 부가급부 등의 금전적 보상 외에 복지후생제도 및 시설을 가능한 한 확충해 주고 노동시간, 휴식시간, 작업량, 작업의 한도, 신체적 위험도, 기타 물리적인 작업환경의 개선이 필요한 바 이를 위하여 근로기준법을 준수하도록 하고 이를 유효한 근로감독이 뒷받침해야 한다. 다음으로는 기업 내부의 노무관리, 인사관리 등과 유관한 것으로서 배치, 전환, 해고, 징계 등에 있어 공정성 확보가 대단히 필요하다. 또한 직장의 안정성이 확보되도록 기업 내부적으로 경영관리의 합리화, 자기자본비율의 제고에도 노력하여야 하며, 근로자에게 기업에의 귀속의식을 높이기 위하여 주택, 퇴직금제도, 학자금지원 등의 수단을 강구하는 것이 바람직할 것이다.

3) 주택공급의 확대

주택은 이른바 생활을 담는 그릇으로 민생안정에 기본요소가 되며 생활의 질과 국민복지의 주된 결정요인의 하나이다. 주택의 건설은 경제성장의 결과로 이루어진 것이지만 동시에 생활의 근거를 마련해 주어 경제성장의 목표가 되기도 한다. 우리나라는 일본의 경우와 마찬가지로 공업화와 생산확장에 치중한 나머지 주택을 포함한 사회간접자본은 겨우 계획에 도달하는 정도에 그쳤으므로 수급간의 갭이 커지지 않을 수 없었다. 특히 농촌인구의 대대적인 도시이동은 비효율적인 도시화정책, 산업입지정책과 더불어 도시 내의 심한 용지부족, 지가상승, 주택난 등을 유발하였다.

주택수급 실정을 보면 현재 도시가구의 45% 이상, 그리고 서울의 총가구 중 약 반 정도가 주택이 없다. 1986년까지 주택수가 가구 수를 따라가려면 매년 약 50만 호 이상의 주택이 건설되어야 하는바, 1978~1979년의 실정은 그 절반 정도에 그치고 있으며 주택투자의 GNP에 대한 비중은 1960년대의 2~3%에서 70년대에는 3~4%로 1978년에는 6.6%로 각각 증가되었으나 소득의 증대와 도시인구의 증가로 인한 주택수요의 폭발적 증가로 주택난은 별로 완화되지 못하고 있다. 또한 주택가격이 평균 임금수준에 비하여 월등히 높고 용지의 부족, 지가상승, 부동산투기, 건축자재가격 상승으로 주택가격의 상승률이 극히 높아 임금상승률을 크게 상회함으로써 무주택자의 주택마련이 갈수록 어려워지고 있다. 이 현상은 투기를 일삼는 자에게는 폭리를 안겨다 주는 반면, 근로자들의 좌절감을 조장하여 근로의욕을 상실케 하는 등 사회적, 경제적 부작용을 조성한다.

한국과 같이 인구가 조밀하고 경제활동의 밀도가 높아가는 나라에서 지가가 상승한다는 것은 피치 못할 사실이기는 하나, 그 동안의 경제정책은 오직 소득이나 수출 등의 목표 달성에만 급급하여 주택의 공급확대, 지가, 지대, 집세 등의 안정 등 토지·주택과 유관한 정책은 매우 소홀히 취급되어 거의 부재상태에 있었다고 해도 과언이 아니다. 이로 말미암아 정부의 부동산정책에 대한 불신이 커지고 토지주택 투기가 가시지 않고 있으며 특히 서민에 대한 주택공급 대책의 결여로 인하여 주택난의 심각성이 가중되고 있다.

그동안 GNP의 3% 수준에 불과하였던 주택에 대한 투자를 선진국 수준인 7~10% 수준으로 확대할 수는 없다고 하더라도 경제체질 조정기간 동안에 약 4~5% 정도로 확대함이 바람직하다고 생각된다. 서민주택 공급의 증대를 위하여 재정투융자를 확대하여 공공주택건설을 촉진하고 민간주택업자들이 주택자금을 충분히 그리고 효율적으로 지원받을 수 있도록 하여야 한다. 무엇보다도 주택을 가지지 못한 서민들에게 주택공급 경로를 다양하게 제공함으로써 주택확보가 용이하도록 하여야 한다. 이를 위해서는 저소득층을 위한 소형주택의 건설비율의 제고, 임대형식의 아파트 및 가옥공급 증대, 기업체 공단 등에 의한 복지주택 건설의 촉진이 필요하다. 특히 인플레로 인하여 주택확보에 지장을 받지 않도록 누구나 주택구득을 목표로 하여 일정기간 일정 규모의 주택에 필요한 돈을 저축하도록 하고, 일정 기간이 지나면 주택이 공급될 수 있도록 하는 방안을 안출하는 것이 바람직하다. 또한 소형주택 건립의 채산성(採算性)을 높이기 위하여 자금을 저리로 융자해 주고 이를 임대 또는 분양하도록 하여야 할 것이다.

주택정책과 관련하여 특히 중요한 것이 보다 일관성 있는 부동산정책의 운용이다. 그동안 각종 개발정책을 무분별하게 시행하여 온 데다 이에 수반되는 지가정책의 무계획성으로 인하여 토지투기가 빈번히 유발되었고 과다한 재산차익을 발생시키는 등 부작용이 많았다. 따라서 토지에 대한 투기의 근원적 봉쇄를 위하여 토지소유로 인한 이익이 사회에 환원될 수 있도록 하여야 하며, 주택소유에 있어서도 공공적 이해관계가 우선되도록 하기 위하여 소유에 따른 재산적 이익이 최소화되도록 하여야 할 것이다. 또한 민간 주택투자의 진작을 위한 주택건설 경기의 부양시책과 투기억제 대책이 조화있게 운용되어야 한다.

4) 사회적 보호사업의 확충

우리나라의 사회사업은 국가의 직접적인 보호권에서 소외된 전쟁고아, 전쟁미망인을 원조하기 위한 종교적, 박애적 동기에 의한 민간운동을 위주로 전개되었다. 그 사업의 내용은 거개(擧皆)의 경우 물질적·금전적 급부와 시설보호에만 치중한 감이 있다. 그동안 경제성장과 사회적 변화로 인하여 낙오되는 계층이 많이 생겨났으나 이들에 대하여도 소량의 구호금품을 지급하거나 수용자의 양육과 보호에만 그쳐, 재활이나 사회적 적응을 위한 교육이나 지도 등 차원 높은 보도적(輔導的) 서비스를 제공하는 예는 드물다. 사회적 변화나 발전에도 불구하고 전통적 사회사업의 성격이 개선되지 못하고 있는 것이다. 특히 사회적 낙오자나 무능력자, 상해자 등이 늘어남에 따라 여성아동·노인 등의 복지문제가 대두되어 영아·육아시설, 부랑아시설, 불구아동시설, 부녀복지시설, 노인복지시설 등이 운영되고 있으나 사회사업의 낙후성을 반영하여 수준이 낮고 내실을 기하지 못하고 있다. 따라서 이들에 대한 수용시설의 질적 개선을 도모하고 구호급여 수준을 향상시켜 실질적인 생활보장이 이루어지도록 하여야 하는 동시에 직업훈련 및 보도(輔導)에 힘써 재활이 가능한 자들로 하여금 취업을 할 수 있도록 하고 사회적 적응력을 향상시키는 데 보다 역점을 두어야 한다. 즉, 복지부담이 가중되지 않도록 고용과 공적 부조(扶助)가 유기적 관련 하에 이루어져서, 이들이 정상적인 활동을 하고 생산에 참여하도록 해야 한다. 이와 함께 각종 복지시설의 운영과 불우아동돕기, 이웃돕기 등 지역사회 복지프로그램이 효율적으로 연결되어 수요자들의 안정된 생활을 돕고 재활을 촉진할 수 있도록 해야 할 것이다.

5) 기타 복지정책

이상에서 논의한 이외에도 앞으로 경제정책의 구상에 있어 결정적으로 중요한 사항이 많다. 특히 중요한 것은 공해의 방지와 환경의 보존 등의 문제이다. 한마디로 말한다면, 앞으로 우리나라에서는 다소의 경제발전을 희생하더라도 공해산업은 가급적 건설하지 말아야 할 것이다. 세계에서 가장 인구밀도가 높은 나라에서 공해에 대한 관념이 희박하다는 것은 극히 어리석은 일이다. 공해산업을 시작해 놓는다면 멀지 않아 그것이 잘못이라는 것을 깨닫고 후회하게 될 것이다. 필자는 이들 문제에 대하여 전문적인 지식이 없으므로 이 보고서에서는 다만 이 문제의 중요성만 지적하고 정책 당국의 주의를 환기시키는 데 그치기로 한다.

끝으로, 복지증진을 위하여 지적하고 넘어가야 할 것이 예술을 조장하며 국민대중의 문화수준을 향상시키는 일이다. 서구문화의 무분별한 도입으로 인하여 가치관의 혼란이 초래되고 있는 점을 감안, 한국적인 문화전통의 보존과 발전에 힘써 우리 문화에 대한 긍지를 드높이고 역사의식을 함양하는 동시에 창의의 개발에 기여하여야 한다. 또한 오락 휴식공간을 확대하고 공원의 조성 및 보존에 힘써 국민들에게 여가를 선용하고 재생산 의욕을 고취할 수 있는 기회를 제공하여야 한다. 특히 80년대에 들어가 근로시간이 단축됨에 따라 여가에 대한 인식이 크게 달라질 것인 만큼 여가선용에 대한 계몽을 강화하고, 쾌적한 이용시설과 환경을 마련해 주어 무질서하고 퇴폐적인 여가가 되지 않도록 하고, 나아가 여가가 내일의 생활향상에 대한 의욕을 북돋아 주고 근로의욕을 고취할 수 있는 기초가 되도록 하여야 한다.

5. 신경제정책 하의 복지정책

1. 한국경제는 이제 그 동안의 고도성장을 통하여 국민의 기본적인 생활을 충족시킬 수 있는 소득수준에 도달하였으므로 앞으로는 국민들의 보다 나은 생활을 위한 교육, 주택, 의료, 환경, 문화 등에 대한 요구가 대두될 것이다. 앞으로의 경제정책은 후생과 복지를 중요시하지 않을 수 없다.

2. '복지'와 '복지정책'의 내용은 나라에 따라 또 시대에 따라 다르다. 따라서 우리나라의 80년대 초반에 있어서의 복지정책의 방향과 내용은 그때의 우리나라 경제·사회의 현실에 맞게 꾸며져야 할 것이다. 서구국가들은 많은 복지정책의 비능률로 인하여 큰 곤란을 받고 있다는 점을 감안할 때, 우리가 취할 수 있는 최악의 길은 서구의 복지정책을 하나씩 무분별하게 도입하는 길일 것이다. 서구의 복지정책들은 재정 면에서 국가에 큰 부담이 되고 있을 뿐 아니라 국민의 근로의욕을 마비시키고 있는 것이다. 우리는 아직도 성장 초기에 있으므로 이와 같은 비생산적 복지제도를 도입할 수도 없고 도입해서도 아니된다.

3. 우리가 채택하여야 할 복지정책의 기본방향은 일언이폐지(一言以蔽之)하여 우리 경제의 건전한 내연적 성장을 보육할 수 있는 것이 되어야 한다.

그러기 위해서는 첫째, 우리가 지금까지 채택하여온 정책 가운데서 국민의 후생과 복지에 어긋나는 것을 정리하여야 하며, 생산성의 향상을 통한 건전한 성장과 양립할 수 있는 것으로 하여야 한다.

둘째, 우리의 복지정책은 전략적이고 합목적적인 것이어야 한다. 따라서 인적자원의 개발 및 그 활용을 도모하는 것, 즉 교육기회를 확대하고 또 저축성향을 증대시키도록 하여야 한다.

셋째, 우리의 복지정책은 사후적인 것이 되어서는 아니 되고 사전적이며 예방적인 것이 되어야 한다. 이를테면 실업이 있은 후에 실업수당을 지급하느니보다 고용기회를 증대시켜 실업의 발생을 예방하여야 하며, 공해가 있은 후에 이의 방지책을 강구하느니보다는 미리 공해가 발생할 기회를 마련하지 말아야 한다.

넷째, 우리의 복지정책은 우리 사회의 전통, 이를테면 강한 가족의 유대감, 근린(近隣)과의 상부상조의 전통을 살려 자녀의 교육, 병약자의 보호, 노인의 부양 등을 하도록 하여야 한다. 서구식인 복지제도를 도입하여 이들 미풍양속을 대체시켜서는 아니된다.

4. 이 보고서에서 주장하고 있는 신경제정책의 방향이 무엇보다도 근본적인 복지정책의 방향이다.

5. 교육기회의 확대, 교육투자의 확대는 무엇보다도 중요한 복지정책이다. 우리나라의 교육은 우리나라의 모든 산업 가운데서도 가장 낙후한 산업이다. 교육의 확대를 위하여 GNP의 일정 비율(예 4%)을 교육비에 충당하도록 하는 입법조치가 절실히 필요하다. 초등학교의 학급수를 대폭 증가하고 중고교도 늘리고 대학교의 정원도 대폭 증가

시켜야 한다. 경제계획과 교육계획 사이에 긴밀한 연관성이 맺어져야 한다. 또 교육의 내용도 초등학교의 교육내용부터 중학교, 대학에 이르기까지 능력의 계발, 창의성의 창달을 위하여 재검토하고 개혁하여야 한다. 각급 학교의 운영에 자율성을 확대할 수 있도록 현행법령을 개정하여야 한다.

6. 임금의 인상 및 근로조건의 개선을 가로막는 여러 가지 관행을 지양하여야 한다. 근로자의 권익을 보호하기 위하여 노조활동을 양성화시켜 근로자들의 단체교섭권 등을 인정하여야 할 것이다. 특히 각 업종에 있어 중견생산직 근로자들의 처우를 개선하는 조처를 취하는 것이 바람직스럽다.

7. 서민들을 위한 주택공급을 확대하는 정책을 채택하여야 한다. 매년 약 50만호의 주택을 건설하여야 1986년까지 주택수가 가구 수와 맞먹게 될 전망에 있다고 한다. 이와 같은 과제에 비추어 1990년대가 끝날 때까지는 주택수와 가구 수를 같이 하게 하기 위하여 GNP의 4~5% 정도를 주택건설에 투입하는 것이 바람직하다. 이와 관련하여 일관성 있는 부동산정책을 수립하여야 한다.

8. 국가와 사회의 보호대책이 되는 고아, 전쟁미망인 등에 대해서도 소액의 금전급부에 시종하지 말고 이들의 재활을 도모하기 위하여 차원 높은 보도적 교육적 서비스를 아울러 제공하는 방향으로 보호사업을 구상함이 바람직하다.

9. 앞으로 공해의 방지, 환경의 보존 등은 국토가 좁고 인구가 조밀한 우리나라에 있어서는 결정적 중요성을 가진다. 소득의 증가를 다소 희생하는 한이 있더라도 공해산업을 건설하는 것은 피하는 것이 바람직하다.

제10장 신경제정책의 윤리 - 결어 -

1. 정부와 기업의 책임

이상에서 우리는 지금까지의 경제정책의 개요를 비판적으로 검토하고 새로운 문제의식에 입각하여 신경제정책의 대망을 제시하였다. 우리는 외연적 시대의 경제정책은 우리나라의 경제발전에 크게 기여하였다는 것을 긍정적으로 평가하였으나, 지난날의 정책방향은 앞으로 전개되는 80년대의 경제지도 노선으로서의 타당성을 거의 완전히 상실하고 있다는 것이 우리의 문제의식이었다.

이 보고서의 대부분은 10·26사건 이전에 집필된 것이며, 제1편(제1, 2장)은 1979년 10월 15일에 제출한 중간보고서를 거의 수정 없이 그대로 원용(援用)하였다. 10·26사건 이후에 있어서도 여기에 제시되고 있는 분석과 정책방향이 옳다는 필자의 믿음에는 아무런 변화가 없다.

이 보고서의 내용을 종장에서 다시 요약할 필요는 없다. 새 시대를 내다보는 정책구상으로서는 보고서의 내용이 빈약하다는 것은 필자도 인정한다. 그 이유는 바로 필자의 능력의 제한에 있는 것이며, 이에 대하여 새삼 변명할 필요도 없다. 다만 여기서 제시되고 있는 신경제정책의 방향은 비록 상식적인 선에 있어서나마 한국경제의 현황과 그 장래에 대한 필자의 견해를 반영하는 것으로서, 나름대로의 일관성은 지니고 있다고 믿어진다. 또 여기에서 제시되고 있는 정책방향이 아무리 단순한 것이라 할지라도 구시대의 사고와 지도방식을 광정(匡正) 하여 여기에서 주장되고 있는 바와 같이 새 시대의 호흡에 맞도록 제 도를 고치고 방향타를 돌린다는 것은 결코 용이한 일이 아니라는 것 을 간과해서는 안 될 것이다.

이 보고서에서는 비록 추상적인 수준에서 논의되기는 하였으나 여 러 가지 면에서 새로운 시각에서 정책이 구상되고 정책수단이 개발되 어야 한다는 것이 역설되었다. 무엇보다도 우선 우리 경제를 주름잡 아온 정부의 역할이 크게 전환되지 않으면 안 될 것이며, 기업의 자 세와 관행에도 많은 개선이 이루어지지 않으면 안 될 것이다. 국민경 제를 구성하는 삼대 경제주체, 즉 정부와 기업과 가계 가운데 가장 지도적인 입장에 있는 부문은 정부부문과 기업부문이다. 이 양대 부 문의 사고나 행위의 규범이 바르게 서 있어야 국민경제 전체가 바르 게 되고 경제의 장기적인 성장이 있을 수 있다.

경제발전의 진전에 따라 정부와 기업의 체질이 개선되어야 함에도 불구하고 우리나라에 있어서는 불행히도 정부와 기업의 사고와 관행 은 시대의 요청에 대한 탄력적인 적응력을 상실하여 원칙과 규범으로 회귀하지 못하고 있는 듯하다. 정부와 기업에 있어서의 원칙과 규범 의 회복, 이것이야말로 새로운 내연적 발전을 이룩하기 위한 가장 필 수적인 조건이 된다.

정부가 준수하여야 할 원칙과 규범은 무엇인가? 그것은 이 보고서 에서 줄곧 논의되고 있듯이 정부의 역할은 첫째, 개개의 민간경제활 동에 대하여 간여하고 이것을 통제하는 것이 아니라, 상충되는 이해 관계에 조화를 찾고 혼란 속에 질서를 구하기 위한 '경기규칙(rule of the game)'을 정하여 그것을 해석하도록 하고 민간으로 하여금 그것을 준수하도록 하는 데 있다. 그 경기규칙이란 곧 자본주의경제의 기본원리에 따라 한편으로는 경쟁의 원리를 창달하는 동시에 또 한편으로는 부당한 경쟁을 막는 데 두어야 한다. 정부가 수행하여야 할 또 하나의 역할은 산업사회의 진전에 따라 새로 생겨나는 여러 가지 문제들, 이를테면 소득분배의 형평, 인적자원의 개발, 공해의 방지, 복지정책의 정립 등 나날이 야기되는 새로운 문제 등에 능동적으로 대처하는 태세를 갖추어야 하는 것이다. 이런 문제들에 대하여 국민의 묵시적 기대에 부응하지 못한다면 비록 물량적으로 성장의 흔적이 역연(歷然)하다고 하더라도 국민의 불만은 고조된다. 이십세기의 마지막 사반세기에 처하고 있는 모든 개도국들이 그 정책수행에 있어 공통적으로 직면하는 애로가 바로 여기에 있다.

기업이 준수하여야 할 규범과 원칙은 무엇인가? 이 보고서에서 여러 번 지적한 바와 같이 기업이 수행하여야 할 사회적 책임은 단순한 부의 누적이 아니라 '이노베이션'을 이룩하는 기수가 되어야 하는 것이다. 이노베이션이야말로 기업의 이윤의 원천이어야 하며, 기업이 국민경제의 발전에 항구적으로 기여할 수 있는 길은 이것 이외에는 없는 것이다. 한국경제에 있어서는 기업이 이노베이션을 통함이 없이 이윤을 실현하고 부를 축적할 수 있었다는 데에 그 체질적 취약성(脆弱性)이 나타나 있다고 할 수 있고, 아직 기업이 그들에게 지워진 책임과 의무를 수행할 의식과 자세가 확고히 잡혀 있지 않다는 평가를 듣는 소이(所以)도 바로 여기에 있다고 할 것이다.

우리나라에 있어서도 고도성장 기간 동안에 경제발전이란 오직 물량의 생산 및 물질적 생활수준의 향상이 전부인 양 강조된 나머지, 정부의 정책목표는 오직 물량적 목표의 달성에 두어졌고, 기업의 목표는 기업윤리의 준수를 생략한 치부(致富)에 경주되었으며, 국민생활은 배금주의와 향락사상에 젖게 되었던 것이다.

2. 경제정책과 윤리

위에서 논한 바와 같이, 정부나 기업이 마땅히 하여야 할 일과 하지 않아야 할 일을 분간한다는 것은 결코 쉬운 일은 아닐 것이다. 정부가 마련하여야 할 경기규칙이 올바르게 만들어지고 변천하는 국민의 기대에 부응하는 정책의 목표(agenda)를 마련한다는 것은 어떤 기술적 장치를 마련하는 것과 같지 않을 것이다. 또 기업이 이노베이션을 한다고 해도 어떤 이노베이션이 정당한 이노베이션이며 어떤 것이 사술(詐術)인가를 분간하는 데 대해서도 어떤 편람(便覽: manual)이 있는 것은 아니다. 그 모든 것은 정부와 기업을 지도하는 인사들의 양식에 입각할 수밖에 없는 것이다. 다시 말해서, 국민경제가 조화를 이루면서 순리적인 운영이 이루어지기 위해서는, 첫째 확고부동한 윤리관이 필요하며, 둘째 역사의 흐름과 사회심리의 동향을 관조(觀照)할 수 있는 통찰력이 필요하다고 생각된다.

무릇 건전한 윤리적 규범은 어떤 사회를 막론하고 절대로 필요하다. 서구의 자본주의사회가 200년 동안에 여러 가지 문제에도 불구하고 비교적 건전한 발전을 이룩한 근본적 이유는 정부와 기업, 그리고 국민들의 경제생활이 비교적 건전한 윤리관과 경세(經世)의 철학에 입각하여 이루어져 왔기 때문이다. 그 반면에 공산주의사회에 있어서의 경제·사회·문화의 발전이 순조롭게 이루어지지 못하고 있는 이유는 그 사회에는 바로 이 건전한 윤리적 규범이 결여되어 있기 때문으로 생각된다.

윤리적 규범이란 무엇인가? 필자는 여기서 윤리와 도덕에 대한 해설을 시도할 겨를도 없고 또 능력도 없다. 다만, 구태여 몇 가지 부연한다면, 첫째 여기서 말하는 윤리규범이라는 것은 어떤 특정한 '이데 올로기'와는 관계가 없다. 그것은 이를테면 민족주의나 자유주의, 집단주의 등과 관계가 없는 것이다. 그것은 또 어떤 시대적 사조(思潮; zeitgeist), 이를테면 '위대한 사회(great society)', 개발의 10년 (development decade) 또는 민족중흥 등의 구호 — 이들은 모두가 바람직한 구호였지만—와도 무관하다. 그것은 나아가서 어떤 종교로부터 파생하는 도덕관(morality)과도 다르다. 유교의 전통이 살아야 한다거나 불교의 세계관이 옳다거나 또는 기독교의 교리가 우선해야 한다거나 하는 뜻을 함축하는 것은 전혀 아니다. 종교적인 도덕관념으로 볼 때에 옳은 것들도 윤리적으로는 미흡할 수가 얼마든지 있는 것이다.

윤리적 규범이란 쉽게 말해서 양식 있는 행동을 말하며, 신의성실의 사회통념에 조감(照鑑)하여 정직하고 공평하며 아집과 독선 없는 사고와 행위를 말하는 것이다. 이와 같은 윤리적 규범에 입각하지 않은 정책은 그 어떤 것이나 궁극적으로는 국민의 신뢰와 지지를 받지 못할 것이다.

필자가 말하는 신경제정책은 단순한 몇 개의 경제변수, 이를테면 통화량, 수출증가량, 성장률, 조세부담률, 저축성향 등의 조작으로 끝나는 것이 아니라, 위에서 말하는 윤리관에 입각한 정책이라 할 수 있다. 경제변수의 조작 내지 조정은 물론 필요하지만, 윤리관 없는 경제정책은 결국 허망한 유희이며 끝내는 국민경제를 파탄(破綻)으로 몰아넣고 말 것이다. 케인즈(J. M. Keynes)는 경제학자들이 마치 치과 의사처럼 배운 기술과 손재주로 국민경제를 운영할 수 있을 날을 기대하였지만, 그의 「일반이론」 이후 근 반세기 동안의 경제정책의 경험은 경제학은 여러 면에서 구강의학(口腔醫學)과는 다르다는 것을 우리에게 일깨워주고 있는 것이다.

올바른 윤리관과 아울러 경제정책의 입안자와 집행자들은 역사와 사회의 흐름 및 사회심리의 동향 등에 대하여 소양과 통찰력을 갖추고 있어야 한다. 이런 것을 떠나서 공허한 숫자를 상대로 정책을 도출한다는 것은 어리석을 뿐 아니라 위험한 일이다. 윤리관을 경(經)으로 하고 역사와 사회에 대한 식견(識見)을 위(緯)로 하여 경제정책의 기본방향이 펼쳐질 때, 비로소 경제정책의 좌표가 뚜렷해질 것이다. 그렇게 되어야 경제정책은 국민의 신임과 호응을 얻게 될 것이다.

編輯後記

　우리의 스승이신 趙淳선생께서는 지금 八旬을 넘긴 고령에도 불구하고 왕성한 著述活動을 하면서 선생의 심오한 學問과 思想을 세상에 펼치고 계신다. 이 선생의 學問과 思想體系가 後學들에게 널리 그리고 後代에 오래 동안 傳授되도록 하기 위해 선생의 未出刊 論文들을 정리·편집하여 이와 같이 선생의 文集을 刊行하였다. 우리 編輯委員들은 이 文集이 선생의 學問과 思想世界가 讀者들에게 잘 전달되도록 노력하였으나 제대로 편집되었는지 염려스러움을 禁치 못한다. 여기서 한 가지 밝혀두고자 하는 바는, 선생께서 같은 時期에 서로 다른 媒體나 場所 등에서 발표하신 글들 중에는 그 內容이 重複되는 것이 없을 수 없으나, 이를 무릅쓰고 모든 글을 싣는 것을 원칙으로 하였다. 이 점 讀者들의 諒解를 바란다.

　앞으로 선생께서 米壽紀念文集을 다시 출간하게 된다면 지금의 경험을 살려서 더 좋은 文集이 되도록 편집하기를 다짐해 본다.

　이 文集을 발간하는 데 재정적으로 후원해 주신 여러 寄附者들에게 진심으로 감사드린다. 또한 이 文集을 간행하는 데 本人을 도와 편집작업에 수고해주신 서울大學校의 朴鍾安 敎授, 釜山大學校의 金基承 敎授와 또 어려운 출판작업을 도와주신 比峰出版社의 朴琪鳳 社長께도 深心한 謝意를 표하고자 한다. 아울러 이 文集이 刊行

되는데 있어 모든 財政業務를 맡아주신 崇文高等學校의 徐遵鎬 校長과 이 文集의 配布業務를 담당해주신 KOSA商社의 金相男 代表에게도 감사를 드린다. 마지막으로 이 문집 원고 전부를 打字하고 또 誤打를 수정해 준 朴恩鎭氏에게도 진정으로 감사드린다.

끝으로 趙淳선생의 萬壽無疆과 後學들에 대한 끊임없는 指導鞭撻을 기원하면서, 삼가 이 文集을 趙淳선생께 奉呈하고자 한다.

2010年 5月

趙淳先生八旬紀念文集刊行委員會 委員長

韓國外國語大學校 敎授 金勝鎭

저자약력

趙 淳
號 少泉 若泉 奉天學人

1928년 2월 1일
江原道 江陵市 邱井面 鶴山里 출생

학력
경기고 졸업
서울대 상대 전문부(3년) 졸업(1949)
미국 보오든 대학(Bowdoin College) 졸업(1960)
미국 캘리포니아 주립대학(Berkeley) 대학원 졸업, 경제학 박사(1967)

약력
육군 중위, 대위(1951~1957)
육군사관학교 교수부 교관(1952~1957)
미국 뉴 햄프셔 주립대학교 조교수(1964~1965)
서울대학교 상과대학 교수(1968~1975)
서울대학교 사회과학대학 교수(1975~1988), 초대학장(1975~1979)
한국국제경제학회 초대회장(1979~1981)
부총리겸 경제기획원 장관(1988~1990)
한국은행 총재(1992~1993)
이화여자대학교 석좌교수(1994~1995)
서울특별시 초대 민선 시장(1995~1997)
민주당 총재(1997)
한나라당 초대 총재, 명예 총재(1997~1998)
제15대 국회의원, 강릉 을구(1998~2000)
민주국민당 대표최고위원(1998~1999)
민족문화추진회 회장(2002~2007)
한국학중앙연구원 이사장(2005~2008)
자랑스런 서울대인 선정(2008)

현재
대한민국학술원 회원(1981~현재)
서울대학교 명예교수(2002~현재)
명지대학교 명예교수(2002~현재)

저서
『경제학원론』, 법문사, 1974.
『한국경제의 현실과 진로』, 비봉출판사, 1981.
『J.M. 케인즈』, 유풍출판사, 1982.
『貨幣金融論』, 비봉출판사, 1985.
『續・한국경제의 현실과 진로』, 비봉출판사, 1986.
『아담 스미스 연구』(공저), 민음사, 1989.
『존 스튜어트 밀 연구』(공저), 민음사, 1992.
The Dynamics of Korean Economic Development, Institute for International
    Economics, Washington D.C., USA, 1994.
『趙淳 經濟論評』, 이가책, 1994.
『열린사회, 휴머니스트가 만든다』, 비봉출판사, 1995.
『韓國經濟改造論』(尹健秀, 柳在元 譯), 다산출판사, 1996.
『韓國的 經濟發展』, 中國發展出版社, 中國 北京, 1997.
『창조와 파괴』, 법문사, 1999.

번역서
『J.M. 케인즈』의 『고용, 이자 및 화폐의 일반이론』, 비봉출판사, 초판, 1985.
『J.M. 케인즈』의 『고용, 이자 및 화폐의 일반이론』, 비봉출판사, 개역판, 2007.

刊行委員

洪龍澯(서울大學校 商科大學 總同窓會長)

姜鎬珍(高麗大學校 教授)　　　　　　金東洙(그라비타스 코리아 代表)

金相男(KOSA商社 代表)　　　　　　金勝鎭(韓國外國語大學校 教授)

朴琪鳳(比峰出版社 代表)　　　　　　徐遵鎬(崇文高等學校 校長)

鄭雲燦(國務總理)　　　　　　　　　左承喜(京畿開發研究院 院長)

李廷雨(慶北大學校 教授)　　　　　　李孝秀(嶺南大學校 總長)

權五春(國語古典文化院 理事長)　　　李成熙(韓國外國語大學校 招聘教授)

黃在國(江原大學校 名譽教授)

編輯委員

金勝鎭(韓國外國語大學校 教授)　　　金基承(釜山大學校 教授)

朴琪鳳(比峰出版社 代表)　　　　　　朴鍾安(서울大學校 招聘教授)

寄附者 名單

家族一同 李成熙 朴琪鳳 清泉會 權五春 崔泰源 金東洙
金相男 朴佑奎 徐遵鎬 鄭雲燦 趙明載 左承喜 洪龍澯 姜光夏
姜鎬珍 郭承澯 金大中 金勝鎭 金英埴 金仲秀 盧俊燦 孟廷柱
閔相基 朴世逸 朴鍾安 서울商大經濟學科25回同期會 尹榮燮
李啓植 李榮善 李廷雨 李鍾輝 李泰鎔 李孝秀 張丞玕 姜文秀
金大敬 金東秀 金秉鉉 金永燮 朴元巖 宋寅騏 俞正鎬 李景台
李根植 李榮九 李元暎 李之舜 秋俊錫 洪起浩 朴興基 申方浩
李相憲 丁道聲 玄定澤 文宇植 白雄基 尹奉漢 李永檜 安孝承
鄭一溶 李翰裕

조순 문집 〈別集〉

中 · 長期 開發戰略에 관한 報告書

초판인쇄 | 2010년 5월 5일
초판발행 | 2010년 5월 10일

지은이 | 조 순
펴낸이 | 박기봉
펴낸곳 | 비봉출판사
주 소 | 서울 금천구 가산동 550-1. IT캐슬 2동 808호
전 화 | (02)2082-7444~8
팩 스 | (02)2082-7449
E-mail | bbongbooks@hanmail.net / beebooks@hitel.net
등록번호 | 317-2007-57 (1980년 5월 23일)
ISBN | 978-89-376-0375-4 04300
        978-89-376-0370-9 04300 (전5권)

값 20,000원